大学入試

全レベル問題集
世界史B

河合塾講師 大野聡之 著

私大標準レベル

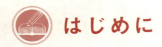
はじめに

「効率的な世界史の勉強の仕方を教えてください」

今までの予備校講師生活の中で、私は生徒からこの質問を数えきれないくらい受けてきました。

本書は、この質問に対する私からの1つの回答です。

講義を受けっぱなし、教科書や参考書を読みっぱなしにするのではなく、その後すぐに問題演習を行うことで、「自分が覚えきれていない知識」=「弱点」をすぐに発見し、対処（=覚えなおし）することができます。

また本書は、中堅レベルの大学の過去問で構成されており、中には細かい知識を要求する問題もありますが、大半は基礎〜標準的な知識を問うものです。

かつて、私の教え子がこんなことを言いました。

「標準的な知識=簡単な知識、ではなく標準的な知識=重要な知識ですよね」

名言です。大切なのは、毎年多くの大学で出題される基礎〜標準的な知識を確実にすることであり、何年かに一度、一部の大学でしか出題されないような、細かい知識を覚えることではありません。

普段の学習に加え、本書を一通りマスターすれば、大学入試世界史における標準レベルの力を効率的に養成することができます。もちろん全ての入試世界史の知識をこの1冊でカバーすることは不可能ですが、世界史学習の第一歩として活用していただけたら幸いです。本書が、皆さんの成績向上・大学合格につながることを願ってやみません。

大野聡之

著者紹介：**大野聡之**（おおのさとし）

河合塾講師。群馬県の大工の棟梁の家に生まれる。高校の勉強に挫折した経験から効率的な学習を開始。無事志望大学には現役合格したが、興味のない学科だったため、他大学で歴史学を学び、結果的に卒業論文を2つ書く非効率的な大学生活を送る。会社員・高校の非常勤講師を経るという非効率的な過程を経て河合塾に入り、多くの講義・プロジェクトを担当。非効率的な人生から得た貴重な経験を熱く語る講義を展開する今、思う――効率が全てじゃない――。

本シリーズの特長と本書の使い方

1. 自分のレベルに合った問題を短期間で学習できる！
　大学の難易度別の問題集シリーズです。大学入試を知り尽くした著者が，過去の大学入試から問題を厳選し，レベルに応じた最適な解説を執筆しました。自分にぴったりな問題と解説で理解が深まり，知識が定着します。

2. 志望大学のレベルに合った実力がつく『③私大標準レベル』！
　下の表にある私立大学群から過去問を精選しました。実戦的な解説に特化し，志望校合格のために知らなければならない内容（ex. 解説内の「私大標準よく出るポイント」）も掲載しています。該当レベルの大学群の入試を突破するために必須の知識がつきます。

3. 学習効率重視の構成！
　問題は必修の30テーマにまとめました。基本的には時代順で，歴史の流れをつかみやすい構成になっていますが，学習しやすくなると考えたものは適宜かためて配列しています。1テーマごとに，問題2～4ページ（本冊）＋解答解説2～3ページ（別冊）となっており，効率よく学べます。

4. 大学・学部別の入試分析や学習法も掲載！
　「志望大学・学部別 問題分析と特徴」として，『③私大標準レベル』の代表的な大学・学部の入試の特徴や入試に向けた学習ポイントを表形式でまとめました。

目 次

はじめに ……………………………………………………………… 2
本シリーズの特長と本書の使い方 ………………………………… 3
志望大学・学部別 問題分析と特徴 ………………………………… 6

1章　諸地域世界の形成

1　古代オリエント史・イラン史 ……………………………… 10
2　ギリシアとヘレニズム世界 ………………………………… 12
3　ローマと地中海世界 ………………………………………… 15
4　古代インド史 ………………………………………………… 18
5　東南アジア史 ………………………………………………… 22
6　中国の古代文明～秦・漢～魏晋南北朝 …………………… 26
7　隋・唐と中国周辺民族史 …………………………………… 30
8　宋・元 ………………………………………………………… 34
9　明・清 ………………………………………………………… 36

2章　諸地域世界の交流

10　イスラーム世界（ムハンマド～イスラーム独立王朝） ……… 38
11　イスラーム専制王朝 ………………………………………… 40
12　中世ヨーロッパ① …………………………………………… 42
13　中世ヨーロッパ② …………………………………………… 45
14　中世ヨーロッパ③ …………………………………………… 48

本書で使用している入試問題は，原典の様式を尊重して掲載していますが，一部の問題のみを抜き出す，解答を補うなどの改題を適宜行っています。また編集上の都合により，設問文や問題番号などは，本書内で統一している箇所もあります。

3章　一体化へ進む世界と反動

15　南北アメリカ文明と大航海時代　……………………………………　50

16　ルネサンスと宗教改革　………………………………………………　52

17　主権国家の形成　………………………………………………………　54

18　英仏植民地戦争と近世の文化　………………………………………　58

19　欧米の革命　……………………………………………………………　61

20　ナポレオン戦争とウィーン体制　……………………………………　64

21　19世紀のヨーロッパ　…………………………………………………　66

22　19世紀のアメリカとヨーロッパ文化　………………………………　68

23　ヨーロッパの進出とアジア　…………………………………………　72

4章　地球世界の形成と混迷

24　帝国主義　………………………………………………………………　76

25　第一次世界大戦とロシア革命　………………………………………　78

26　戦間期の欧米　…………………………………………………………　81

27　戦間期のアジア　………………………………………………………　84

28　第二次世界大戦後の欧米　……………………………………………　88

29　第二次世界大戦後のアジア　…………………………………………　92

30　ベトナムと朝鮮の近現代史　…………………………………………　94

装丁デザイン：ライトパブリシティ　　　本文デザイン：イイタカデザイン　　　写真協力：アフロ，時事通信フォト
編集協力：株式会社オルタナプロ(赤堀大輔)　　　校閲：和中正太，株式会社カルチャー・プロ
編集：上原 英

志望大学・学部別 問題分析と特徴

　本書のレベルに合致する主要な大学・学部の入試問題を詳細に分析し，特徴をまとめました。

　各大学の入試傾向を押さえてしっかり対策し，本番での高得点を目指しましょう。　　※この本で掲載している全ての大学・学部ではありません。

駒澤大学（経済学部・仏教学部・文学部・法学部ほか）

■概要	■設問形式	■特徴
制限時間：60分 大問数：全3問 論述問題：無 史料問題：無 地図・図版問題：無	☑ 語句記述問題 ☑ 穴埋め問題 ☑ 選択問題 □ 組み合わせ問題 □ 正誤判定問題 □ 年代順	全ての大問で語群から選択させる穴埋め問題が出題され，これが小問のほとんどを占める。大問3のみこれに加えて語句記述問題などが出題される。

昭和女子大学（グローバルビジネス学部・人間社会学部ほか）

■概要	■設問形式	■特徴
制限時間：60分 大問数：全4問 論述問題：無 史料問題：無 地図・図版問題：有	□ 語句記述問題 ☑ 穴埋め問題 ☑ 選択問題 ☑ 組み合わせ問題 ☑ 正誤判定問題 ☑ 年代順	全問選択問題で，正誤判定問題が約4～5割を占める。また穴埋め式の組み合わせ問題，出来事の順序を問う問題が出されるなど出題形式は多彩。

専修大学

■概要	■設問形式	■特徴
制限時間：60分 大問数：全3問 論述問題：無 史料問題：無 地図・図版問題：無	□ 語句記述問題 ☑ 穴埋め問題 ☑ 選択問題 ☑ 組み合わせ問題 ☑ 正誤判定問題 ☑ 年代順	どの試験も問題の大半が選択式の一問一答問題と正誤判定問題。出来事の順序を問う問題や組み合わせ式の空欄補充問題が出ることもある。

🎓 津田塾大学（学芸学部）

■概要	■設問形式	■特徴
制限時間：80 分 大問数：全 4 問 論述問題：有 史料問題：有 地図・図版問題：無	☑ 語句記述問題 ☑ 穴埋め問題 ☑ 選択問題 ☐ 組み合わせ問題 ☐ 正誤判定問題 ☐ 年代順	例年 200 〜 300 字の論述問題が出題される。字数が多いので相応の対策が必要。また，ほとんどが記述問題のため確実な知識が求められる。

🎓 東京女子大学（現代教養学部・人間科学学部・人文学部）

■概要	■設問形式	■特徴
制限時間：60 分 大問数：全 4 問 論述問題：無 史料問題：有 地図・図版問題：有	☑ 語句記述問題 ☑ 穴埋め問題 ☑ 選択問題 ☐ 組み合わせ問題 ☑ 正誤判定問題 ☑ 年代順	例年，史料問題が出題される。また，その史料が書かれた順序を問う問題や，出来事の年代を問う問題など，年代の知識が必要な問題が多い。

🎓 日本大学

■概要	■設問形式	■特徴
制限時間：60 分 大問数：全 4 問 論述問題：無 史料問題：無 地図・図版問題：有	☐ 語句記述問題 ☑ 穴埋め問題 ☑ 選択問題 ☑ 組み合わせ問題 ☑ 正誤判定問題 ☑ 年代順	2 〜 4 の文の正誤を判定させる問題が多く出題される。また年表を用いた問題も多く，出来事が起こった時期を選ばせる問題が出される。

🎓 日本女子大学（文学部）

■概要	■設問形式	■特徴
制限時間：90 分 大問数：全 4 問 論述問題：有 史料問題：無 地図・図版問題：無	☑ 語句記述問題 ☑ 穴埋め問題 ☑ 選択問題 ☐ 組み合わせ問題 ☑ 正誤判定問題 ☑ 年代順	語群の中から選ぶ穴埋め問題と一問一答式の語句記述問題が中心だが，40 〜 90 字程度の小論述問題も数問出題される。

愛知大学（経済学部・地域政策学部・文学部・法学部ほか）

■概要	■設問形式	■特徴
制限時間：60分 大問数：全3問 論述問題：無 史料問題：無 地図・図版問題：有	☑ 語句記述問題 ☑ 穴埋め問題 ☑ 選択問題 ☐ 組み合わせ問題 ☑ 正誤判定問題 ☐ 年代順	例年，約4割が選択式，約6割が記述式の出題で，地図を用いた問題も出題される。また，写真を用いた問題が多く出題される年度もある。

名城大学（法学部・人間学部・都市情報学部）

■概要	■設問形式	■特徴
制限時間：60分 大問数：全4問 論述問題：有 史料問題：無 地図・図版問題：無	☑ 語句記述問題 ☑ 穴埋め問題 ☑ 選択問題 ☐ 組み合わせ問題 ☑ 正誤判定問題 ☐ 年代順	選択問題は少なく，語句記述問題と記述式の穴埋め問題が大半を占める。また，例年数十字程度の小論述問題が出題される。

京都産業大学（現代社会学部・文化学部・法学部ほか）

■概要	■設問形式	■特徴
制限時間：60分 大問数：全5問 論述問題：無 史料問題：無 地図・図版問題：有	☐ 語句記述問題 ☑ 穴埋め問題 ☑ 選択問題 ☐ 組み合わせ問題 ☑ 正誤判定問題 ☐ 年代順	大問5は，文化や宗教に関する正誤判定問題。短文中の誤った語句を選ばせる形式だが，誤りを含まない場合もあるため，注意が必要。

龍谷大学（全学部[理工を除く]）

■概要	■設問形式	■特徴
制限時間：60分 大問数：全3問 論述問題：無 史料問題：無 地図・図版問題：有	☐ 語句記述問題 ☑ 穴埋め問題 ☑ 選択問題 ☑ 組み合わせ問題 ☑ 正誤判定問題 ☑ 年代順	例年，全問選択形式で出題され，正誤判定問題の比率が高い。また，地図・図版問題や組み合わせ式の空欄補充問題も毎年出題される。

志望大学・学部別 問題分析と特徴

近畿大学

■概要	■設問形式	■特徴
制限時間：60分 大問数：全2問 論述問題：無 史料問題：無 地図・図版問題：無	☐ 語句記述問題 ☑ 穴埋め問題 ☑ 選択問題 ☐ 組み合わせ問題 ☑ 正誤判定問題 ☐ 年代順	例年，全問選択形式で出題され，一問一答式・穴埋め式が中心。また，文化史の出題比率が高いケースも多く見られるので，対策は欠かせない。

甲南大学（文学部・経済学部・法学部・経営学部ほか）

■概要	■設問形式	■特徴
制限時間：60分 大問数：全3問 論述問題：無 史料問題：無 地図・図版問題：有	☑ 語句記述問題 ☑ 穴埋め問題 ☑ 選択問題 ☐ 組み合わせ問題 ☑ 正誤判定問題 ☐ 年代順	例年，地図問題が1～2問出題される。近年では建造物や人物などの写真を使用した問題が出題されているため，資料集等を活用した学習をしたい。

西南学院大学（法学部・文学部）

■概要	■設問形式	■特徴
制限時間：70分 大問数：全4問 論述問題：無 史料問題：無 地図・図版問題：無	☑ 語句記述問題 ☑ 穴埋め問題 ☑ 選択問題 ☐ 組み合わせ問題 ☑ 正誤判定問題 ☐ 年代順	4つの大問のうち，前の2問が記号選択式，後の2問が記述式で出題される。社会史・文化史・宗教史などが大問単位で出題されることが多い。

1章　諸地域世界の形成

解答・解説：別冊 p.2

1 古代オリエント史・イラン史

1 次の文を読み，設問に答えなさい。 （津田塾大）

　シリア・パレスチナ地方は，古くから秋の降雨を利用した天水農業が営まれ，レバノン山脈には「香柏」ともいわれるレバノン杉が繁茂していた。また，この地方は，大河を利用した［　1　］農業にもとづき高度な都市文明が成立した，エジプトとメソポタミアを結ぶ交通路にあたり，地中海への出入り口となっていた。

　エジプトでは，古王国の時期に「香柏の木材を満載した船団」が到着したとされ，［　2　］王がギザに造営した最大のピラミッド近くで発見された木造船にもレバノン杉が用いられた。また，メソポタミアで成立した［　3　］人の都市国家ウルクの若き王が，レバノンの森に住むフンババ退治に向かったことを，［　4　］文字で残されたギルガメシュ叙事詩が伝える。

　前16～前14世紀ころになると，シリア・パレスチナ地方は，エジプトとメソポタミアに関わる諸王国が並立する複雑な政治状況の地となった。前16世紀に北メソポタミアに勢力をもった［　5　］王国は，この地方に領土を広げた。前17世紀半ばころにアナトリア高原（小アジア）に強力な王国を建てた［　6　］人は，メソポタミアの［　7　］を倒し，その後，［　5　］王国を倒してシリアに進出した。また，エジプトで前16世紀におこった新王国は，シリアから流入していた遊牧民を追放し，さらにシリアに進出した。前14世紀に，新王国第18王朝の［　8　］は一つの神だけを信仰する改革を断行し，ナイル中流域の［　9　］に都を定めた。エジプトと［　6　］の勢力が前13世紀に衝突し弱まったのに乗じて，［　10　］と称される，ギリシア・エーゲ海方面のさまざまな民族が進出した。こうしたなかで，セム語系のフェニキア人は前12世紀ころから地中海交易を独占し，この地方のシドンや［　11　］に都市国家をつくり，［　11　］の人びとは植民都市カルタゴを建設した。

☐ **問**　空欄［1］～［11］に最も適当と思われる語を入れなさい。

2 次の文章の［　　］に入る最も適当な語句を下記の語群から選びなさい。（駒澤大）

　シュメール人の都市国家は，紀元前三千年紀半ばに［　1　］の王サルゴン1世によって征服された。メソポタミアにおいて最初の統一国家を樹立した［　1　］ではあったが，異民族の侵入によって滅んだと考えられている。続いてメソポタミアにおける覇権を掌握したのは，ユーフラテス河中流を拠点に古バビロニア王国を建てた［　2　］であった。同王国第6代目の王ハンムラビは，「目には目を，歯には歯を」で知られた［　3　］で有名なハンムラビ法典を制定した。

　北アフリカ地域は［　4　］を中心として周辺諸地域に影響力を持ち続けたが，アッシュル＝バニパル王率いる［　5　］，そして続くカンビュセス2世（ダレイオス1世の先王）の［　6　］による支配を受け徐々に衰退していった。［　6　］は地方行政の長として［　7　］を配置し，「王の目」「王の耳」と呼ばれた行政官を用いてエーゲ海からインダス河にまで至る広大な地域を支配したが，［　8　］王アレクサンドロス3世によって滅ぼされた。

10

〔語群〕あ．エジプト　い．アッシリア　う．ギリシア人　え．マケドニア
　　　　お．ギリシア神話　か．選民思想　き．アムル人　く．スパルタ
　　　　け．復讐法　こ．アッカド人　さ．ササン朝　し．エトルリア人
　　　　す．サトラップ　せ．ヴァイキング　そ．コンスル　た．カッシート
　　　　ち．ディクタトル　つ．アケメネス朝　て．フルリ人

3 次の文A〜Cを読んで，下の問い（問1〜8）に答えなさい。　　　　(近畿大)

A　前3世紀中ごろ，イラン系遊牧民の族長［　a　］がカスピ海東南部にパルティ
アを建国した。パルティアは (1)アレクサンドロス大王の死後に成立したセレウ
コス朝を攻撃してメソポタミアを獲得し［　b　］を都とした。パルティアは西
方でローマと戦いをくりかえす一方で中央アジアに進出し，(2)中国とローマをむ
すぶ交易路を支配して繁栄した。

☐ 問1　[a] に最も適する語を次の①〜④から一つ選びなさい。
　　　　①アルサケス　②アブー＝バクル　③トゥグリル＝ベク　④バイバルス
☐ 問2　[b] に最も適する語を次の①〜④から一つ選びなさい。
　　　　①バグダード　②ダマスクス　③クテシフォン　④エクバタナ
☐ 問3　下線部 (1) について，アレクサンドロス大王の後継者を意味する言葉はど
　　　　れか，最も適するものを次の①〜④から一つ選びなさい。
　　　　①デマゴーゴス　②ヘイロータイ　③サトラップ　④ディアドコイ
☐ 問4　下線部 (2) に関連して，中国でパルティアはなんとよばれたか，最も適す
　　　　るものを次の①〜④から一つ選びなさい。
　　　　①大宛　②烏孫　③大秦　④安息

B　パルティアは3世紀はじめ，ササン朝によってほろぼされた。ササン朝の
［　c　］はローマ軍をやぶってローマ皇帝を捕虜にし，東方ではインドの西部ま
で勢力を拡大した。ササン朝は6世紀に［　d　］とむすんで東方の強敵エフタ
ルをやぶり，黒海沿岸からペルシア湾までの広大な地域を領土として最盛期をむ
かえた。

☐ 問5　[c] に最も適する語を次の①〜④から一つ選びなさい。
　　　　①ホスロー1世　②アルダシール1世　③サルゴン1世　④シャープール1世
☐ 問6　[d] に最も適する語を次の①〜④から一つ選びなさい。
　　　　①突厥　②ウイグル　③柔然　④キルギス

C　ササン朝にはさまざまな宗教が存在したが，ゾロアスター教が国教とされ，そ
の教義が『［　e　］』としてまとめられた。銀器やガラス器・毛織物といった地
域の伝統的な美術工芸も発展をとげ，その技法やデザインは中国を経由して日本
にも伝わった。［　f　］の獅子狩文錦などが代表例とされる。

☐ 問7　[e] に最も適する語を次の①〜④から一つ選びなさい。
　　　　①ウパニシャッド　②リグ＝ヴェーダ　③シャー＝ナーメ　④アヴェスター
☐ 問8　[f] に最も適する語を次の①〜④から一つ選びなさい。
　　　　①唐招提寺　②正倉院　③法隆寺　④平等院

1 ｜ 古代オリエント史・イラン史　　11

2 ギリシアとヘレニズム世界

1 次の文は，エーゲ文明とポリスの成立について述べたものである。これを読んで，下の問（A・B）に答えなさい。 （西南学院大）

ヨーロッパで最初の青銅器文明は，紀元前3000年頃，エーゲ海の島々とバルカン半島南部で誕生したエーゲ文明であった。最初にその中心となったのは，クレタ島で栄えたクレタ文明で，(ア)クノッソスなどに存在した壮大で複雑な構造をもつ宮殿建築や，人物や動物をいきいきと描いた壁画などをその特徴とした。また，宮殿には防御のための城壁が存在しなかったことなどから，開放的で平和的な文明であったと推測されている。

一方，ギリシア本土では，バルカン半島を南下したギリシア人が，クレタやオリエントの影響を受けながら，前16世紀頃からミケーネ文明を発展させた。その小王国の宮殿は，巨石による城壁を備えた城塞王宮を特徴とし，そこでは多くの奴隷が用いられていた。さらに，イギリス人建築家［ a ］らによる線文字B文書の解読によって，当時の権力者が村落から農作物・家畜などを貢納として取り立て，それによって王宮で働く人々を養うという貢納王政を行っていたことが明らかとなっている。しかし，これらの小王国は，はっきりした事情は不明のまま，前1200年頃に滅亡した。

ミケーネ文明の滅亡後，前8世紀になると，各地で有力貴族の指導のもとに人々が集住した。［ b ］とよばれるこのような集住をもとに形成されたポリスでは，(イ)小高い丘（アクロポリス）の上に守護神を祀る神殿が建てられ，そのふもとの広場（アゴラ）を中心に政治・経済活動が行われた。ポリス市民の中核をなすのは，奴隷を使って農業を営む農業市民たちで，彼らには，世襲できる私有地（持ち分地）である［ c ］が割り当てられた。ポリスはギリシア人にとって(ウ)社会共同体の基盤であり，文明化された古代都市の原型であった。やがて，人口が増大して土地が不足したため，ギリシア人は黒海や地中海沿岸に植民市を建設したが，それらのなかには，ネアポリス（現ナポリ）や［ d ］（現マルセイユ）のように，現代まで存続している都市もある。

ポリスはそれぞれ独立した国家であったが，一方でギリシア人は，共通の言語と神話，デルフォイのアポロン神の神託，4年に一度のオリンピアの祭典などを通して，(エ)同一民族としての意識をもち続けた。

☐ **A** 文中の［　　　］（a〜d）に，最も適当な語を記入しなさい。

B 文中の下線部（ア）〜（エ）について，下の問（ア〜エ）に最も適当な語を記入しなさい。

☐ ア．下線部（ア）について，クノッソス宮殿跡を発掘し，線文字が記された粘土板を発見するなど，クレタ文明の解明に貢献したイギリス人考古学者は誰か。

☐ イ．下線部（イ）について，アテネのアクロポリスには，女神アテナに捧げられたパルテノン神殿が建っているが，特に柱に特徴的なその神殿建築の様式は何か。

□ **ウ．** 下線部（ウ）について，「人間はポリス的動物である」と定義したのは誰か。
□ **エ．** 下線部（エ）について，ギリシア人は異民族をバルバロイとよんで区別したが，自分たちのことを何とよんだか。

2　次の文章を読み，設問に答えなさい。　　　　　　　　　　　　（名城大）

　エーゲ海北岸からインダス川にまで版図を広げ大帝国を築いていたアケメネス朝と，その支配に対して反乱を起こしたギリシア世界のポリスとが，紀元前5世紀に前後3回にわたり対決することになる。この戦いをペルシア戦争という。ペルシアの遠征軍を，［　ア　］の戦い，サラミスの海戦などでうちやぶる中心となったポリスは，戦争後，［　イ　］同盟の盟主ともなるアテネであった。

　アテネに関して特に注目すべきは，現代民主主義にもつながる考え方を生み出したその政治体制であろう。アテネにおける民主政は，紀元前7世紀のドラコンによる成文法制定とそれによる統治，紀元前6世紀初頭の政治家［　ウ　］による負債の帳消し，債務奴隷の禁止，財産政治の実施などを主な内容とする改革などからその歩みをすすめる。その後，ペイシストラトスが僭主政治を確立，平民層が力をつけるとともに，指導者［　エ　］の下，血縁的部族制を地縁に基づく部族制に改めるとともに，独裁的な僭主の出現を防ぐための［　オ　］とよばれる市民による投票制度を制定した。

　アテネの市民は，ペルシア戦争の勝利により自信を深めると同時に，三段櫂船などの軍船の漕ぎ手として活躍した無産市民の発言力が高まり，そのことがさらに民主政治への歩みをすすめることになる。そして，紀元前5世紀半ば頃，［　カ　］将軍の指導の下，民主政が完成したとされている。

　以上のような経緯で完成したアテネ民主政は，もちろん現代の民主政治と比べると相違点もあるが，民主主義の基本的部分を世界ではじめて生み出したという点で非常に意義深いものといえよう。

□ **問1**　空欄［ア］から［カ］に適当な語句を入れなさい。
□ **問2**　下線部について，全体集会である会議を何とよぶか。

3　次の文は，古代ギリシアにおける哲学の歴史について述べたものである。これを読んで，下の問（A・B）に答えなさい。　　　　　　　（西南学院大）

　ギリシア人は，古くから多神教的な信仰をもっており，そこではオリンポス12神など神話の神々が人間的な個性をもっていると理解されていた。このような神々について，ヘシオドスは『［　a　］』の中で系譜としてまとめている。

　紀元前6世紀頃になると，このように世界を神話的に把握するのではなく，合理的に捉えようとする自然哲学が生まれた。自然哲学は，イオニア地方の都市［　b　］を中心に発展し，ア）万物の根源が何であるかを探究した。その中でも，タレスは万物の根源を水とみなし，デモクリトスは万物の根源を［　c　］と考えた。他方で，万物の根源を数とみなしたピタゴラスは数学の基盤を，また病理の原因を追及した［　d　］は医学の基盤を築き，自然科学の思考が芽生えた。

2 ｜ ギリシアとヘレニズム世界　　13

その後，哲学は探究の対象を自然だけでなく，人間や社会のあり方にも拡大した。特に(ィ)アテネでは，民会などでの説得的な議論が重視されたため，弁論術を教える[　e　]とよばれる職業教師があらわれた。その一人で，「人間は万物の尺度」と唱えた[　f　]は，あらゆる価値が相対的なものにすぎないと主張した。これに対して，真理の絶対性を説いたのが[　g　]であり，彼は普遍的な真理を徳として探究し，知徳の合一を主張した。[　g　]の弟子のプラトンは，師の説を発展させて，事象の背後にある[　h　]を永遠不変の実在とする[　h　]論を説いた。そして，プラトンに学んだアリストテレスは，それまで体系づけられていなかった，哲学，論理学，政治学，自然科学などの諸学を秩序づけて集大成し，中世以降のイスラーム思想やスコラ学に大きな影響を与えることになった。

□　A　文中の[　　　　]（a～h）に，最も適当な語を記入なさい。
　　B　文中の下線部（ア）・（イ）について，下の問（ア・イ）に最も適当な語を記入しなさい。
　　□ア．下線部（ア）について，この時代に，「万物は流転する」と説いた哲学者は誰か。
　　□イ．下線部（イ）について，当時のアテネ社会を諷刺した，アリストファネスによる喜劇は何か。

4　次の文章を読み，設問に答えなさい。　　　　　　　　　　　　　（名城大）
　前431年からはじまったペロポネソス戦争のあとも，ギリシア世界における有力ポリス間の争いは絶えることがなかった。そうしたなかで台頭してきたのがマケドニアである。マケドニアのフィリッポス2世は，[　ア　]の戦いでテーベとアテネの連合軍を撃破すると，ついにはスパルタを除く全ギリシア世界のポリスを[　イ　]同盟に集め，それらを支配下においた。

　フィリッポス2世の子であるアレクサンドロス大王は，父が築いた勢力圏をさらに拡大していく。まずペルシアに対しては，イッソスの戦いでペルシア王[　ウ　]の軍勢を打ち破り，その家族を捕虜にした。続いてアレクサンドロス大王はエジプトをも征服，さらにはアルベラの戦いに勝利することによってペルシアを滅ぼした。彼はその後も東方への進軍を続け，ついには一代で地中海東岸からインド北西部にいたる大帝国をきずきあげたのである。これにより東西文化の交流が進み，その結果，(a)ヘレニズム文化がうまれた。

　アレクサンドロス大王の死後，この帝国は[　エ　]朝マケドニア，セレウコス朝シリア，(b)プトレマイオス朝エジプトなどの諸国に分裂したが，台頭著しいローマによっていずれも滅ぼされることになったのである。

□　**問1**　空欄部[ア]から[エ]に入る最も適切な語句を記入しなさい。
　　問2　下線部（a）について，次の問いに答えなさい。
　　□（1）　平面幾何学を集大成したのは誰か，記入しなさい。
　　□（2）　共通語として使用されたギリシア語のことを何というか，記入しなさい。
□　**問3**　下線部（b）について，この王国に設置され，当時において世界最大規模の図書館を備えていた王立研究所の名を，カタカナで記入しなさい。

3 ローマと地中海世界

1 次の文を読み，空欄[1]〜[18]に最も適当と思われる語を入れよ。 （津田塾大）

　イタリア半島中部のティベル川周辺に定住を開始したラテン人は，ティベル川の河畔に都市国家を形成する。その中の一つがローマの起源である。ローマは先住民であった[　1　]人の王に支配されたともいわれるが，紀元前6世紀に王を追放し，共和政を開始する。

　彼らは最高官職である2名の[　2　]（任期は1年）を選出して政治・軍事を主導させ，非常時には臨時職として[　3　]が任命（任期は6か月。1名）されて全権を委任された。しかし，政治の実権は貴族（パトリキ）の会議である[　4　]院（セナートゥス）が握っていた。

　これに対して，中小農民は重装歩兵として軍事的に重要な役割を果たしており，彼らのような平民（プレブス）は権利の拡大を主張して貴族と対立した。前5世紀初めには平民の権利を守る[　5　]官が設置され，平民だけの民会である平民会も設置された。さらに，前367年の[　6　]法では，[　2　]のうち1名は平民から選出することが定められ，前287年の[　7　]法では，平民会の決議も国法となることが定められた。かくして，社会的地位を上昇させた平民の中から，貴族とともに[　8　]と呼ばれる新しい貴族階層を構成するものが出現した。

　前272年，ローマはイタリア南部のギリシア人植民市であったタレントゥムを征服してイタリア半島に勢力を拡張していった。ローマは西地中海への進出をもくろんでアフリカ北岸にあったフェニキア人の植民市[　9　]と対立し，三度に及ぶ[　10　]戦争が起こった。[　9　]の将軍[　11　]の前に一時ローマは危機に瀕するが，[　12　]率いるローマ軍はザマの戦いで[　11　]を打ち破った。こうしてローマは地中海を広範囲にわたって支配下に収めていった。

　だが，この間，重装歩兵として戦った中小農民は長期にわたる戦争への出征などの影響で農地が荒廃するなど疲弊し，没落して無産市民になってしまう者もあらわれた。これに危機感を抱いた[　13　]兄弟は，兄ティベリウスが前133年，弟ガイウスが前123年・前122年にそれぞれ[　5　]官に就任して中小農民の没落を改革で食い止めようと試みたものの失敗に終わった。こうして軍事力が弱体化する中，ユグルタ戦争などで功績をあげた政治家・軍人の[　14　]は従来の軍制を改め，無産市民を私兵として育成し利用した。

　軍隊は有力者が無産市民を集めて作る私兵となり，[　14　]のような平民派と，[　4　]院の権威を守ろうとするスラのような[　15　]派がそれぞれ私兵を率いて抗争を繰り広げた。さらにはローマ市民権を要求する同盟諸都市が前91年に反乱を起こしたり，剣闘士（剣奴）[　16　]も前73年に反乱を起こしたりするなど，ローマの混乱は深刻なものとなった。

　この混乱を見た軍人・政治家の[　17　]は，地中海の海賊討伐やミトリダテス戦争に功績のあった[　18　]，[　16　]の反乱鎮圧に功績があり財力を持ったクラッススと結び国政を掌握し，ここに第一回三頭政治が成立した。

3 ｜ ローマと地中海世界　15

2 次の文を読み，設問に答えよ。

(津田塾大)

古代ローマの帝政時代は，［ 1 ］が元老院からアウグストゥス（尊厳者）の称号を与えられた前27年に始まる。彼は共和政の伝統と元老院の威光を尊重しながらも，万人にまさる権威をもつ［ 2 ］の称号を用いてほとんどすべての要職を兼任し，全政治権力を手中に収めていた。

続く約200年間の時代は［ 3 ］と呼ばれ，特に (A)五賢帝の時代には最盛期をむかえる。ローマ風の都市が道路や水道とともに国境近辺にまで建設され，［ 4 ］権の対象範囲も徐々に拡大されて［ 5 ］帝のときには帝国の全自由人に与えられた。商業活動も繁栄し，インド洋の［ 6 ］を利用した［ 6 ］貿易によって中国・東南アジア・インドから絹や香辛料がもたらされた。その様子は，1世紀頃から2世紀頃に成立したとされる航海案内書『［ 7 ］』に詳しく述べられている。

ところが，帝国は次第に「3世紀の危機」と呼ばれる状況に陥っていく。特に［ 8 ］皇帝の時代とされる約50年間には，各属州の軍事力を背景に皇帝が乱立し，帝位が頻繁に入れ替わった。内乱と異民族の侵入に対するために軍事力が増強され，都市は重税を課されて経済的に弱っていった。上層民のなかには都市を去り，田園で下層民などを［ 9 ］として働かせ，大所領を経営するものも現れた。このような帝国の危機に対応するため［ 10 ］帝はテトラルキアという統治体制を導入することにより政治的秩序を回復した。なお［ 10 ］帝以降の皇帝主導による強権的な政治体制は［ 11 ］と呼ばれる。

［ 10 ］帝が退位すると帝位継承をめぐって争いが起こり，帝国は再び内乱状態に陥った。この内乱を収めて帝国を再統一したのが［ 12 ］帝である。［ 12 ］帝は帝国の統一を維持するため，官僚制を整備するとともに，(B)それまで迫害されてきたキリスト教を公認し，ソリドゥス金貨を発行して通貨を安定させ，［ 9 ］の移動を禁止して身分を固定化することで税収を確保した。また，新たな首都をビザンティウムに建設してこれを［ 13 ］と改称した。

［ 12 ］帝の諸改革にもかかわらず，巨大な軍隊と官僚組織をささえるための重税は属州の反乱を招き，さらにゲルマン人の大移動により社会は混乱をきわめた。帝国の分裂は避けがたく，［ 14 ］帝は帝国を東西に分割して2子に分け与えた。その後［ 13 ］を首都とする東ローマ帝国（ビザンツ帝国）は1000年以上存続することになるが，西ローマ帝国では混乱が続き，ついにゲルマン人傭兵隊長［ 15 ］によって皇帝が退位させられた。

□ **問1** 空欄［1］〜［15］に最も適当と思われる語を入れよ。

問2 下線部（A）について，

□（1） 属州出身者として初めて皇帝となり，帝国の最大版図を実現したのは誰か。

□（2） 先帝の対外積極策から内政整備と辺境防衛に転じ，ブリタニアに長城を築いた皇帝は誰か。

□（3） 『自省録』を著したストア派の哲人皇帝は誰か。

□ (4)　北方の素朴で勇敢なゲルマン人の社会と，爛熟し退廃に向かいつつある
　　　ローマを対比した民族誌を著し，ローマ社会に警告を与えようとしたとされ
　　　る歴史家は誰か。

問3　下線部（B）について，

□ (1)　64年のローマ大火の責任をキリスト教徒に負わせ，信者を弾圧した皇帝は
　　　誰か。

□ (2)　3世紀半ば以降，皇帝が国家の方針としてキリスト教徒を弾圧した理由を，
　　　簡潔に述べよ。

□ (3)　増大するキリスト教徒を懐柔するために信教の自由を保障し，313年に発
　　　布したとされる勅令は，何という勅令か。

3　次の文は，古代ローマ文化について述べたものである。これを読んで，下の
　　　問（A・B）に答えよ。
　　　　　　　　　　　　　　　　　　　　　　　　　　　　　　　　　（西南学院大）

　ローマの文化は，帝国の支配に応用する (ア)実用的な面で大きく発展した。帝国
内で話されたラテン語は，近代まで学術的な場で用いられた公用語であった。また
(イ)ローマ法は，当初ローマ市民にだけ適用された市民法であったが，後に全住民
に適用される［　a　］に成長した。

　土木・建築技術においてはローマの実用的文化が強くあらわれており，競技場や
闘技場として用いられたコロッセウムは80年に完成した。また，ローマの神々は
［　b　］（万神殿）に祭られており，アグリッパが建立したものが有名である。

　法律や建築の分野に対して，ローマの文芸や学問の分野では，ギリシア文学の翻
訳や模倣に終わる場合が多かった。ギリシアで発達した (ウ)弁論術は，ローマでも
発達した。『アエネイス』を書いた［　c　］は，ホメロスの『イリアス』などのギ
リシア文学から多大な影響を受けていた。歴史記述の分野では，プルタルコスが
『［　d　］』を書いており，これはギリシア・ローマ史の重要資料でもある。哲学の
分野では，ストア派の影響が強く，その代表者であるエピクテトスや，ネロの師で
もあった［　e　］の説く道徳哲学が上流階層にひろまった。自然科学の分野では，
プトレマイオスが天動説をとなえ，［　f　］が『博物誌』によってこの分野を集大
成した。

□ **A**　文中の［　　　　］（a〜f）に，最も適当な語を記入せよ。

　B　文中の下線部（ア）〜（ウ）について，下の問（ア〜ウ）に最も適当な語を記
　　　入せよ。

□ ア．下線部（ア）について，カエサルが制定したユリウス暦からつくられ，現
　　　在の日本でも用いられている暦は何か。

□ イ．下線部（イ）について，前450年ころに制定されたローマ最古の成文法を
　　　何というか。

□ ウ．下線部（ウ）について，前1世紀に活躍した弁論家・著述家であり，後に
　　　その文体がラテン語散文の模範となったのは誰か。

3｜ローマと地中海世界　　17

4 古代インド史

1 次の文(1)・(2)を読み，下の問い(問1〜問7)に答えなさい。　　　　　(龍谷大)

(1) インドにおける最古の文明は①インダス文明である。②その文明の遺跡からの出土品には文字が記されているものもあるが，いまだ解読されるには至っていない。この文明はインドの二大河川の一つであるインダス川の流域において前2600年頃に興り，のちのヒンドゥー教の源流をなす要素ももちあわせていたが，前1800年頃までに次第に衰退したようである。その後，前1500年頃より［　3　］人がインドに進入しはじめた。前1000年をすぎると，［　3　］人はガンジス川流域に進出してしだいに農耕社会を形成した。その過程で④ヴァルナ制という身分的上下観念もうまれた。その後，前6世紀までには部族社会が崩壊し，都市国家やさらには領域国家が形成され，その中からコーサラ国やマガダ国といった仏教の経典にも登場する諸国家が勢力をのばした。このような社会の変動にともない，前6世紀頃になると，⑤ウパニシャッド哲学の出現，仏教やジャイナ教の開祖たちの登場など，思想の面にも新たな動きが見られた。

☐ 問1　①について。インダス文明に関する記述として誤っているものを，次の中から一つ選びなさい。
　　① 鉄器時代に属する。　　② シヴァ神像の原型が出土する。
　　③ 彩文土器が出土する。
　　④ 計画的に建設された都市の遺跡が発見されている。

☐ 問2　②について。インダス文明の遺跡から出土したものとして正しいものを，次の中から一つ選びなさい。　　①A　②B　③C　④D

A　　　　　　　　　B　　　　　　　C　　　　　　　D

☐ 問3　空欄［3］に入れるのに適当なものを，次の中から一つ選びなさい。
　　①フン　②タミル　③エフタル　④アーリヤ　⑤サカ

☐ 問4　④について。ヴァルナ制に関する記述として正しいものを，次の中から一つ選びなさい。
　　① ヴァイシャ階層は王侯・武人の階層をさす。
　　② クシャトリヤ階層は最上位とされた階層である。
　　③ シュードラ階層は司祭階層である。
　　④ ヴァルナ制はカースト制度の基礎となった。

問5 ⑤について。ウパニシャッド哲学に関する記述として誤っているものを，次の中から一つ選びなさい。
　① 祭式至上主義をとなえた。
　② 業・輪廻・解脱など，後のヒンドゥー教哲学の基礎となった。
　③ 梵我一如の思想が見られる。
　④ バラモン教の改革運動である。
(2)　前4世紀になり，アレクサンドロス大王の東方遠征による混乱から，マウリヤ朝が興り，南端部をのぞくインド亜大陸のほぼ全域が一時的にせよ初めて統一されることになった。

紀元後1世紀にはイラン系のクシャーン人によるクシャーナ朝が興り，2世紀半ば頃に，⑥プルシャプラを都にさだめたカニシカ王のもとで最盛期を迎えた。その頃，南インドでは[7]朝や[8]朝などのドラヴィダ系の諸王朝が栄えた。その他にもデカン高原を中心としたサータヴァーハナ朝は積極的に北インドの文化を摂取し，バラモン教や仏教が南インドにまで根づくことになった。また，スリランカでも前4世紀頃に王国が建設され，前3世紀頃には仏教が伝わった。

問6 ⑥について。プルシャプラの位置として正しいものを，下の地図の中から一つ選びなさい。
　①A　②B　③C　④D　⑤E
問7 空欄[7]・[8]には2世紀頃に南インドにあった王朝名が入ります。組み合わせとして適当なものを，下の表の中から一つ選びなさい。

	空欄[7]	空欄[8]
①	ヴァルダナ	ナンダ
②	グプタ	ナンダ
③	チョーラ	パーンディヤ
④	チョーラ	ナンダ
⑤	ヴァルダナ	パーンディヤ

2 次の文(1)・(2)を読み，下の問い(問1～問13)に答えなさい。　　(龍谷大)
(1)　アケメネス朝ペルシアを崩壊させ，[1]川流域にまで東進したアレクサンドロス大王の遠征軍も，進出はそこまでであった。しかし，この衝撃がインドの政治情勢にも変化を与え，[2]川流域のマガダ国では，チャンドラグプタが③パータリプトラを都とするマウリヤ朝を創始した。マウリヤ朝は急速に，西はアフガニスタン南部，南はデカン高原などにいたる周辺地域を支配下に収め，

第3代の王［ 4 ］の時代に半島南端をのぞいてインドのほぼ全域がその版図に入り，インド史上初の統一国家となった。［ 4 ］は，征服の過程で多くの犠牲者を出したことや，仏教に深く帰依していたことなどもあり，征服・武力による統治から［ 5 ］による統治へと転換し，自らの統治の方針を詔勅として崖や石柱に刻ませた。［ 4 ］王の死後，財政の破綻や，バラモン層の反発などもあって帝国は分裂し，マウリヤ朝は前2世紀の初頭に滅亡した。

　紀元後1世紀になるとイラン系のクシャーン人が西北インドを征服し，クシャーナ朝が興った。クシャーナ朝は東西交易路の要衝をおさえ，2世紀中頃に最盛期を迎えた。活発な国際的商業が行なわれ，その文化も国際的であった。また，⑥大乗仏教も保護され，⑦ガンダーラ美術とよばれる仏教美術も盛んであった。

- 問1　空欄［1］・［2］に入れる語の組み合わせとして正しいものを，右の表から一つ選びなさい。
- 問2　③について。パータリプトラの位置として正しいものを，右下の地図の中から一つ選びなさい。　①A　②B　③C　④D　⑤E
- 問3　空欄［4］に入れるのに適当なものを，次の中から一つ選びなさい。
　①ハルシャ　②アショーカ　③シハヌーク
　④チュラロンコン　⑤リリウオカラニ
- 問4　空欄［5］に入れるのに適当なものを，次の中から一つ選びなさい。
　①業（カルマ）　　　②法（ダルマ）
　③自治（スワラージ）
　④梵（ブラーフマナ）　⑤我（アートマン）

- 問5　⑥について。大乗仏教に関する記述として誤っているものを，次の中から一つ選びなさい。
    ① 自分自身の悟りのみを追求するものである。
    ② 旧来の仏教への批判や菩薩信仰が見られる。
    ③ その教理はナーガールジュナ（龍樹）によって体系化された。
    ④ 中央アジアを経て東アジアにも伝わった。
- 問6　⑦について。ガンダーラ美術に関する記述として誤っているものを，次の中から一つ選びなさい。
    ① ギリシアの影響がうかがわれる。
    ② この美術を代表するものはアジャンター石窟寺院である。
    ③ 中国や日本にも影響を与えた。
    ④ この美術が盛んであった地域は仏像発祥の地の一つであると考えられている。

(2)　3世紀頃，クシャーナ朝は衰亡した。その後，北インドでは4世紀になって⑧グプタ朝が建てられた。第3代の王［ 9 ］のもとでグプタ朝は最盛期を迎え，

北インドは統一された。グプタ朝においては，⑩ヒンドゥー教が社会に定着して
ゆき，[　11　]語が公用語化され，[　12　]と[　13　]の二大叙事詩や，⑭『マ
ヌ法典』はこの頃までには現在見られる形になった。⑮グプタ朝は6世紀半ばに
混乱のなかで崩壊した。その後，7世紀にヴァルダナ朝が北インドの大部分を統
一するが，まもなくその帝国も瓦解し，以後500年近くにわたって，北インドを
統一する強力な国家が現れることはなかった。

□ **問7**　⑧について。グプタ朝に関する記述として誤っているものを，次の中から一
つ選びなさい。
　　① 東晋時代の中国僧法顕が訪れた。
　　② 文学，天文学や数学などの文化・学術が発展した。
　　③ カーリダーサが宮廷詩人として活躍した。
　　④ この王朝の最盛期はラージプート時代と呼ばれる。

□ **問8**　空欄［9］に入れるのに適当なものを，次の中から一つ選びなさい。
　　①チャンドラグプタ1世　②チャンドラグプタ2世　③カニシカ
　　④アクバル　⑤バーブル

□ **問9**　⑩について。ヒンドゥー教に関する記述として誤っているものを，次の中か
ら一つ選びなさい。
　　① ヴィシュヌ神などが主神となった。
　　② ムガル帝国のアウラングゼーブ帝によって手厚く保護された。
　　③ 破壊の神であるシヴァは舞踊の神としても知られる。
　　④ バラモン教に民間信仰が吸収されることによって発生した。

□ **問10**　空欄［11］に入れるのに適当なものを，次の中から一つ選びなさい。
　　①ペルシア　②サンスクリット　③タミル　④ウルドゥー　⑤ヒンディー

□ **問11**　空欄［12］・［13］に入る語の
組み合わせとして適当なものを，右
の表から一つ選びなさい。

□ **問12**　⑭について。『マヌ法典』に関
する記述として誤っているものを，
次の中から一つ選びなさい。

	空欄 [　12　]	空欄 [　13　]
①	『マハーバーラタ』	『シャクンタラー』
②	『ラーマーヤナ』	『リグ゠ヴェーダ』
③	『リグ゠ヴェーダ』	『ルバイヤート』
④	『マハーバーラタ』	『ラーマーヤナ』
⑤	『アヴェスター』	『シャクンタラー』

　　① ヒンドゥー社会の秩序原理となった。
　　② 人類の始祖であるマヌがのべたものとされる。
　　③ 日常生活の規範や宗教的義務を定めている。
　　④ ヴァルナを否定し，人間の平等を説いている。

□ **問13**　⑮について。グプタ朝崩壊の原因に関する記述として誤っているものを，
次の中から一つ選びなさい。
　　① ローマ帝国の混乱などにより陸路の東西交易がおとろえた。
　　② 服属していた地方勢力が自立を強めた。
　　③ エフタルがインドに進出した。
　　④ サータヴァーハナ朝の攻撃によって滅ぼされた。

4 ｜ 古代インド史

解答・解説：別冊 p.10

5 東南アジア史

1 次の文は，古代から中世までの東南アジアの歴史について述べたものである。
これを読んで，下の問（A・B）に答えなさい。 （西南学院大）

　東南アジアは大陸部と島嶼部とからなる。大陸部では前4世紀以降，銅鼓に代表される［ a ］文化とよばれる独自の青銅器・鉄器文化が生まれた。更に海上交易をとおして外部世界から刺激が加わり，初期国家が形成された。紀元1世紀ころにメコン川下流域に［ b ］とよばれる国家が作られ，港の［ c ］からローマの金貨，インドの神像，漢の鏡などが出土し，当時の交易がインド洋から地中海世界につながる「海の道」を形成していたことが分かる。

　中国に直接支配されたベトナム北部では，1世紀のチュン（徴）姉妹の反乱などの抵抗が続いたが，7世紀に唐が安南都護府をおくなど，中国の王朝はベトナムを手放そうとはしなかった。しかしその後，唐の滅亡後の混乱の中で，938年にベトナム人が自立を達成し，11世紀には李朝が［ d ］国を建国した。その発展は(ア)陳朝へと受け継がれ，陳朝は紅河に堤防網を作って農業基盤を拡大した。ベトナム中部では漢の支配を抜け出して，紀元2世紀末には(イ)チャンパーが建国され，南シナ海貿易の要衝をおさえて栄えた。

　4世紀末から5世紀にかけて東南アジアでは，インドの影響力が強くみられるようになった。大陸部では，6世紀にメコン川中流域にクメール人によってヒンドゥー教の影響が強いカンボジア（真臘）が興った。9世紀にはアンコール朝が成立し，12世紀にはスールヤヴァルマン2世のもとで強大になり，マレー半島にまで進出して南シナ海とベンガル湾を結ぶ貿易路をおさえた。彼の墓所として建てられたヒンドゥー寺院が，アンコール＝ワットである。

　イラワディ川下流域では，9世紀までミャンマー（ビルマ）系のピュー人の国があった。11世紀になると［ e ］朝が興り，貿易で栄えた。またスリランカとの交流により上座部仏教が広まった。7世紀から11世紀にかけて，チャオプラヤ川流域に［ f ］人のドヴァーラヴァティー王国が台頭した。

　島嶼部の歴史に目を移すと，ここは海を通じて交流が盛んで，インドの影響が強く，幾つかの王国が成立した。7世紀半ば，スマトラ島の［ g ］を中心にシュリーヴィジャヤ王国が成立した。中部ジャワでは，仏教国の［ h ］朝が8世紀半ばに建国され，(ウ)そこでは壮大な大乗仏教の寺院が建築されたが，しだいにヒンドゥー教の勢力が強くなっていった。東部ジャワでは，10世紀には［ i ］朝が成立し，豊かな農業基盤と香辛料貿易によって栄えた。

A 文中の［　］（a〜i）に最も適当なものを，下の語群（1〜4）から1つ選んで，その番号を記入しなさい。

☐ a. 1. ドンソン　2. ラ＝テーヌ　3. ハルシュタット　4. トルテカ
☐ b. 1. 大理　2. 扶南　3. 南詔　4. 扶余
☐ c. 1. アッコン　2. オケオ　3. ザンジバル　4. ペグー
☐ d. 1. 高麗　2. 渤海　3. 吐谷渾　4. 大越

22

□ e. 1. パガン　2. マタラム　3. チョーラ　4. パーラ
□ f. 1. チャム　2. シンハラ　3. チョクトー　4. モン
□ g. 1. プノンペン　2. パレンバン　3. ブルネイ　4. バンテン
□ h. 1. 阮　2. トゥングー　3. シャイレンドラ　4. 西山
□ i. 1. クディリ　2. サータヴァーハナ　3. アユタヤ　4. スコータイ

B　文中の下線部（ア）〜（ウ）について，下の問（1〜3）に最も適当なものを，それぞれの語群（1〜4）から1つ選びなさい。

□ **問1**　下線部（ア）について，陳朝において，ベトナム語を書くために漢字を利用して作られた文字は何か。

　　1. 字喃　2. 契丹文字　3. 訓民正音　4. 女真文字

□ **問2**　下線部（イ）について，この国を表す中国名は時代によって異なるが，当てはまらないものはどれか。

　　1. 林邑　2. 占城　3. 環王　4. 三仏斉

□ **問3**　下線部（ウ）について，この仏教寺院は何とよばれるか。

　　1. ボロブドゥール　2. プランバナン
　　3. アジャンター　　4. モエンジョ＝ダーロ

2　次の文(1)・(2)を読み，下の問い(問1〜問10)に答えなさい。　　　　(龍谷大)

(1)　インドシナ半島では，1世紀頃に，東南アジア最古とされる統一国家，扶南がメコン川下流域に建国された。その民族については，[　1　]ともマレー人とも言われている。扶南から真臘へ，そして9世紀に成立したアンコール朝へと②カンボジアの歴史は続く。

　　カンボジアは，豊かな水資源を利用して農業開拓をすすめ，河川の水運を活用した交易によって発展した。しかし，③13世紀頃より台頭してきたタイ人諸勢力により，アンコール朝は次第に圧迫され，1431年にアンコールの都を放棄してプノンペンに移すことになる。

　　一方，インドシナ半島東部のヴェトナムは，北に中国と隣接する位置関係から，中国の文化的な影響を大きく受けるとともに，④中国に成立した各王朝からの支配をも受けた。しかし，唐の衰亡とともに独立を果たし，11世紀にはヴェトナム北部に李氏が⑤大越国を建国した。その後，いくつかの王朝の興亡を経て，19世紀には[　6　]の保護国となり[　6　]領インドシナ連邦に組み込まれた。

□ **問1**　空欄[1]に入れるのに適当なものを，次の中から一つ選びなさい。

　　①チャム人　②シャン人　③モン人　④シンハラ人　⑤クメール人

□ **問2**　②について。カンボジアの歴史に関する記述として誤っているものを，次の中から一つ選びなさい。

　　①　扶南の貿易港からローマ貨幣が出土した。
　　②　フエ（ユエ）は真臘の貿易港である。
　　③　真臘は唐に朝貢した。
　　④　アンコール朝は分裂した陸真臘と水真臘を統一した。

□ **問3** ③について。以下の王朝の中でタイ人王朝として正しいものを，次の中から一つ選びなさい。

　　①チョーラ朝　②コンバウン朝　③クディリ朝　④アユタヤ朝

　　⑤トゥングー朝

□ **問4** ④について。ヴェトナムと中国各王朝との関係に関する記述として誤っているものを，次の中から一つ選びなさい。

　　①　漢は南海郡を設置してヴェトナム全域を支配した。

　　②　唐はヴェトナムに安南都護府を設置した。

　　③　明の永楽帝はヴェトナム北部を併合した。

　　④　ヴェトナム最後の王朝である阮朝は清を宗主国とした。

□ **問5** ⑤について。大越国の王朝に関する記述として誤っているものを，次の中から一つ選びなさい。

　　①　李朝（大越国）はサイゴンに都を置いた。

　　②　陳朝はモンゴル軍の侵略を退けた。

　　③　西山（タイソン）党の反乱によって黎朝がほろんだ。

　　④　阮朝は国号を越南とした。

□ **問6** 空欄［6］に入れるのに適当なものを，次の中から一つ選びなさい。

　　①イギリス　②オランダ　③アメリカ　④フランス　⑤スペイン

(2)　アンコール朝の歴代の王たちは，アンコール＝トムや⑦アンコール＝ワットなどの壮大な石造りの建築物を次々と造営した。アンコール＝ワットは，12世紀前半にスールヤヴァルマン2世が造営したヒンドゥー教寺院であった。回廊の壁面はインド文学に題材をとった浮き彫りで飾られ，あるいは神と王を合体させた特別な神像も作られた。このようにインド文化の影響を強く受けつつカンボジアの民族文化を開花させていった。

　　しかし，後にアンコール＝ワット⑧仏教寺院へと改築された。16世紀末から17世紀前半にかけて，日本の貿易船が東南アジア各地に航行し，アンコール＝ワットを訪れる日本人のいたことが記録に残されている。

　　ところで，8世紀にはイスラーム世界の成立にともなって，⑨ムスリム商人がインド洋をわたり，マラッカ海峡をこえ，交易路を拡大して東南アジアや中国に進出してきた。また10世紀には宋の経済発展にともない海の道の交易が飛躍的に発展した。マラッカ海峡は，このようにインド洋と南シナ海をむすぶ海上交易の要衝となり，⑩マラッカなどその海域周辺の諸国が交易の主導権をめぐり勢力を競った。

□ **問7** ⑦について。アンコール＝ワットはどれですか。正しいものを，次の中から一つ選びなさい。

　　①A　②B　③C　④D

24

A

B

C

D

□ 問8　⑧について。東南アジアの仏教に関する記述として正しいものを，次の中から一つ選びなさい。
　　① ヴェトナムでは仏国寺が建てられた。
　　② チャンパーではポタラ宮殿が建てられた。
　　③ パガンでは上座部の仏教寺院が建てられた。
　　④ ジャワ島ではプランバナン寺院群が建てられた。

□ 問9　⑨について。ムスリム商人に関する記述として誤っているものを，次の中から一つ選びなさい。
　　① ジャンク船という三角帆の帆船による交易を行なった。
　　② 奴隷をも交易品として扱った。
　　③ 東南アジアのイスラーム化に貢献した。
　　④ カーリミー商人と呼ばれたムスリム商人の拠点はカイロにあった。

問10　⑩について。
□（ア）　マラッカと周辺諸国に関する記述として誤っているものを，次の中から一つ選びなさい。
　　① シュリーヴィジャヤはスマトラ島のパレンバンを交易の拠点とした。
　　② マラッカは明の支援をうけて国際貿易港として急成長した。
　　③ ヒンドゥー教国家のマタラムはマラッカと主導権を競った。
　　④ 16世紀初めマラッカを占領したのはポルトガルである。

□（イ）　ヨーロッパ勢力のマラッカ占領後，ムスリム商人を受け入れたスマトラ島北端のイスラーム教国を何といいますか。正しいものを，次の中から一つ選びなさい。
　　①アチェ　②ジョホール　③バンテン　④マラーター　⑤ヴィジャヤナガル

6 中国の古代文明～秦・漢～魏晋南北朝

解答・解説：別冊 p.12

1 次の文章の[　　　]に入る最も適当な語句を下記の語群から選び，その記号を答えよ。
(駒澤大)

　中国では紀元前5000年ごろに黄河の上・中流域で彩陶を特色とする文化が出現した。この文化は彩陶が最初に発見された遺跡の名前をとって［　1　］とも呼ばれる。一方，ほぼ同時期の長江流域では［　2　］などで大量の稲モミが出土しており，稲作を主な生業とする高度な文化が存在していたことが知られているが，王朝と称されるような発達した社会は紀元前2000年ごろに黄河流域で誕生した。

　史書によれば中国最初の王朝は［　3　］であるが，現在実在が確認できる最古の王朝は［　4　］である。［　4　］において王は神意を問う占いの主宰者であり，その占いの記録は［　5　］として亀甲や牛の肩胛骨の上に刻まれた。また高度に発達した青銅器も数多く製作され，祭祀用の道具として利用された。

　紀元前11世紀に［　4　］を滅ぼして成立した［　6　］は，一族や功臣に領地を与えて世襲の諸侯とし各地を統治させる［　7　］を行ったと考えられている。また，［　6　］の青銅器には金文と呼ばれる銘文が鋳込まれることが多く，そこでは天命を受けた天子としての王の権威が強調され，青銅器祭祀を通じた王権の強化が図られていた。

　前8世紀，［　6　］が東の［　8　］に遷都し，春秋時代が始まった。王の権威は次第に弱まり，諸侯は列国との間に同盟を結び，その盟主となることで主導権を握ろうとした。このような有力諸侯を［　9　］と呼ぶ。続く戦国時代の中国では鉄製農具や［　10　］が普及し，農業生産性が大いに高まった。同時に商業も活発化し，刀の形をした刀銭や農具の形をした［　11　］などといった青銅貨幣が作られた。

〔語群〕
　あ．甲骨文字　い．洛邑　う．竜山文化　え．周　お．牛耕　か．楚
　き．高祖　く．蟻鼻銭　け．河姆渡遺跡　こ．楔形文字　さ．井田制
　し．半両銭　す．殷　せ．五銖銭　そ．敦煌　た．布銭　ち．斉　つ．封建制
　て．上帝　と．仰韶文化　な．鎬京　に．焼畑農業　ぬ．燕　ね．三星堆遺跡
　の．夏　は．覇者　ひ．鼎

26

2 次の文章を読み，設問に答えよ。 (名城大)

　諸子百家のなかで，後世にもっとも大きな影響を与えたのは，孔子を祖とする儒家の思想である。周を理想的な国家と考える孔子は身近な家庭道徳を社会秩序の基本におき，この道徳を広く天下におよぼしていけば理想的な社会が実現できるとした。孔子の思想は戦国時代の儒家によって受け継がれ，また後に中国を統一した漢王朝はこの儒家の学を官学とし，主要な経典が定められた。

□ **問1**　孔子の言行をまとめた書物は何と呼ばれるか，記入せよ。

□ **問2**　戦国時代の儒家の間では，万人のもつ血縁的な愛情を重視する性善説と，礼による規律維持を強調する性悪説がとなえられた。(a) 性善説と (b) 性悪説，それぞれの提唱者の名を記入せよ。

□ **問3**　諸子百家の一つで，儒家の説は人為的な虚礼を説くものであると批判し，自然を尊び，無為であれば天下はおのずから治まるとする一派は何と呼ばれるか，記入せよ。

□ **問4**　漢の武帝の時代，礼と徳の思想による社会秩序の安定化をめざし，儒学の官学化を提言した学者の名を記入せよ。

3 次の文章を読み，設問に答えよ。 (近畿大)

　秦は，前4世紀半ばに [a] が改革を行い，秦王の政のときに中国を統一した。統一後，秦王政は始皇帝と称し，(1)貨幣の統一や焚書・坑儒を行うなど中央集権化をすすめた。また，北方では長城を修築して [b] の侵入に対抗し，南方では [c] など三郡を設置した。

　しかし，始皇帝の死後ほどなくして陳勝・呉広が反乱をおこした。これをきっかけに (2)各地で反乱がおこり，秦は滅亡した。

□ **問1**　[a] に最も適する語を次の①〜④から一つ選べ。
　　①李斯　②商鞅　③韓非　④蘇秦

□ **問2**　[b] に最も適する語を次の①〜④から一つ選べ。
　　①羌　②月氏　③匈奴　④烏孫

□ **問3**　[c] に最も適する語を次の①〜④から一つ選べ。
　　①南海郡　②敦煌郡　③楽浪郡　④日南郡

□ **問4**　下線部 (1) について，秦の統一通貨はどれか，最も適するものを次の①〜④から一つ選べ。
　　①布銭　②刀銭　③半両銭　④五銖銭

□ **問5**　下線部 (2) に関連して，この反乱から頭角をあらわした項羽は戦国時代のどの国の出身者か，最も適するものを次の①〜⑥から一つ選べ。
　　①趙　②楚　③韓　④魯　⑤斉　⑥魏

6　｜　中国の古代文明〜秦・漢〜魏晋南北朝　　27

4 次の文A～Cを読んで，下の問い（問1～14）に答えよ。　　　　　　(近畿大)

A 前3世紀の中国では，(1)陳勝・呉広の乱をきっかけに各地で反乱がおこり，前206年に [a] はほろんだ。その後，[b] が前202年に成立した。[b] は地方行政制度として [c] 制を採用した。朝廷が地方の諸侯の力をおさえようとしたため，前154年に反乱がおこった。これが鎮圧されると，諸侯の勢力がよわまり中央集権体制が成立した。

□ **問1** [a]に適する語を次の①～⓪から一つ選べ。
　　　①清　②晋　③夏　④秦　⑤宋　⑥漢　⑦殷　⑧元　⑨周　⓪明

□ **問2** [b]に適する語を次の①～⓪から一つ選べ。
　　　①清　②晋　③夏　④秦　⑤宋　⑥漢　⑦殷　⑧元　⑨周　⓪明

□ **問3** [c]に適する語を次の①～④から一つ選べ。
　　　①衛所　②府兵　③州県　④郡国

□ **問4** 下線部（1）に関連して，この反乱の首謀者の発言として知られる言葉はどれか，次の①～④から一つ選べ。
　　　①上品に寒門なく，下品に勢族なし
　　　②滅満興漢
　　　③王侯将相いずくんぞ種あらんや
　　　④蘇湖熟すれば天下足る

B 皇帝の外戚である [d] が政治の実権を握り，[e] 年に新という王朝をたてた。しかしその政治に対する不満から [f] の乱がおこった。これを鎮圧するために各地の群雄がたちあがった。そのなかで (2)[g] が皇帝に即位し，[b]を再興した。

□ **問5** [d]に適する語を次の①～⑧から一つ選べ。
　　　①王建　②劉備　③王維　④劉秀　⑤王蒙　⑥劉裕　⑦王莽　⑧劉邦

□ **問6** [e]に適する語を次の①～④から一つ選べ。
　　　①6　②8　③10　④12

□ **問7** [f]に適する語を次の①～④から一つ選べ。
　　　①黄巣　②紅巾　③八王　④赤眉

□ **問8** [g]に適する語を次の①～⑧から一つ選べ。
　　　①王建　②劉備　③王維　④劉秀　⑤王蒙　⑥劉裕　⑦王莽　⑧劉邦

　問9 下線部（2）に関連して，次の（1），（2）に答えよ。

□ （1） [g]の人物はのちになんとよばれたか，次の①～④から一つ選べ。
　　　①洪武帝　②光武帝　③孝文帝　④太武帝

□ （2） [g]の人物が都としたのはどこか，次の①～④から一つ選べ。
　　　①洛陽　②鎬京　③咸陽　④長安

C 2世紀末に〔 h 〕がはじめた宗教結社〔 i 〕を中心にした (3)黄巾の乱が おこった。この乱をきっかけとして，各地に武力を持った集団があらわれた。その なかから (4)曹丕が220年に皇帝に即位し〔 j 〕をたてた。

☐ **問10** 〔h〕に適する語を次の①〜④から一つ選べ。
　　　　①張陵　②張儀　③張衡　④張角

☐ **問11** 〔i〕に適する語を次の①〜④から一つ選べ。
　　　　①五斗米道　②天師道　③白蓮教　④太平道

☐ **問12** 〔j〕に適する語を次の①〜⑧から一つ選べ。
　　　　①蜀　②趙　③燕　④韓　⑤呉　⑥斉　⑦魏　⑧楚

☐ **問13** 下線部（3）に関連して，この反乱より前のできごとはどれか，次の①〜⑤ から一つ選べ。
　　　　①党錮の禁　②九品中正の開始
　　　　③『五経大全』の編纂　④文字の獄　⑤貞観の治

☐ **問14** 下線部（4）に関連して，この時の政権交代を述べた文として正しいものを， 次の①〜④から一つ選べ。
　　　　①　〔b〕の最後の皇帝を殺害したのち，曹丕が即位した。
　　　　②　曹丕が〔b〕から独立して，即位した。
　　　　③　〔b〕の皇帝から禅譲をうけ曹丕が即位した。
　　　　④　〔b〕をほろぼした孫権をやぶり，曹丕が即位した。

---

5 魏晋南北朝，隋に関する次の問1〜問5の文a・bの正誤を判断し，下の例 にしたがって答えよ。
　　　　　　　　　　　　　　　　　　　　　　　　　　　　　（日本大）

例	aのみが正しい場合 ――――――①
	bのみが正しい場合 ――――――②
	a・bともに正しい場合 ―――――③
	a・bともに誤りの場合 ―――――④

☐ **問1** a. 三国時代の魏は成都，呉は洛陽，蜀は建業に都を置いた。
　　　　b. 東晋では均田制が創始された。

☐ **問2** a. 晋（西晋）では八王の乱が起こり，五胡の侵入を招いた。
　　　　b. 魏は官吏登用法として郷挙里選を創始した。

☐ **問3** a. 五胡十六国時代には仏図澄や鳩摩羅什が西域から訪れた。
　　　　b. 北魏では雲崗や竜門の石窟寺院の造営が開始された。

☐ **問4** a. 北魏では漢化政策がおこなわれた。
　　　　b. 南朝の一つである梁では，王羲之が詩歌集である『文選』を編纂した。

☐ **問5** a. 邪馬台国の卑弥呼は三国時代の魏に朝貢使節をおくった。
　　　　b. 朝鮮半島では4世紀に，高句麗が朝鮮半島全域を統一した。

6 ｜ 中国の古代文明〜秦・漢〜魏晋南北朝　29

7 隋・唐と中国周辺民族史

解答・解説：別冊 p.14

1 次の文章を読み，設問A～Iに対する答えを選択肢1～4から一つ選べ。

(京都産業大)

　李淵（のちの高祖）は，隋の (a)煬帝の死後，[b] 年に唐を建国した。唐は隋の諸制度をついで律令制・均田制・租庸調制・府兵制などを採用し，領域を拡大した。都の長安は，最盛期には人口100万を数え，[c] 朝のバグダードと並ぶ国際都市であった。

　第2代皇帝の太宗（李世民）は，李淵の建国をたすけ，中国統一を完成した。対外的には領土を拡大し，内政面では各種制度の整備に努め，その治世は「[d] の治」とたたえられた。

　第3代皇帝の高宗は，唐の最大領土を実現した。唐では，服属した諸部族の部族長をその地の長官に任命し，その上に [e] をおいた。こうした周辺異民族に対する懐柔政策を，[f] 政策という。

　その後，高宗の皇后の [g] と中宗の皇后の韋后が政治を混乱させたとされるが，李隆基（のちの玄宗）が韋后一派を倒し，やがて第6代皇帝となった。玄宗の治世の前半は唐の安定期を現出したが，晩年は (h)楊貴妃を寵愛して政治を乱し，(i)安史の乱をまねき，唐は弱体化していった。

□ **問A** 下線部 (a) に関連して，「煬帝」に関する説明として間違っているものはどれか。

    1. 煬帝は父の文帝を殺して即位したとされる。

    2. 煬帝は大運河を建設し，華北と江南を結びつけた。

    3. 煬帝の3度の高句麗遠征は，いずれも失敗に終わった。

    4. 煬帝は孔穎達に命じて『五経正義』を編纂させた。

□ **問B** [b] にあてはまる数字はどれか。

    1. 607　2. 610　3. 618　4. 623

□ **問C** [c] にあてはまる語句はどれか。

    1. アッバース　2. ササン　3. ウマイヤ　4. ファーティマ

□ **問D** [d] にあてはまる語句はどれか。

    1. 貞観　2. 開成　3. 開元　4. 元和

□ **問E** [e] にあてはまる語句はどれか。

    1. 市舶司　2. 軍機処　3. 都護府　4. ジャムチ

□ **問F** [f] にあてはまる語句はどれか。

    1. 三光　2. 皇民化　3. 棍棒　4. 羈縻

□ **問G** [g] にあてはまる人物はだれか。

    1. 呂后　2. 則天武后　3. 西太后　4. 東太后

□ **問H** 下線部 (h) に関連して，玄宗と「楊貴妃」の悲恋をうたった「長恨歌」の作者はだれか。

    1. 白居易　2. 李白　3. 杜甫　4. 柳宗元

30

□ **問I** 下線部（i）に関連して、「安史の乱」に関する説明として間違っているものはどれか。

1. 安禄山は、宰相の楊国忠と対立して安史の乱をおこした。
2. 唐は、吐蕃の援助を得るなどして安史の乱を鎮圧した。
3. 安史の乱後、藩鎮が地方勢力として自立していった。
4. 安史の乱後、楊炎が徳宗に献策し、両税法が実施された。

2 次の文章を読み、各問に答えよ。
(駒澤大)

8世紀はじめに即位した玄宗の治世は、文学史上「盛唐」と称する黄金期とされる。この時期、(A)北魏に始まる土地制度の均田制が破綻している。それにともない〔 1 〕も崩れて代わりに募兵制が採用され、その指揮官として〔 2 〕をおいて辺境に配備するなどして対応した。

8世紀中頃、(B)安禄山らは、新国家の樹立運動を開始する。皇帝を称した安禄山は、10ある〔 2 〕のうち3つを兼ねるなど一大軍事勢力を築き上げていた。史上「安史の乱」と呼ばれるこの運動そのものは内紛や、またモンゴル高原で(C)突厥に替わって興った〔 3 〕の唐への援軍によって終息する。しかしながらこの大混乱の中、チベット高原を中心とする〔 4 〕に一時、首都を占領されるなどし、唐の体制は大きく変容していった。

8世紀後半には、財政難を解決するため租庸調制に代えて、現に保有している土地面積に応じて納税させる〔 5 〕が施行された。これは唐朝が、均田制のような一律の土地支給を目指すことを放棄し、民間の大土地所有を容認したことを意味する。また、代替品のない必需品である(D)塩の専売制も始まり、その生産から販売までを国家の管理下に置き、財政の立て直しが図られた。

ただ唐の求心力低下は収まることはなく、〔 2 〕は内地にも置かれるようになり、それらは地方行政権を握って事実上の独立勢力を形成していく。9世紀末に起こった〔 6 〕の乱は、塩の密売商人が起こしたものであり、結果としてその専売制が生んだ反乱であったとも言えよう。約10年の間、中国全土を巻き込んだこの反乱によって、唐はその統制力を失った。そして10世紀のはじめ、〔 6 〕の乱に加わったのち唐に帰順して〔 2 〕となっていた朱全忠によって、唐の哀帝が廃されて〔 7 〕が建国される。

□ **問1** 文中の〔　　〕に入る最も適当な語句を下記の語群から選べ。

〔語群〕
あ．ウイグル　い．キルギス　う．オルドス　え．平準法　お．後唐
か．後梁　き．燕雲十六州　く．西夏　け．黄巣　こ．黄巾　さ．紅巾
し．永嘉　す．光緒新政　せ．節度使　そ．均輸法　た．開封　ち．西安
つ．中正官　て．屯田制　と．都護府　な．吐蕃　に．高句麗　ぬ．南京
ね．扶清滅洋　の．洋務運動　は．両税法　ひ．衛所制　ふ．府兵制
へ．北京　ほ．一条鞭法　ま．地丁銀　み．吐谷渾

7 ｜ 隋・唐と中国周辺民族史

問2　文中の下線部（A）〜（D）に関して，下記の設問に答えよ。

- A　鮮卑の一氏族で，北魏を建てたのは何氏か。その名称を漢字で記せ。
- B　安禄山の母はトルコ系突厥人で，父はイラン系で，父方の出自をたどると中央アジアのサマルカンドに行き着く。サマルカンドをはじめとするオアシス都市を拠点に，古くから国際貿易に活躍したイラン系の人々を何と言うか。その名称を記せ。
- C　突厥はササン朝と共同してエフタルを挟撃した後，王家同士の婚姻関係を結んでいる。ササン朝最盛期を現出したとも言われるこの時の王は誰か。その名を記せ。
- D　塩の専売制は，積極的な外交政策を行なった前漢の武帝の時代にも実施された。武帝が外征を行なった国のうち，モンゴル高原を中心とした遊牧国家は何か。その名称を漢字2字で記せ。

3　次の文章群A〜Eは，それぞれa〜cの3つの短文からなっている。これらについて【1】〜【8】の設問に答えなさい。答えは，それぞれの選択肢から一つずつ選びなさい。
（日本大）

A　a.　［　ア　］系のスキタイが黒海北岸を中心に国家を建設した。
　　b.　騎馬遊牧民族の活動が活発になって，内陸アジア東部の草原地帯では月氏があらわれた。
　　c.　匈奴で冒頓単于が即位した。

- 【1】　空欄［ア］に該当するものを，次の1〜4から選べ。
　　1　イラン　2　トルコ　3　モンゴル　4　チベット
- 【2】　文章群Aのa〜cの出来事を，左から古い順に並べるとどのような順序になるか。次の1〜6から選べ。
　　1　a→b→c　2　a→c→b　3　b→a→c
　　4　b→c→a　5　c→a→b　6　c→b→a

B　a.　鮮卑の一派である拓跋氏が国を建て，均田制をはじめた。
　　b.　漢の武帝がタリム盆地を奪い，(イ)敦煌などの4郡をおいた。
　　c.　班超が西域都護に任命された。

- 【3】　下線部（イ）を，下の略地図の1〜6から選べ。

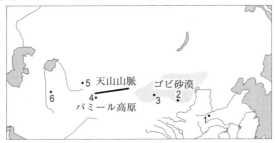

□【4】 文章群Bのa〜cの出来事を，左から古い順に並べるとどのような順序になるか。次の1〜6から選べ。

    1 a→b→c 2 a→c→b 3 b→a→c
    4 b→c→a 5 c→a→b 6 c→b→a

C a. 柔然がモンゴル高原で大きな勢力となり，その君主はカガン（可汗）と称した。
  b. 朝鮮半島の楽浪郡が滅ぼされた。
  c. 突厥が中央アジアから中国東北地方にいたる大遊牧国家をつくった。

□【5】 文章群Cのa〜cの出来事を，左から古い順に並べるとどのような順序になるか。次の1〜6から選べ。

    1 a→b→c 2 a→c→b 3 b→a→c
    4 b→c→a 5 c→a→b 6 c→b→a

D a. 突厥が〔 ウ 〕と結んでエフタルを滅ぼした。
  b. ウイグルは，中国の王朝が安史の乱を鎮圧するのをたすけた。
  c. 大祚栄が高句麗の遺民などを率いて渤海を建国した。

□【6】 空欄〔ウ〕に該当するものを，次の1〜4から選べ。
    1 クシャーナ朝 2 ササン朝 3 パルティア 4 アケメネス朝

□【7】 文章群Dのa〜cの出来事を，左から古い順に並べるとどのような順序になるか。次の1〜6から選べ。

    1 a→b→c 2 a→c→b 3 b→a→c
    4 b→c→a 5 c→a→b 6 c→b→a

E a. 南詔が全盛期をむかえた。
  b. 大理が建国された。
  c. ソンツェン＝ガンポが吐蕃を建てた。

□【8】 文章群Eのa〜cの出来事を，左から古い順に並べるとどのような順序になるか。次の1〜6から一つ選べ。

    1 a→b→c 2 a→c→b 3 b→a→c
    4 b→c→a 5 c→a→b 6 c→b→a

7 ｜ 隋・唐と中国周辺民族史

解答・解説：別冊 p.16

8 宋・元

1 次の文は，宋代の社会と文化について述べたものである。これを読んで，下の問（A・B）に答えよ。

(西南学院大)

960年，後周の武将 [a] は宋（北宋）を建国し，都を [b] に置いた。次の太宗は，中国をほぼ統一し，官僚から武人を追い出す一方，文人を重用する文治主義をとった。また，(ア)官吏登用法として科挙が整備され，科挙出身の官僚が政治を担う体制が築かれた。科挙は男性であれば階層を問わず誰でも受験することができたため，(イ)貴族にかわって経済力をつけていた新興地主層が台頭した。

宋は北方勢力の侵攻に悩まされ，国防費の増大によって財政は窮乏した。11世紀後半の神宗は，王安石を宰相に起用して(ウ)新法とよばれる改革を実施した。しかし，これに反発する官僚たちも多く，王安石は失脚した。その後，新法党とそれに反対する旧法党の対立が続き，宋の国力は衰えていった。

(エ)12世紀初めになると，金が華北を占領し，都の [b] を陥落させ，上皇の徽宗と皇帝の欽宗を捕えた。皇帝の弟である高宗は，江南に逃れて帝位につき，南宋を建て，臨安（現在の杭州）を首都とした。南宋では，金との抗戦を主張する主戦派の岳飛と和平派の秦檜が対立したが，和平派が勝利し，[c] を境に，北は金，南は南宋という勢力範囲が固まった。宋は金に臣下の礼をとり，毎年銀や絹を贈ることになった。

A 文中の [ ]（a〜c）に最も適当なものを，下の（1〜4）から1つ選んで，その番号を記入せよ。

□ a. 1. 欧陽詢　2. 趙匡胤　3. 王仙芝　4. 張択端

□ b. 1. 開封　2. 洛陽　3. 咸陽　4. 揚州

□ c. 1. 長江　2. 湘江　3. 淮河　4. 黄河

B 文中の下線部（ア）〜（エ）について，下の問（1〜4）に最も適当なものを（1〜4）から1つ選んで，その番号を記入せよ。

□ **問1** 下線部（ア）について，科挙を創設した人物は誰か。

　　　1. 玄宗　2. 武帝　3. 文帝　4. 高宗

□ **問2** 下線部（イ）について，この新興地主層を何というか。

　　　1. 両班　2. 形勢戸　3. 郷紳　4. 藩鎮

□ **問3** 下線部（ウ）について，王安石の新法に含まれないものはどれか。

　　　1. 均輸法　2. 保馬法　3. 両税法　4. 募役法

□ **問4** 下線部（エ）について，北宋が滅んだこの事件を何というか。

　　　1. 靖康の変　2. 安史の乱　3. 土木の変　4. 黄巣の乱

2 モンゴル帝国について述べた次の文章を読み，問1〜問3の設問に答えよ。

(日本女子大)

モンゴル高原では9世紀なかごろに [1] が滅亡した後，統一勢力が現れず，諸部族の多くはいったん [2] に服属した。[2] が12世紀初めに滅びた後

34

も，モンゴル高原は［　3　］の干渉を受け，その中で諸部族が抗争する状況が続いた。そうした中，モンゴル部族は13世紀初めにテムジンが指導者となると急速に勢力を伸ばし，高原の統一を果たした。彼はハンに推戴されてチンギス＝ハンと称するとともに，帝国の軍事・行政組織として新たに千戸制をしき，強力な騎馬軍団を作り上げた。

モンゴル軍団は，チンギス＝ハンやその子孫に率いられてユーラシア各地を征服していった。チンギス＝ハンは西遼を奪った［　4　］を滅ぼし，さらに中央アジア・イラン方面の新興勢力［　5　］とタングートの［　6　］を倒した。跡を継いだオゴタイは［　3　］を滅ぼして華北を領有し，バトゥ率いる西征軍は東ヨーロッパに至って (A)ドイツ・ポーランド連合軍を打ち破った。第4代のモンケは（　ア　）を西方に派遣し，中東イスラーム世界の東半分を領有した。

第5代のフビライは帝国支配の重心を東方へと移し，大都を築いて国号を大元と称した。モンゴル高原と中国を領有したフビライはさらに南方へと軍を送り，ミャンマーの［　7　］を滅亡に向かわせるなど，東南アジアにも大きな変動をもたらした。こうして帝国は，東は日本海から西は黒海・地中海に至る領域に広がり，各地にチンギス＝ハンの子孫が支配する政権が形成された。これらの政権は (B)元の皇帝を帝国全体の大ハンとして仰ぎ，ゆるやかな連合を保ち続けた。

ユーラシアの東西をモンゴルが支配したことにより，東西交易は飛躍的に活性化した。その主な担い手はムスリム商人であり，彼らの活動を通じて中国とイスラーム世界との文化や技術の交流も進んだ。その形跡は天文学や絵画の分野に見ることができる。帝国も当初から交通路を重視し，（　イ　）と呼ばれる駅伝制を施行するなど，その整備や治安の確保に力を注いだ。

14世紀に入ると，ユーラシア全域に天災が続き，各地のモンゴル政権では内紛が起こって支配が動揺した。中国でも江南で起こった（　ウ　）の乱をはじめ，各地で反乱が起こり，元は大都を捨ててモンゴル高原へと退いた。

□ **問1**　文章中の［1］〜［7］に入れる最も適切な語句を下記の語群の中から選べ。なお，［　］内の数字が同一の場合，同じ語句が入るものとする。

　　a.　遼　　b.　ガズナ朝　　c.　北宋　　d.　カラ＝ハン朝　　e.　キルギス
　　f.　マムルーク朝　　g.　シンガサリ王国　　h.　ホラズム　　i.　西夏　　j.　突厥
　　k.　南宋　　l.　ナイマン　　m.　パガン朝　　n.　吐蕃　　o.　金　　p.　オイラト
　　q.　サーマーン朝　　r.　スコータイ朝　　s.　ウイグル

□ **問2**　文章中の（ア）〜（ウ）に入れる語句を記入せよ。なお，（ア）には人名が入る。

　　問3　文章中の下線部（A）・（B）に関する次の問の答えを記入せよ。

□（A）　この戦いを何と呼ぶか，答えなさい。

□（B）　元で財務官僚などとして重用された中央アジア・西アジア出身者を何と呼ぶか，答えなさい。

8 ｜ 宋・元　　35

9 明・清

1 次の文を読んで，下の問い(問1～5)に答えよ。 (近畿大)

　元末の反乱で，頭角をあらわした朱元璋は，1368年皇帝位につき(太祖洪武帝)，明をたて，中国を統一した。そして，[a]を廃止してその下にあった六部を皇帝に直属させ，農村の復興，租税収入の安定化，民衆の教化，官制の整備などをすすめた。次の[b]帝が，諸王らの勢力削減をはかると争いがおこったが，そのなかで勝利を得て即位したのが，永楽帝である。彼は首都を北京にうつし，積極的な対外政策をおこなった。また宦官の鄭和に南海大遠征をおこなわせた。永楽帝の死後，統制政策をとった明に対し，交易の利を求めた周辺民族は明の領内にしばしば侵入した。16世紀後半から17世紀前半には，北虜南倭に続き，朝鮮半島派兵，東北地方の争乱などで，明は財政難におちいった。万暦帝時代の[c]のおこなった財政のたてなおしも十分に効を奏さず，そののち宦官の横暴や党派争いで混乱するなか，各地で反乱が勃発し，北京は[d]の反乱軍によって占領され，明は1644年に滅亡した。

☐ **問1** [a]に適する語を次の①～④から一つ選べ。

①中書省　②内閣大学士　③軍機処　④御史台

☐ **問2** [b]に適する語を次の①～④から一つ選べ。

①順治　②正統　③光緒　④建文

☐ **問3** [c]に適する語を次の①～④から一つ選べ。

①司馬光　②蘇軾　③張居正　④王安石

☐ **問4** [d]に適する語を次の①～④から一つ選べ。

①李世民　②李成桂　③李舜臣　④李自成

問5 下線部について，次の(1)～(4)に答えよ。

☐ (1)　明では小説が多くの読者を獲得したが，明代に著された小説はどれか。次の①～⑤から一つ選べ。

①『西廂記』　②『儒林外史』　③『紅楼夢』

④『金瓶梅』　⑤『長生殿伝奇』

☐ (2)　明代に「心即理」を主張し，多面的な知識や修養にたよる朱子学の傾向を批判したのはだれか，次の①～⑤から一つ選べ。

①王陽明　②陸九淵　③欧陽脩　④銭大昕　⑤周敦頤

☐ (3)　明末には，科学技術書がさかんに刊行されたが，この時代に著された書物はどれか，次の①～⑤から一つ選べ。

①『文選』　②『五経正義』　③『水経注』

④『斉民要術』　⑤『本草綱目』

☐ (4)　明末の画家・書家で，南宗画の様式を確立したのはだれか，次の①～⑤から一つ選べ。

①董其昌　②馬遠　③仇英　④顧愷之　⑤郎世寧

2 次の文章を読み，あとの問い（問1～問7）に答えなさい。 （昭和女子大）

　靖難の役に勝利して帝位についた永楽帝の時代を過ぎると，明は次第に衰退期に
はいった。衰退の直接の契機は，北虜といわれるモンゴル諸部族と南倭といわれる
東南海岸の倭寇による外圧であった。モンゴルの［　ア　］は長城を越えて侵入し，
1550年には北京を包囲した。

　一方，中国東北部では［　イ　］の女真が台頭してきた。女真諸部族を従えたヌ
ルハチは1616年に建国して国号をアイシンと定めた。ヌルハチは(A)軍制を整備し，
満州文字の制作を命じるなどの国家建設を進め，明に対抗した。1636年に［　ウ　］
は皇帝と称し，国号を清と改めた。

　1644年，明は反乱軍により北京を占領されて滅亡した。山海関で清軍の侵入を
防いでいた明の武将呉三桂は降伏し，清軍は長城内にはいって北京を占領，清の皇
帝は中国皇帝として即位式をおこなった。

　17世紀末以降，清は支配領域を広げ，中国内地の直轄領のほか，辺境地域を
(B)藩部として (C)理藩院が統括した。直轄領・藩部のほか東アジアやインドシナ半
島の諸国も清朝に朝貢し，清朝はこれら諸国を属国とみなした。

　清朝では大規模な編纂事業をおこなって学者を優遇したが，一方では反清的言論
に対して［　エ　］きびしく弾圧し，思想を統制した。

□ **問1**　［ア］にあてはまる人物は誰か。1人を選べ。

　　　a．エセン＝ハン　　b．アルタン＝ハン　　c．ガザン＝ハン　　d．モンケ＝ハン

□ **問2**　［イ］にあてはまるものはどれか。1つを選べ。

　　　a．モンゴル系　　b．ツングース系　　c．チベット系　　d．トルコ系

□ **問3**　下線部（A）に関連して清の軍制について説明した次の文のうち，誤ってい
　　るものはどれか。1つを選べ。

　　　a．緑営は満州人による清の正規軍だった。

　　　b．満州八旗は八旗の中核となる軍団だった。

　　　c．モンゴル八旗は清の内モンゴル併合後，創設以来の八旗から分離・独立した。

　　　d．漢軍八旗は主に投降した漢人で編成された。

□ **問4**　［ウ］にあてはまる人物は誰か。1人を選べ。

　　　a．ティムール　　b．ホンタイジ　　c．順治帝　　d．康熙帝

□ **問5**　下線部（B）について，藩部でないものはどれか。1つを選べ。

　　　a．台湾　　b．モンゴル　　c．チベット　　d．新疆

□ **問6**　下線部（C）に関連して，清朝の官制について説明した次の文のうち，誤っ
　　ているものはどれか。1つを選び，その記号を答えなさい。

　　　a．中央官庁の高官の定員を偶数とし，満州人と漢人を同数任命した。

　　　b．中書省・門下省・尚書省を廃止し，行政機関は皇帝直属とした。

　　　c．官吏登用試験である科挙は明の制度を踏襲した。

　　　d．皇帝直属の諮問機関の軍機処を設置した。

□ **問7**　［エ］にあてはまるものはどれか。1つを選べ。

　　　a．党錮の禁　　b．焚書・坑儒　　c．文字の獄　　d．羈縻政策

2章　諸地域世界の交流

解答・解説：別冊 p.20

10 イスラーム世界（ムハンマド～イスラーム独立王朝）

1 次の文章を読み，設問に答えよ。

（名城大）

　イスラーム教をとなえたムハンマドは，[　ア　] で生まれたが，622年に [　イ　] に移住し，ウンマを建設した。630年にムハンマドが [　ア　] を征服した後，アラブの諸部族はムハンマドの支配下に入った。

　ムハンマドの死後，イスラーム教徒は大規模な征服活動をおこなった。征服地には，軍事・政治拠点として，[　ウ　] が建設された。661年にムアーウィヤが開いた (a)ウマイヤ朝は，アラブ人イスラーム教徒による異民族支配を国家の統治原理としており，アラブ人の特権的な地位の下に支配が進められた。人頭税である [　エ　] は征服地の先住民だけに課され，(b)イスラーム教徒に改宗しても，免除されることはなかった。

　こうした支配に対して，非アラブ人による不満が生じたほか，アラブ人からの批判も出てきた。こうした人々の支持を背景に，アッバース家による革命がおこった。アッバース朝時代には，イスラーム法がととのえられ，民族による差別は廃止された。

　アッバース朝は，第5代カリフの (c)ハールーン＝アッラシードの統治時代に最盛期を迎えたが，その死後，868年にエジプトに建てられたトゥールーン朝などの，独立の小王朝がつぎつぎと成立し，カリフの権力は衰えた。946年にバグダードに入城した (d)ブワイフ朝は，カリフから大アミールに任ぜられ，アッバース朝カリフを傀儡化した。

☐ **問1**　空欄部 [ア] から [エ] に入る最も適切な語句を記入せよ。

☐ **問2**　下線部 (a) について，この王朝の首都の名前を記入せよ。

☐ **問3**　下線部 (b) について，非アラブ人のイスラーム改宗者のことを何というか，記入せよ。

☐ **問4**　下線部 (c) について，この者を主人公の1人とする，アラブ文学を代表する説話集の名前を記入せよ。

☐ **問5**　下線部 (d) について，バグダードに入城後に従来のアター制にかえて，イクター制が始められた。このイクター制はどのような制度か，説明せよ。

---

2 イスラーム世界の成立とその展開に関する次の問1～7の文 a・b の正誤を判断し，下の例にしたがって答えよ。

（日本大）

例　aのみが正しい場合―――――① 　bのみが正しい場合―――――②
a・bともに正しい場合―――③ 　a・bともに誤りの場合―――④

☐ **問1**　a．イスラーム教はユダヤ教やキリスト教の影響を受けて成立した。
　　　　b．ムハンマドはメディナで聖典『コーラン（クルアーン）』を刊行した。

☐ **問2**　a．ムハンマドの死後，その子が後継者を意味するカリフの地位についた。
　　　　b．イスラーム世界には聖職者が存在せず，ウラマー（学者）が指導者的役割を果たした。

□ 問3　a．アッバース朝は新首都としてバグダードを建設した。

　　　　b．後ウマイヤ朝はグラナダを都とした。

□ 問4　a．アッバース朝内のエジプトでは，独立王朝であるサーマーン朝が成立した。

　　　　b．シーア派のセルジューク朝はスンナ派のファーティマ朝に対抗した。

□ 問5　a．トルコ系のカラ＝ハン朝は中央アジアの東西トルキスタンを支配した。

　　　　b．ムラービト朝はトンブクトゥを首都とした。

□ 問6　a．モンゴル人のフラグはアッバース朝を滅ぼしてキプチャク＝ハン国を建てた。

　　　　b．マムルーク朝は地中海とインド洋を結ぶ交易で栄えた。

□ 問7　a．アフリカ東岸地域では，アラビア語の影響を受けたスワヒリ語が成立した。

　　　　b．アフリカ南東部のジンバブエ遺跡からは，モノモタパ王国の繁栄のあとがうかがえる。

3　次の文は，イスラーム世界の学問と文化について述べたものである。これを読んで，下の問（A・B）に答えよ。　　　　　　　　　　　　　　（西南学院大）

　イスラームにおける学問や文化の発展基盤は都市にあった。都市にはイスラーム諸学を修めた知識人たちが居住し，彼らを養成するための学院である［　a　］が置かれた。セルジューク朝では，これらの学院は，その建設を指導したイラン人宰相にちなんだ名称でよばれた。また10世紀以降，学問的な形式主義や難解な釈義を排し，神との一体感を求める<u>神秘主義</u>が盛んになり，民衆の心に訴えかけた。

　イスラーム学問の研究は，『コーラン』の解釈に基づく神学や法学から始まったが，その補助手段としてムハンマドの言行に関する伝承が収集されたことが，歴史学の発達を促した。アッバース朝時代の歴史家タバリーは，『預言者たちと諸王の歴史』を年代記形式で編纂し，14～15世紀の歴史家イブン＝ハルドゥーンは『［　b　］』を執筆して，歴史発展の法則性について論じた。

　文学の分野では，さまざまな起源をもつ説話を集大成した『千夜一夜物語』が成立した。数学・天文学にも秀でた詩人ウマル＝ハイヤームは『ルバイヤート』（本来は「［　c　］」の意）を著した。旅行文学も盛んで，イブン＝バットゥータは，故郷のモロッコから中国までを広く旅行し，帰国後『三大陸周遊記』を口述筆記で著した。

A　文中の［　　　］（a～c）に最も適当なものを，下の（1～4）から1つ選んで，その番号を記入せよ。

□a．1．スーク　2．ディーワーン　3．マドラサ　4．ワクフ

□b．1．集史　2．英雄伝　3．世界の記述　4．世界史序説

□c．1．叙情詩集　2．瞑想詩集　3．擬古詩集　4．四行詩集

□**B**　文中の下線部について，このような神秘主義者のことを何とよぶか。最も適当なものを（1～4）から1つ選んで，その番号を記入せよ。

　　1．ウラマー　2．イマーム　3．スーフィー　4．アミール

解答・解説：別冊 p.22

11 イスラーム専制王朝

1 次の文を読み，設問に答えよ。
(津田塾大)

　13世紀の大モンゴル国の登場以降，数世紀にわたって，ユーラシアの各地にチンギス＝ハンの血筋を正統性の根拠として掲げる王朝が現れた。

　東方では，大都（現在の北京）に都を置いた第五代大ハンのフビライが，チベット仏教サキャ派の高僧パスパを国師に任じたことを一つの契機に，モンゴルとチベット仏教の結び付きが深まっていく。

　西方では，まず13世紀半ばに，ジュチ家のバトゥが率いた遠征の結果，スラヴ系諸侯を服属させた。また，フビライの弟のフラグはバグダードを占領して，アッバース朝のカリフを処刑した。だがこの後，西方のモンゴル系の人々は，次第にイスラームに改宗していく。14世紀後半に，チャガタイ家の領域から［　1　］が頭角を現すと，その首都サマルカンドを中心として学問が発展し，それを受けてペルシア語文化がユーラシア各地に浸透した。

　西方に遠征した［　1　］は，アンカラの戦いでオスマン朝の君主［　2　］を破り，続いて東方遠征を行おうとしたところで死去した。［　1　］死後の混乱を経て，［　3　］朝が支配を固めたイランでは，シーア派の中の十二イマーム派が事実上の国教として採用された。その首都イスファハーンは東西交易の結節点として発展し，特にアルメニア人がその担い手として，マルセイユやアムステルダムなど，遠く西欧諸国の港市まで足跡を残した。インドでは，［　1　］の子孫に当たる［　4　］がムガル朝を築いた。その第三代皇帝アクバルは北インドを平定し，その後，第六代皇帝［　5　］は，インド全土をほぼ統一する。

- □ **問1**　空欄［1］〜［5］に最も適当と思われる語を入れよ。
- □ **問2**　下線部はどこに都を置いたか，答えよ。

2 次の文は，サファヴィー朝について述べたものである。これを読んで，下の問（A・B）に答えよ。
(西南学院大)

　13世紀以来，イラン高原はモンゴル帝国やティムール朝の支配下におかれていたが，ティムール帝国分裂後は，トルコ系遊牧民の間にサファヴィー教団によって神秘主義思想が広まった。この教団の教団長［　a　］と支持者たちによって開かれたのがサファヴィー朝である。やがてサファヴィー朝は，シーア派の中の穏健な［　b　］派を国教としてイランへの布教を始めた。また，その君主は，ペルシア語で王を意味する［　c　］の称号を用い，イラン人の民族意識高揚につとめた。

　サファヴィー朝は，オスマン帝国との対立などによって一時勢力をそがれたが，［　d　］のもとで復興した。彼の治世に，官僚制度や常備軍の整備が進み，オスマン帝国から領土の一部を取り返し，ポルトガルを駆逐して海上貿易を盛んにするなど，多くの成果を上げた。さらにイスファハーンへの首都移転を行った。そこには「王のモスク」をはじめとする壮麗な建築物が建てられ，商人たちの居住区が作られて国際商業が活発化したことで，「イスファハーンは［　e　］」といわれるほど

40

の繁栄を享受した。

- **A** 文中の〔　　〕（a〜e）に，最も適当な語を記入せよ。
- **B** 文中の下線部について，1622年にサファヴィー朝がポルトガルから奪回した，ペルシア湾口にある軍事面・交易面で重要な拠点はどこか。

3 次の文章を読み，問1〜4に対する答えを選択肢1〜4から一つ選び，その番号を答えよ。

（京都産業大）

13世紀末に建国された (a)オスマン帝国は，小アジア・バルカン半島を中心として発展した。〔　b　〕によって一時的に壊滅に瀕したが，再興後，(c)ビザンツ帝国を滅ぼした。やがてオスマン帝国は，16世紀の (d)スレイマン1世の統治下で最盛期を迎えた。

- **問1** 下線部（a）に関連して，「オスマン帝国」の説明として間違っているものはどれか。
    1. オスマン帝国は，ティマール制とよばれる軍制をしいた。
    2. オスマン帝国は，パーニーパットの戦いで勝利した。
    3. オスマン帝国は，スンナ派の王朝である。
    4. オスマン帝国は，マムルーク朝を滅ぼした。
- **問2** 〔b〕にあてはまる人物はだれか。
    1. ティムール　2. ウルグ＝ベク　3. アクバル　4. アッバース1世
- **問3** 下線部（c）に関連して，「ビザンツ帝国」を滅ぼした人物はだれか。
    1. バヤジット1世　2. セリム2世　3. セリム1世　4. メフメト2世
- **問4** 下線部（d）に関連して，「スレイマン1世」の説明として間違っているものはどれか。
    1. スレイマン1世は，ハンガリーを征服した。
    2. スレイマン1世は，「立法者」とよばれた。
    3. スレイマン1世は，レパントの海戦を戦った。
    4. スレイマン1世は，ウィーンを包囲した。

11 ｜ イスラーム専制王朝　41

12 中世ヨーロッパ①

1 次の文A～Bを読んで，下の問い(問1～9)に答えよ。　　　　(近畿大)

A　[a]沿岸を原住地とする(1)ゲルマン人は，アルプス以北のヨーロッパに広く居住していた[b]人を圧迫しながら，勢力を拡大していった。紀元前後ごろになると，ゲルマン人は，西は[c]川をはさんで，(2)ローマ帝国と接触するようになった。

☐ 問1　[a]に最も適する語を次の①～④から一つ選べ。
　　①バルト海　②黒海　③北海　④地中海
☐ 問2　[b]に最も適する語を次の①～⑥から一つ選べ。
　　①アーリヤ　②エフタル　③チャム　④フン　⑤ケルト　⑥マジャール
☐ 問3　[c]に最も適する語を次の①～⑥から一つ選べ。
　　①セーヌ　②ライン　③エルベ　④ヴォルガ　⑤ドニエプル　⑥ドン
☐ 問4　下線部(1)に関連して，100年ごろに書かれたゲルマン人についての史料『ゲルマニア』の著者（55ごろ～120ごろ）はだれか，最も適するものを次の①～④から一つ選べ。
　　①リウィウス　②プリニウス　③タキトゥス　④プルタルコス
☐ 問5　下線部(2)に関連して，西ローマ帝国を滅ぼしたゲルマン人の傭兵隊長（434ごろ～493）はだれか，最も適するものを次の①～④から一つ選べ。
　　①オドアケル　②クローヴィス　③スパルタクス　④カール＝マルテル

B　4世紀後半になると，アジア系の[d]人が西にすすみ，ゲルマン人の一派である東ゴート人と西ゴート人を圧迫した。375年以降，西ゴート人はローマ帝国内に侵入し，ここからゲルマン人の(3)大移動が始まった。東ゴート人は[e]のもとでイタリア半島に建国した。他方，西ゴート人はイベリア半島を中心に西ゴート王国を維持したが，イスラーム勢力の[f]朝によってほろぼされた。

☐ 問6　[d]に最も適する語を次の①～⑥から一つ選べ。
　　①アーリヤ　②エフタル　③チャム　④フン　⑤ケルト　⑥マジャール
☐ 問7　[e]に最も適する語を次の①～⑥から一つ選べ。
　　①アッティラ　②クヌート（カヌート）　③テオドリック
　　④リューリク　⑤アルフレッド　⑥エグバート
☐ 問8　[f]に最も適する語を次の①～④から一つ選べ。
　　①ウマイヤ　②ササン　③サーマーン　④アッバース
☐ 問9　下線部(3)に関連して，ゲルマン人の一派であるアングロ＝サクソン人は，大ブリテン島に移動して王国をたてた。アングロ＝サクソン人の王国を1016年に征服したデーン人の王はだれか，最も適するものを次の①～⑥から一つ選べ。
　　①アッティラ　②クヌート（カヌート）　③テオドリック
　　④リューリク　⑤アルフレッド　⑥エグバート

2 次の文章を読み，あとの設問に答え，答えの番号を①～④のなかから一つ答えよ。

(愛知大)

4世紀後半のゲルマン人の大移動の結果，かつての西ローマ帝国の領内にはいくつか@ゲルマン人の王国が成立した。これらのゲルマン諸族の王国は短命に終わったものが多かったが，ガリア北部に進出したフランク族は着実にその勢力をのばすことに成功した。有力な豪族であったメロヴィング家の［　ア　］は，全フランクを統一し，王国を築いた。彼は，フランク諸族のなかではじめて［　イ　］に改宗し，ローマ=カトリック教会の支持を受けた。

その後，メロヴィング家の王権はおとろえを見せ，8世紀になると実権は宮廷の最高職である［　ウ　］の手に握られた。この職についていたカロリング家のカール=マルテルは，イベリア半島を北上してきた⑥イスラーム勢力を732年，トゥール・ポワティエ間の戦いで破り，西欧キリスト教世界の危機を救った。751年，©ピピン3世はメロヴィング朝を廃し，カロリング朝を開いた。

その子カールは，さらに領土の統合と征服に努めた。彼は@ランゴバルド王国を滅ぼし，北方のザクセン族などゲルマン人の豪族たちを制圧する一方，東方から侵入したアヴァール人を撃退し，イベリア半島ではイスラーム勢力と戦った。

- 問1　下線部@について，最も南に移動し建国したものを一つ選べ。
  ①ヴァンダル族　②東ゴート族　③西ゴート族　④ブルグンド族
- 問2　空欄［ア］に入る適切な人物を一つ選べ。
  ①オドアケル　②クローヴィス　③テオドリック　④アラリック
- 問3　空欄［イ］に入る適切なものを一つ選べ。
  ①アタナシウス派　②アリウス派　③ネストリウス派　④カタリ派
- 問4　空欄［ウ］に入る適切なものを一つ選べ。
  ①司教　②伯　③侯　④宮宰
- 問5　下線部⑥について，この時のイスラーム勢力の王朝名を一つ選べ。
  ①アッバース朝　②ウマイヤ朝　③ファーティマ朝　④セルジューク朝
- 問6　下線部©について，誤っているものを一つ選べ。
  ①　彼がはじめたカロリング朝は，のちに西フランク王国が断絶して消滅した。
  ②　父カール=マルテルの時代には，実権はカロリング家に移っていた。
  ③　王朝の正統性を重視する教皇の反対を押し切って，王朝の交代を進めた。
  ④　彼はイタリア北東部のラヴェンナを教皇に寄進し，これが教皇領の始まりとなった。
- 問7　下線部@の王国について，その位置を示すものを一つ選べ。

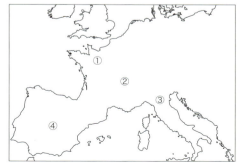

3 次の文章を読み，問 1 〜 6 に対する答えを選択肢 1 〜 4 から一つ選べ。

(京都産業大)

　使徒 ［　a　］ を初代教皇とするローマ教会は，西ヨーロッパ世界において布教活動を積極的に展開した。また，6 世紀から広がった (b)修道院運動は，文化的・社会的にも大きな役割を果たした。

　西のローマ教会と東のコンスタンティノープル教会の関係は，(c)聖像をめぐる対立により悪化した。コンスタンティノープル教会がビザンツ皇帝と結びついたのに対し，ローマ教会はフランク王国に接近した。ローマ教会とフランク王国の関係の深まりは，800 年のクリスマスの日に，フランク王カールが教皇レオ 3 世によりローマ皇帝として戴冠された出来事によく示されている。教会の東西対立は深刻化の一途を辿り，コンスタンティノープル教会を中心に発展したギリシア正教会とローマ＝カトリック教会は，1054 年に互いを破門し分裂した。

　ローマ教会は西ヨーロッパ世界に普遍的な権威を及ぼしたが，世俗権力の影響をうけたことなどによる弊害が生じたため，10 世紀より (d)改革が進められた。この過程で生じた (e)皇帝との争いは，1122 年のヴォルムス協約によって成立した妥協により決着した。教皇権が絶頂に達したのは，［　f　］ のときである。

☐ **問 1**　[a] にあてはまる人物はだれか。
　　1. モーセ　2. パウロ　3. ペテロ　4. ピラト

☐ **問 2**　下線部 (b) に関連して，12 世紀からヨーロッパ諸地域で進行した大開墾運動の中心となった修道会はどれか。
　　1. シトー修道会　2. フランチェスコ修道会
　　3. ドミニコ修道会　4. イエズス会

☐ **問 3**　下線部 (c) に関連して，「聖像をめぐる対立」の説明として間違っているものはどれか。
　　1. 726 年，ビザンツ皇帝レオン 3 世は聖像禁止令を発布した。
　　2. 聖像をめぐる対立には，偶像を否定するイスラーム教が影響していた。
　　3. ローマ教会は，ゲルマン人への布教に聖像を必要としていた。
　　4. ビザンツ帝国では，エフェソス公会議において聖像崇拝論争が禁じられた。

☐ **問 4**　下線部 (d) に関連して，教皇グレゴリウス 7 世が実施した「改革」に含まれないものはどれか。
　　1. 聖職売買の禁止　2. 聖職者の妻帯の禁止
　　3. 聖職叙任権の回復　4. アリウス派の追放

☐ **問 5**　下線部 (e) に関連して，この争いに関与した「皇帝」はだれか。
　　1. フリードリヒ 1 世　2. カール 12 世
　　3. ハインリヒ 4 世　4. ルートヴィヒ 1 世

☐ **問 6**　[f] にあてはまる人物はだれか。
　　1. ボニファティウス 8 世　2. インノケンティウス 3 世
　　3. グレゴリウス 1 世　4. ウルバヌス 2 世

解答・解説：別冊 p.26

13 中世ヨーロッパ②

1 次の文は，**十字軍について述べたもの**である。これを読んで，下の問（**A・B**）に答えよ。
(西南学院大)

西ヨーロッパ世界では11世紀以降，温和な気候や (ア)農業技術の進歩などで人口が飛躍的に増えるとともに，内外に向けて拡大が始まった。オランダの干拓，[a] 川以東への東方移民，巡礼の流行，[b] 半島の国土回復運動などがその具体例であり，なかでも最も大規模なものが十字軍である。

十字軍は，[c] 朝が聖地イェルサレムを支配してビザンツ帝国を脅かしたために，ビザンツ皇帝がローマ教皇に救援を求めたことに端を発する。そこで，教皇[d] は1095年にクレルモン宗教会議を開催し，聖地回復を提唱した。1099年，(イ)第1回十字軍はイェルサレムを占領してイェルサレム王国を建国するが，1187年には [e] 朝のサラディンが聖地を奪回した。

第4回十字軍は教皇 [f] のもとに組織されたが，資金を援助したヴェネツィアの商人らの圧力によって，聖地回復の目的を放棄してコンスタンティノーブルを占領し，[g] を建国した。その後も十字軍遠征は繰り返されたが，聖地回復の目的は達成されなかった。

☐ **A** 文中の [ ]（a〜g）に，最も適当な語を記入せよ。

B 文中の下線部（ア）・（イ）について，下の問（ア〜イ）に最も適当な語を記入せよ。

☐ア．下線部（ア）について，耕地を輪作して利用する農法で，このころ普及した農法を何というか。

☐イ．下線部（イ）について，建国したキリスト教国を維持するために宗教騎士団が結成されたが，三大宗教騎士団として知られるのは，ドイツ騎士団，テンプル騎士団ともう一つは何か。

2 次の文は，**中世から近世にかけてのローマ教皇の歴史について述べたもの**である。これを読んで，下の問（**A・B**）に答えよ。
(西南学院大)

教皇の権威は，十字軍の失敗と西ヨーロッパにおける王権の伸長のために衰え始めた。13世紀末から14世紀初頭にかけての教皇ボニファティウス8世は教皇権の絶対性を主張し，聖職者への課税に反対してフランス，イギリス国王と争ったが，フランス国王に捕らえられ，釈放後に屈辱の中で死んだ。また教皇庁も，教皇クレメンス5世の時にフランス国王 [a] の決定で南仏都市アヴィニョンに移され，およそ70年間，フランスの支配下に置かれた。その後，教皇はローマに帰還し，1378年には新しい教皇が選出された。しかしアヴィニョンにも別の教皇が立ったため，教会は大分裂（大 [b]）に陥った。

☐ **A** 文中の [ ]（a・b）に，最も適当な語を記入せよ。

☐ **B** 文中の下線部について，1303年に起きたこの事件を何というか。

13 ｜ 中世ヨーロッパ② 45

2 章

諸地域世界の交流

3 次の文章を読み，設問に答えよ。 (名城大)

西ヨーロッパの封建社会は 11 世紀ころから安定をみせるようになる。とりわけ，(a)農業生産が増大すると，それにともなって余剰生産物の交換が活発になり，商業と都市の果たす役割が大きくなっていった。

そうしたなかで，各地の都市は 11 世紀から 12 世紀以降においてつぎつぎに自治権を獲得し，自治都市になった。そして自治権を獲得した有力都市は，共通の利害のために都市同盟を結成した。北イタリアの［ A ］同盟や，北ドイツ諸都市のハンザ同盟がそのなかでもとりわけ知られている。

とはいえ，自治権の強さは国や地域によって多様であり，自治権を獲得した経緯も異なっている。概して，北イタリアの諸都市は領主である司教権力を倒すことによって自治権を獲得したため，都市国家として完全に独立した地位をきずいたのにたいし，ドイツの諸都市は，(b)諸侯の力をおさえようとする皇帝からの特許状を得て，皇帝直属の［ B ］都市となることによって自治権を獲得した。

西ヨーロッパの自治都市は周囲を城壁で囲み，その中で市民たちは，「都市の空気は自由にする」ということばもあるように，封建的束縛を逃れて自由を手にすることができた。これらの都市においては独自の行政組織が発達したが，自治運営の基盤はおもに(c)ギルドとよばれる同業組合になった。

商業と都市が発達することにより貨幣経済が浸透していったため，(d)荘園にもとづく経済体制はじょじょに崩れていくことになった。

- □ **問1** 空欄部［A］・［B］にあてはまる語句を書け。
- □ **問2** 下線部 (a) に関連して，とくにアルプス以北のしめって重たい土壌を深く耕すために用いられた，牛馬に引かせる鉄製の重くて丈夫な車輪のついた犂を何というか。
- □ **問3** 下線部 (b) について，シュタウフェン朝が断絶した後，神聖ローマ帝国における政治的混乱は頂点に達するが，この時代は何とよばれるか。
- □ **問4** 下線部 (c) について，市政を独占していた商人ギルドにたいし，これに不満をもつ手工業者が結成した，職種別のギルドは何か。
- **問5** 下線部 (d) について，以下の問いに答えよ。
- □ **ア** 貨幣経済の浸透にともない，とくにイギリスでは社会的地位を向上させた自営農民があらわれてくるようになるが，彼らは何とよばれるか。
- □ **イ** 農民の地位が向上した背景として，疫病の大流行にともなう農業人口の急速な減少が挙げられる。この疫病とは何か。
- □ **ウ** 経済的に困窮した領主は，ふたたび農民への束縛を強めようとしたが，これにたいして農民たちは大規模な農民一揆をおこした。このうち，フランスでおきた大規模な農民反乱は何とよばれるか。

4 **次の文は，英仏百年戦争とその後の歴史について述べたものである。これを読んで，下の問（A・B）に答えよ。** (西南学院大)

ノルマン朝の王位をめぐる混乱を経たイギリスでは，［ a ］年にプランタジネッ

ト朝が成立した。初代国王の〔　b　〕は，フランスの西半部を領有して大勢力を形成し，フランス王家との対立を深めていった。その後，フランスでカペー朝が断絶し，かわって〔　c　〕朝が成立すると，母親がカペー家出身であるイギリス国王〔　d　〕がフランスの王位継承権を主張し，これをきっかけとして百年戦争が始まった。

　戦いは長短の休戦をはさみながら，百年以上にわたって行われた。戦局はイギリス側の有利に展開したが，一方で14世紀には気候が寒冷化して凶作や飢饉が頻発し，また黒死病も流行したことから，両国内の社会経済は疲弊していった。

　15世紀になるとジャンヌ＝ダルクが登場し，劣勢に追い込まれていたフランス国王〔　e　〕を助け，イギリス軍を大敗させた。これをきっかけに形勢は徐々に逆転し，最終的にフランスは港湾都市〔　f　〕を除く全土を回復し，長期にわたる戦争は終結した。

　戦後のイギリスでは，王位継承をめぐってバラ戦争が起こったが，この内乱を平定したヘンリ7世は，1485年に〔　g　〕朝を開いた。

□　A　文中の〔　　　〕（a〜g）に，最も適当な語または数字を記入せよ。
□　B　文中の下線部について，ジャンヌ＝ダルクの活躍により包囲を解かれたパリ南方ロワール川沿いの都市はどこか。

5　**中近世のイベリア半島諸国の歴史について述べた次の文章を読み，問に答えよ。**
（日本女子大）

　中世のイベリア半島では，イスラーム教徒の半島支配に対し，キリスト教徒によるレコンキスタが始まった。その過程で，〔　ア　〕・〔　イ　〕・ポルトガルの3王国が建てられ，イスラーム勢力を駆逐しつつ南下した。イスラーム勢力は11世紀前半に内部の諸抗争から小王国に分裂し，11世紀末にはモロッコの〔　ウ　〕朝の支配を受け，12世紀半ばには〔　エ　〕朝に支配された。1236年にはコルドバが〔　ア　〕王国に占領され，13世紀半ばにはイスラーム教徒の国は半島南岸のナスル朝のみとなった。

　キリスト教徒の3王国の中で，まずポルトガルが海外進出に乗り出し，インド・東南アジア・アフリカ・ブラジルの植民地と，当時のヨーロッパで最大の港市〔　オ　〕を首都に持つ海洋帝国となった。一方，1469年〔　イ　〕王国の王子と〔　ア　〕王国の王女イサベルが結婚し，1479年に両国は合併して，共同統治のスペイン王国が成立した。1492年，スペイン王国はナスル朝の都〔　カ　〕を陥落させ，レコンキスタを完成させると，大西洋方面に進出し，やがてはアメリカ大陸に到達することになる。

□　問　文章中の〔ア〕〜〔カ〕に入れる最も適切な語句を下記の語群の中から選び，その記号を答えよ。
　　　a．アラゴン　b．ヴァンダル　c．カスティリャ　d．グラナダ　e．後ウマイヤ
　　　f．セルジューク　g．トレド　h．バルセロナ　i．ファーティマ　j．ブワイフ
　　　k．ムラービト　l．ムワッヒド　m．リスボン　n．マドリード

13　｜　中世ヨーロッパ②　　47

14 中世ヨーロッパ③

解答・解説：別冊 p.28

1 次の文を読み，設問に答えなさい。

（津田塾大）

　ローマ帝国の東西分立後，西ローマ帝国が［　イ　］年に滅亡したのに対して，東ローマ帝国はコンスタンティノープルを首都としてその勢力を保持し続けた。6世紀半ば，［　ロ　］帝は北アフリカの［　ハ　］王国やイタリア半島の［　ニ　］王国といったゲルマン系諸王国を滅ぼし，イベリア半島の［　ホ　］王国からも領土を奪うなど，地中海の覇権を回復した。この皇帝の治下，それまでの法をまとめた『［　ヘ　］』が編纂され，コンスタンティノープルに［　ト　］聖堂が建立されるなど，帝国の威信が高まった。しかし，［　ロ　］帝以降，帝国が地中海を「我らの海」と呼べた期間は長くはなかった。ローマ帝国が支配していた地中海世界は解体し，東ローマ帝国の支配領域もバルカン半島と小アジア地域へと縮小した。ローマ人・ローマ帝国を自称しつつも，［　チ　］語を公用語とするようになったこの帝国は，コンスタンティノープルの旧名にちなんでビザンツ帝国と呼ばれる。

　8世紀前半以降，体制を立て直したビザンツ帝国は，神の代理人たる皇帝が，各地方のテマを統制しつつ，官僚を駆使して統治する専制的な中央集権国家だった。帝国では伝統と格式が重んじられ，荘重華麗な儀式の数々は外国使節を驚かせた。［　リ　］壁画もきらびやかな［　ト　］聖堂での典礼が，この世のものとも思えない美しさであったという使節の報告を受け，キエフ公国の大公［　ヌ　］が
(a)コンスタンティノープル教会を介してキリスト教を導入する決断をしたという逸話も残っている。

　10世紀になると，高級官僚やテマの長官が私腹を肥やしながら勢力を拡大し，特権的な世襲貴族として台頭するようになる。その経済的な背景としては，各地の貴族が (b)地中海貿易を担うイタリアの海港都市と穀物の取引などで直接結びつくようになったことを指摘できる。14世紀になると，統治の乱れがオスマン帝国のバルカン半島進出を招き，ビザンツ帝国の領土は縮小の一途をたどった。そのオスマン帝国がビザンツ帝国を滅ぼしたのは，［　ル　］年のことであった。

- ☐ **問1**　空欄［イ］〜［ル］に最も適当と思われる語を入れなさい。
- ☐ **問2**　下線部（a）について，コンスタンティノープル教会とローマ教会との対立を深める一契機となった，726年の法令は何と呼ばれますか。
- ☐ **問3**　下線部（b）について，このころよりビザンツ帝国の経済と密接に結びつくようになり，第4回十字軍でも大きな役割を果たしたこの都市の名を答えなさい。

2 次の文を読み，問1〜問6の設問に答えなさい。答えは，それぞれの選択肢から一つずつ選びなさい。

（日本大）

　スラヴ人のうち東にいたグループ（東スラヴ人）の地域では，［　a　］に指導されたノルマン人が9世紀にノヴゴロドを中心とした国家を建設した。この国は南方へと拡大し，キエフ公国に発展した。キエフ公国はビザンツ帝国との経済的・文化的関係が密接で，ギリシア正教を受け入れた。一方西に向かったグループ（西スラ

48

ヴ人）も，9世紀ころからスラヴ人の国家を建設した。このうちポーランドは，14世紀の ［ b ］ のときに統一されて繁栄に向かった。さらに，ドイツ騎士団と対抗していたリトアニア大公国と合体して（同君連合），ヤゲウォ（ヤゲロー）朝のもとで最盛期を迎えた。チェック人の建てた ［ c ］ は，11世紀には神聖ローマ帝国に編入された。これらの国々は，ローマ＝カトリックの信仰を受け入れた。スラヴ人のうち南に向かったグループ（南スラヴ人）の最大勢力であったセルビア人は，ビザンツ帝国に侵入して定住し，その文化とギリシア正教を受け入れた。12世紀には独立し，14世紀にバルカン半島の大きな部分を支配する強国となった。一方，［ d ］ と ［ e ］ は，バルカン半島西岸に定住し，ローマ＝カトリックに改宗した。

　スラヴ人以外に，東方から移動したアジア人も，この地域にそれぞれ建国した。ブルガール人はビザンツ帝国に侵入し，7世紀末に (f)ブルガリア帝国を建て，パンノニアに定住したマジャール人は，(g)ハンガリー王国を建国した。

　13世紀になると，東方から ［ h ］ の率いるモンゴル軍がこの地域に侵入し，ロシアはキプチャク＝ハン国の支配下におかれることになった。また14世紀以降，大部分の南スラヴの国々やハンガリー，ブルガリアは，オスマン帝国に服属していった。

☐ **問1**　空欄 ［a］ に該当する人名を，次の1〜4から選びなさい。

　　1．ロロ　2．リューリク　3．ウィリアム　4．クヌート（カヌート）

☐ **問2**　空欄 ［b］ に該当する人名を，次の1〜4から選びなさい。

　　1．ウラディミル1世　2．キュリロス　3．カジミェシュ（カシミール）3世

　　4．ヘラクレイオス1世

☐ **問3**　空欄 ［c］ に該当する国名を，次の1〜4から選びなさい。

　　1．ボヘミア（ベーメン）王国　2．ワラキア公国　3．モラヴィア王国

　　4．モルダヴィア公国

☐ **問4**　空欄 ［d］ と空欄 ［e］ に該当するものの組み合わせとして正しいものを，次の1〜6から選びなさい。

　　1．ルーマニア人・クロアティア人　　2．ルーマニア人・アルメニア人

　　3．ルーマニア人・スロヴェニア人　　4．クロアティア人・アルメニア人

　　5．クロアティア人・スロヴェニア人　6．アルメニア人・スロヴェニア人

☐ **問5**　下線部 (f) と下線部 (g) の国に関連する次の1〜4の文のうち，誤りを含むものを選びなさい。すべてが正しい場合は，0を答えなさい。

　　1．ブルガリアは，一時ビザンツ帝国に服属したが，12世紀末に独立して帝国を再建した。

　　2．ブルガリアは，ギリシア正教を受容した。

　　3．ハンガリーが建てられたパンノニアは，ドナウ川中流域にあった。

　　4．ハンガリーは，ローマ＝カトリックを受容した。

☐ **問6**　空欄 ［h］ に該当する人名を，次の1〜4から選びなさい。

　　1．オゴタイ　2．フラグ　3．モンケ＝ハン　4．バトゥ

14　｜　中世ヨーロッパ③　　49

3章　一体化へ進む世界と反動

解答・解説：別冊 p.30

15 南北アメリカ文明と大航海時代

1 次の文章の[　　　]に入る最も適当な語句を下記の語群から選び，その記号を答えなさい。

(駒澤大)

　1492年，カスティリャ女王[　1　]の援助を受けたコロンブスは，フィレンツェの天文学者トスカネリの唱えた地球球体説を信じ，アジアを目指して大西洋を西へと航行した。この第一回航海で彼はバハマ諸島の[　2　]島に到着しキューバを経由してエスパニョラ島を探検したが，1498年の第三回航海では現在のベネズエラを流れるオリノコ川の河口に到達した。これがヨーロッパ人による新大陸の「発見」だとされる。

　一方でこのようなヨーロッパ人による新大陸の「発見」とは無関係に，それ以前からアメリカ大陸には人々が居住し，独自の文化を保っていた。更新世の末期，地球が極度の寒冷化に見舞われ，氷河が発達し海水面の低下に伴って普段は海中に没していた陸地が処々で露出すると[　3　]海峡も消滅して陸続きとなり，当時の人類はこの陸橋を通じて東北アジアから北アメリカへと移動したと考えられている。今から一万年前ごろまでに南北アメリカの各地に拡散した人類は様々な環境に適応しながら，紀元前2000年ごろまでにトウモロコシやジャガイモなどを主体とした独自の農耕社会を作り上げていった。また南アメリカのアンデス高地では家畜としてアルパカや[　4　]が飼育された。

　このような農耕文化の基礎のもとに，紀元前二千年紀の終わりごろにはメソアメリカと南アメリカで濃厚な宗教的色彩をもった文化が誕生した。[　5　]文化と[　6　]文化である。メソアメリカの[　5　]文化では祭祀センターが形成され，当地にみられる巨石建造物やジャガー信仰といった独特の要素は，後続するメソアメリカの諸文化に影響を与えた。メキシコ南部からグァテマラやベリーズにかけての一帯では紀元前400年ごろから[　7　]文化が開花し，紀元3世紀から9世紀にかけての古典期に最盛期を迎えた。一方でメキシコ中央高地では紀元200年から550年ごろにかけて[　8　]文化が最盛期を迎えた。太陽のピラミッドや月のピラミッドなどを有する計画都市が造営され，神々が祀られた。

　南アメリカの中央アンデス地域で紀元前1000年ごろから栄えた[　6　]文化でも，神殿を伴う強力な宗教センターが形成されたと考えられている。[　6　]文化が後のアンデス諸文化に与えた影響は大きい。

　14世紀から15世紀にかけて，メソアメリカと南アメリカでともに強大な国家が誕生している。北方からメキシコ盆地に侵入したアステカ人は，テスココ湖に浮かぶ島に本拠地[　9　]を設け，1500年ごろまでに全メキシコに覇を唱えた。アンデス高地では15世紀にインカ人が首都[　10　]を中心として，整備された道路網と優れた石造建築を有する大規模な国家を作り上げている。

〔語群〕
あ．ガゼル　い．チチェン＝イツァ　う．マヤ　え．イサベル　お．コパン
か．アタワルパ　き．サンサルバドル　く．テオティワカン　け．ナスカ

こ．マリア＝テレジア　さ．ソンガイ　し．ヴァンダル　す．プエルトリコ
せ．テノチティトラン　そ．トルテカ　た．リャマ　ち．ラス＝カサス
つ．ベーリング　て．チャビン　と．チムー　な．マゼラン
に．マチュ＝ピチュ　ぬ．ポトシ　ね．オルメカ　の．クスコ

2　大航海時代に関する次の文章を読み，問いに答えなさい。　　　（日本大）

　ポルトガルは，1415年，北アフリカにあるイスラーム教徒の拠点を攻略し，その後，アフリカ西岸航路の開拓を進めた。［　1　］治世時代の1488年，バルトロメウ＝ディアスがアフリカ南端の喜望峰に達し，さらに1498年には，ヴァスコ＝ダ＝ガマがインド西南部の港市［　2　］に到達した。これによって，ヨーロッパとアジアを直結するインド航路が開かれることになり，ポルトガルは海洋帝国として栄えた。

　一方，スペインは，1492年にコロンブスの船団を大西洋に送り出した。コロンブスは，［　3　］の地球球体説の影響を受け，大西洋を西航した方がインドへの近道であると信じて，サンサルバドル島に到達したとされる。コロンブスの航海以降，西回り航路による (4)アメリカ大陸への進出は盛んになり，1522年，(5)マゼラン（マガリャンイス）の船団の1隻が史上初めて西回りでの世界周航に成功した。

☐　**問1**　空欄［1］に入る人名を，次の1〜4の中から1つ選びなさい。
　　　1．イサベル　2．エンリケ　3．ジョアン2世　4．フェルディナンド

☐　**問2**　空欄［2］に入る地名を，次の1〜4の中から1つ選びなさい。
　　　1．マドラス　2．カリカット　3．コロンボ　4．カルカッタ

☐　**問3**　空欄［3］に入る人名を，次の1〜4の中から1つ選びなさい。
　　　1．カボット　2．トスカネリ　3．レオナルド＝ダ＝ヴィンチ　4．ブルネレスキ

☐　**問4**　下線部（4）に関連する記述として正しいものを，次の1〜4の中から1つ選びなさい。
　　　1．ポルトガル人のアメリゴ＝ヴェスプッチの探検によって，コロンブスの到達した大陸は未知の大陸であることが明らかになった。
　　　2．メキシコに上陸したコルテスは，アステカ王国の都テノチティトランを占領，破壊した。
　　　3．ラス＝カサスらによって，南アメリカでは先住民の奴隷化が進められた。
　　　4．17世紀からスペインの植民地では，エンコミエンダ制と呼ばれる大土地所有にもとづく農園経営が広がっていった。

☐　**問5**　下線部（5）の人物に関する記述として正しいものを，次の1〜4の中から1つ選びなさい。
　　　1．1519年，スペイン王フェリペ2世の後援で，マゼランは大航海へと出発した。
　　　2．太平洋岸には，既にカブラルがパナマ地峡を横断して到達していたが，太平洋の名はマゼランが命名した。
　　　3．マゼランは，フィリピン諸島に到達し，同地をスペイン領だと宣言した。
　　　4．マゼランは，マダガスカルにおける現地人との戦いで戦死した。

15｜南北アメリカ文明と大航海時代　　51

解答・解説：別冊 p.32

16 ルネサンスと宗教改革

1 次の文章Ａ・Ｂを読み，あとの設問に答えよ。 (愛知大)

Ａ 14世紀から16世紀にかけての西ヨーロッパでは，人間の理性や感性を重視する新しい文化創造の動きが展開した。ルネサンスと呼ばれるイタリアにはじまった学問・芸術の活性化は，古典古代の学芸に立ちかえって学ぼうとするものであった。

毛織物業や金融業で栄えた［　ア　］では，メディチ家など有力な一族が芸術家や学者を保護し，いち早くルネサンスが花開いた。ダンテは，日常使われていたイタリアのトスカナ語で『神曲』を著した。［　イ　］は『デカメロン』で，ペスト流行下の人間の欲望や偽善を風刺した。

絵画や彫刻の分野でも15世紀には建築家ブルネレスキや画家ボッティチェリが活躍し，この時代の新しい技法である［　ウ　］，そして色彩表現を発展させた。

☐ **問1** 空欄［ア］に入る適切な都市名を記せ。
☐ **問2** 空欄［イ］に入る適切な人名を記せ。
☐ **問3** 空欄［ウ］に入る適切な語句を記せ。

Ｂ フランドル地方の諸都市は，北イタリア諸都市と密接な関係を持っており，ここでも早くからルネサンスの動きがはじまった。これを北方ルネサンスという。

絵画では，［　エ　］兄弟が油彩画を完成し，精緻な写実を特徴とする技法でフランドル画派の基礎をきずいた。［　オ　］は代表作「農民の踊り」などで農民生活を生き生きと描き，風俗画，風景画にすぐれた画家たちが続いた。文芸の分野では，『愚神礼讃』で教会を風刺した［　カ　］が同時代においてヨーロッパ最高の人文主義者として高く評価された。

フランスでは，ラブレーが『ガルカンチュアとパンタグリュエルの物語』で巨人父子の奔放な生きざまにことよせて時代を風刺し，モンテーニュは『［　キ　］』で近代人としての内面生活を探求した。

イギリスでは，チョーサーが庶民的な物語集『カンタベリ物語』を書き，16世紀にはトマス＝モアが『［　ク　］』で当時の社会を鋭く批判した。シェークスピアは『ハムレット』など多数の戯曲で，複雑な人間像を生き生きと描いた。

☐ **問4** 空欄［エ］，［オ］，［カ］に入る適切な人名を記せ。
☐ **問5** 空欄［キ］，［ク］に入る適切な著作名を記せ。

2 次の文を読み，問1〜8に答えなさい。答えは，それぞれの選択肢から一つずつ選べ。 (日本大)

宗教改革の端緒は，ドイツのマルティン＝ルターが，［　1　］年に，95カ条の論題を発表したことにある。これは，教皇レオ10世が，サン＝ピエトロ大聖堂の建築費を捻出するために，贖宥状を売り出したことをきっかけとしたものであった。

52

ルターの論題は各地に大きな反響をよんだ。ルターは教皇から破門され，皇帝カール5世にヴォルムスの帝国議会に召喚されて自説の撤回を迫られたが，これらの圧力には屈しなかった。彼は〔　2　〕の庇護を受けながら聖書のドイツ語訳をおこない，「人は信仰によってのみ義とされる」という思想をひろめていった。

ルターの説に影響を受けた知識人や農民の間では，さらに進んで社会改革運動に向かう動きも生まれた。1524年におこった (3)ドイツ農民戦争は，その最も大きなものであった。ルター派とカトリックの争いは，シュマルカルデン戦争にまで発展したが，1555年，(4)アウクスブルクの和議で一応の決着を見た。

宗教改革の動きは，ドイツの外にもひろまった。フランス人のカルヴァンは，スイスの〔　5　〕で，独自の教義にもとづく一種の神権政治をおこなった。彼は『〔　6　〕』などを著して (7)みずからの思想を展開した。このようなカルヴァンの教えは，イギリス，フランス，オランダなどで多数の (8)信徒を獲得していった。

□ **問1**　空欄〔1〕に該当する年を，次の1〜4から選べ。
　　1.　1515　2.　1517　3.　1519　4.　1521
□ **問2**　空欄〔2〕に該当する人物の称号を，次の1〜4から選べ。
　　1.　ブランデンブルク辺境伯　2.　ベーメン王　3.　ケルン大司教
　　4.　ザクセン選帝侯
□ **問3**　下線部（3）の事件についての次の1〜4の文のうち，誤りを含むものを選べ。
　　1.　ミュンツァーに指導されていた。
　　2.　農奴制の廃止などを要求した。
　　3.　諸侯によって鎮圧された。
　　4.　ルターはこの運動を一貫して支持した。
□ **問4**　下線部（4）の和議の内容について，次の1〜3の文のうち，正しいものがあればその番号を，すべて誤っている場合は，0を答えよ。
　　1.　カルヴァン派も認められた。
　　2.　諸侯はカトリックかルター派を選択でき，領民は諸侯の宗派に従うこととされた。
　　3.　自由都市の市民は，個人の信教の自由を認められた。
□ **問5**　空欄〔5〕に該当する都市を，次の1〜4から選べ。
　　1.　バーゼル　2.　ジュネーヴ　3.　コンスタンツ　4.　チューリヒ
□ **問6**　空欄〔6〕に該当する書名を，次の1〜4から選べ。
　　1.　キリスト教綱要　2.　キリスト者の自由　3.　天路歴程　4.　神の国（神国論）
□ **問7**　下線部（7）の思想についての次の1〜4の文のうち，誤りを含むものを選べ。
　　1.　魂の救済は，初めから神によって予定されているとした。
　　2.　職業労働に励むことは，神の栄光を実現することであるとした。
　　3.　禁欲の重要性が強調され，蓄財は悪とされた。
　　4.　この思想は，とくに商工業者の間に広まった。
□ **問8**　下線部(8)の信徒たちは，フランスでは何とよばれたか。次の1〜4から選べ。
　　1.　ゴイセン　2.　ピューリタン　3.　プレスビテリアン　4.　ユグノー

16 ｜ ルネサンスと宗教改革　　53

17 主権国家の形成

1 中近世のイベリア半島諸国の歴史について述べた次の文章を読み，問1・問2
の設問に答えなさい。　　　　　　　　　　　　　　　　　　　　　　（日本女子大）

　1516年，イサベル女王の娘を母とするハプスブルク家の出身者がスペイン王
[　A　] 1世となり，1519年には対立候補のフランス王 [　B　] 1世をおさえて
神聖ローマ皇帝に選出され，スペイン・オーストリアの他にナポリ・ミラノ・<u>ネー
デルラント</u>・海外植民地を相続した。[　A　] 1世の長子で，1556年にスペイン
を相続した [　C　] 2世は，教皇・ヴェネツィアと連合して1571年のレパントの
海戦でオスマン帝国に勝利した。また1580年にはポルトガルを併合し，スペイン
の版図は最大となり，「太陽の沈まぬ国」と呼ばれた。

☐ **問1**　文章中の [A] ～ [C] に入れる最も適切な人名を記入しなさい。なお，[　]
　　内の記号が同一の場合，同じ語句が入るものとする。

☐ **問2**　下線部に関し，この地域は1581年に独立を宣言するが，この独立運動の指
　　導者の名を答えなさい。

2　次の文章を読み，あとの問い（問1～8）に答えなさい。　　　　（昭和女子大）

　16世紀の半ばからネーデルラントを支配することとなったスペインの (A)<u>フェリ
ペ2世</u>は，ネーデルラントにカトリック信仰を強制し圧力をかけた。これに対し，
カルヴァン派が勢力を持っていたネーデルラントは，スペインの支配を拒み，ここ
に (B)<u>独立戦争</u>が始まった。その後，南部10州はスペイン支配を受け入れたが，北
部はユトレヒト同盟を結成し，最終的に7州が加盟し，ネーデルラント連邦共和国
（オランダ）が生まれた。商業の中心は，戦争中に荒廃した [　ア　] から [　イ　]
へと移った。オランダは1609年にスペインと休戦し，事実上，スペインからの独
立が達成された。

　オランダでは海外との貿易を試みる国内の諸企業が1602年に東インド会社に統
一され，さらに世界各地にきずいた (C)<u>拠点</u>をつなぎ，中継貿易で莫大な利益を上
げることになる。とくにアジアでは，インドネシアの [　ウ　] が重要な拠点となっ
た。一方，1618年からヨーロッパ全体を巻き込んで三十年戦争が始まるが，オラ
ンダは海外で (D)<u>活発な植民活動</u>を展開し，新たに確保した拠点の維持につとめた。

　三十年戦争は，1648年に (E)<u>講和条約</u>が締結され，終戦を迎えた。オランダは強
力な権力を握った君主をいだかず，共和制ともいえる連邦制をとっていた。しかし，
やがて (F)<u>イギリス</u>の国内紛争に組み込まれ，イギリスとの戦争では劣勢にたたさ
れた。またオランダは，中央集権化が進んだ (G)<u>フランス</u>からの脅威にさらされ，
国力の衰退を招くこととなった。

　その一方，オランダでは17世紀を通じ，財を蓄えた裕福な市民のために新しい
学問や芸術が花開いた。

☐ **問1**　下線部（A）の治世におこった次の出来事のうち，いちばん最後におこった
　　出来事はどれか。1つ選び，その記号を答えなさい。

54

a. レパントの海戦　b. ポルトガル併合

c. 無敵艦隊敗北　d. カトー＝カンブレジ条約締結

□ 問2　下線部（B）について説明した次の文のうち，誤っているものはどれか。1つを選び，その記号を答えなさい。

a. この戦争は1568年から始まった。

b. ホラント州が毛織物工業の盛んな南部の中心として戦った。

c. エリザベス1世の治めるイギリスがオランダの支援をおこなった。

d. オラニエ公ウィレムがネーデルラント連邦共和国初代総督となった。

□ 問3　下線部（C）について説明した次の文のうち，誤っているものはどれか。1つを選び，その記号を答えなさい。

a. 平戸を来航地とし，のちに長崎の出島に商館を移した。

b. 東南アジアで香辛料貿易の実権をポルトガルから奪った。

c. ボンベイ（現ムンバイ）から綿織物を輸出した。

d. ブラジルの北東部に植民地を獲得した。

□ 問4　［ア］―［イ］―［ウ］の正しい組み合わせはどれか。1つを選び，その記号を答えなさい。

a. アントウェルペン ― アムステルダム ― バタヴィア

b. アントウェルペン ― ユトレヒト ― バタヴィア

c. ブリュージュ ― アムステルダム ― アンボイナ

d. ブリュージュ ― ユトレヒト ― アンボイナ

□ 問5　下線部（D）について説明した次の事項を古い順に並べたものはどれか。1つを選び，その記号を答えなさい。

ア　占領していた台湾から，鄭成功によって追放された。

イ　北アメリカ東岸にニューアムステルダムを建設した。

ウ　ケープ植民地を建設した。

エ　アンボイナ事件により，イギリス人をインドネシアから追放した。

a. ウ―ア―イ―エ　b. エ―イ―ウ―ア

c. ウ―エ―ア―イ　d. エ―ア―イ―ウ

□ 問6　下線部（E）について説明した次の文のうち，誤っているものはどれか。1つを選び，その記号を答えなさい。

a. アウクスブルクの宗教和議の原則の再確認がおこなわれた。

b. 旧教側に味方したスウェーデン国王グスタフ＝アドルフが国力を増大させた。

c. ウェストファリア地方の都市で締結され，オランダの独立が国際的に認められた。

d. ハプスブルク家の勢力は縮小し，アルザスをフランスに割譲した。

□ 問7　下線部（F）とオランダとの関係について説明した次の文のうち，誤っているものはどれか。1つを選び，その記号を答えなさい。

a. 1650年代から3次にわたってイギリス＝オランダ戦争がおこった。

17 ｜ 主権国家の形成　55

b. オラニエ公ウィレムがイギリス国王ウィリアム3世として即位した。

c. クロムウェルによって航海法が制定され，オランダの貿易が制限された。

d. オランダは名誉革命で議会派を援助し，チャールズ1世の処刑を支持した。

□ **問8** 下線部（G）について説明した次の文のうち，誤っているものはどれか。1
つを選び，その記号を答えなさい。

a. ルイ14世が南ネーデルラント継承戦争をおこし，オランダと戦った。

b. 財務総監マザランが重商主義を推し進めた。

c. 東インド会社を復興して，インドに進出した。

d. 特権（王立）マニュファクチュアを創設し，国内産業を保護した。

3 次の文は，絶対王政期のフランスについて述べたものです。これを読んで，
下の問（A・B）に答えなさい。
(西南学院大)

15世紀末から16世紀にかけてのフランスにおいては，(ア)イタリア戦争を契機
として主権国家の形成が進んだ。スペイン王とのあいだで神聖ローマ皇帝の座を
争ったフランソワ1世は，戦争の長期化にともない，行政機構を整備し，国内統一
を強化した。その後，(イ)ユグノー戦争とよばれる内乱が勃発したが，16世紀末に
はこれが終結し，フランス国家としてのまとまりは維持された。この時期までにフ
ランスでもルネサンス文化と人文主義が根付き，モンテーニュの『エセー（随想録）』
のような複雑な人間の内面を描く作品があらわれた。

ルイ13世の時代になると王権がいっそう強化され，聖職者・貴族・平民の3身
分の代表からなる (ウ)三部会も1615年の解散以後，[a] 年5月まで招集され
なかった。ついでルイ14世の治世初期には，高等法院と貴族が1648年に [b]
の乱をおこすなど，政情は不安定であった。しかし宰相の死後，親政が始まると，
国王は君主権の絶対性を主張するとともに，官僚制と常備軍を整備し，重商主義政
策を実施した。ヨーロッパと (エ)海外での覇権をめざしたルイ14世は，相次いで
対外戦争を起こした。(オ)スペインの王位継承に関しては，フランスはオーストリ
アや (カ)イギリスと戦い，1713年に締結された [c] 条約にもとづきスペイン
王位の継承権を得た。ルイ14世は文化政策にも力を入れ，(キ)フランスはヨーロッ
パの宮廷文化の中心地となった。

A 文中の [   ]（a～c）に最も適当なものを，下の（1～4）から1つ選んで，
その番号を記入しなさい。

□ a. 1. 1756 2. 1763 3. 1772 4. 1789

□ b. 1. フロンド 2. ジャックリー 3. ワット＝タイラー 4. デカブリスト

□ c. 1. カルロヴィッツ 2. フォンテーヌブロー

   3. ユトレヒト 4. ラシュタット

B 文中の下線部（ア）～（キ）について，下の問（ア～キ）に最も適当なものを
（1～4）から1つ選んで，その番号を記入しなさい。

□ ア. 下線部（ア）について，イタリア戦争の説明として誤っているものはどれか。

   1. この戦争をはじめとする16世紀の戦いでは小銃と大砲が大量に使用された

2. この戦争はカトー＝カンブレジ条約によって終結した

3. この戦争の最中にオスマン帝国が第1次ウィーン包囲をおこなった

4. この戦争の最中にオランダ独立戦争が勃発した

□イ．下線部（イ）について，この内乱の説明として正しいものはどれか。

　1. ユグノーとは，ルター派を中心とする新教徒勢力の呼称である

　2. この内乱中に生じたサン＝バルテルミの虐殺では多くの新教徒が殺害された

　3. 新教徒からカトリックに改宗したアンリ4世はナントの勅令を破棄した

　4. ユグノー戦争に乗じてイギリス王ヘンリ8世がフランスに侵攻した

□ウ．下線部（ウ）について，1302年に三部会を初めて招集した国王は誰か。

　1. フィリップ2世　　2. フィリップ4世

　3. シャルル9世　　4. シャルル10世

□エ．下線部（エ）について，この時期にフランスがインドでの貿易基地とした
のはどこか。

　1. マドラス　　2. シャンデルナゴル　　3. ボンベイ　　4. アグラ

□オ．下線部（オ）について，17世紀半ばにスペインの植民地であったのはどれか。

　1. スリランカ　　2. モルッカ諸島　　3. ペルー　　4. ブラジル

□カ．下線部（カ）について，イギリス（イングランド）は1707年にどの国と合
同して大ブリテン王国となったか。

　1. アイルランド　　2. ウェールズ　　3. スコットランド　　4. ハノーヴァー

□キ．下線部（キ）について，17世紀のフランス文化の説明として誤っているも
のはどれか。

　1. ルイ14世の建造したヴェルサイユ宮殿はバロック様式の宮殿である

　2. ルイ14世のもとで劇作家ラシーヌやモリエールが活躍した

　3. フランス学士院〔アカデミー〕がフランス語の統一と洗練につとめた

　4. 絵画ではダヴィドに代表される古典主義が広まった

4　次の文を読み，設問に答えなさい。　　　　　　　　　　　　（津田塾大）

　18世紀から19世紀にかけて，ロシアは外洋を求めていた。［　1　］朝のピョー
トル1世は，スウェーデンとの間で［　2　］戦争に勝利してバルト海の覇権を奪い，
南方においてはアゾフ海へと進出した。

　さらに，ピョートル1世は，シベリア経営にも力を入れ，デンマーク生まれの
［　3　］にカムチャッカ方面への探検を命じた。18世紀後半になると，啓蒙専制
君主として知られたエカチェリーナ2世は，［　4　］や千島方面への進出に積極的
な姿勢を示した。1792年に［　5　］が根室へと来航して江戸幕府に通商を求めた
のは，このエカチェリーナ2世の時代であった。

□**問**　空欄［1］〜［5］に最も適当と思われる語を入れなさい。

18 英仏植民地戦争と近世の文化

解答・解説：別冊 p.36

1 **イギリスとフランスによる植民地をめぐる争いの歴史について述べた次の文章を読み，問1，問2の設問に答えよ。** （日本女子大）

　18世紀に入るとイギリスとフランスはヨーロッパでの勢力争いとともに，海外で商業利権と植民地拡張をめぐる激しい争いを繰り広げた。抗争の舞台のひとつは北アメリカである。もともと18世紀以前に，イギリスはエリザベス1世にちなむ［　1　］植民地を開き，さらにオランダから (A)ニューネーデルラント植民地を奪っていた。これに対し，フランスはセントローレンス河口に［　2　］植民地を建設したのち，五大湖からミシシッピ川流域に進出し［　3　］植民地を建設していた。18世紀初頭にヨーロッパで行われた戦争と同時期に英仏は北アメリカ植民地でも争い，(B)1713年に結ばれた条約でイギリスはフランスから北アメリカ北東部の領土を奪った。同様に，(C)ヨーロッパで行われた戦争と同時期に行われた戦争の結果として1763年に結ばれた条約で，イギリスは［　3　］植民地の一部などをフランスから獲得した。

　この時期の英仏は，インドでも抗争を繰り広げた。イギリスは17世紀以来，東インド会社を通じて南部のマドラスやベンガル地方の［　4　］などを拠点として商業活動を展開し，フランスもほぼ同時期にマドラスの近くに位置する［　5　］などを拠点としてイギリスに対抗した。両者の争いは武力衝突へと発展し，18世紀半ばに (D)南インドを舞台とする三次にわたる戦いやインド北東部におけるプラッシーの戦いなどが行われた。一連の戦争を経てここでもイギリスはフランスに勝利し，インドの植民地化を進めることになった。北アメリカやインドでの数々の戦争において，イギリスがフランスに勝利を収めたひとつの大きな要因として，財政における優位を挙げることができる。

□ **問1** 文章中［1］〜［5］に入れる最も適切な語句を下記の語群の中から選び，その記号を答えよ。なお，［　］内の数字が同一の場合，同じ語句が入るものとする。
　　　a. アガディール　b. アンゴラ　c. ヴァージニア　d. エリトリア
　　　e. カメルーン　f. カリフォルニア　g. カルカッタ　h. ケベック
　　　i. ケープ　j. ゴア　k. シャンデルナゴル　l. トランスヴァール
　　　m. ニューファンドランド　n. ペンシルヴァニア　o. ポンディシェリ
　　　p. ボンベイ　q. リベリア　r. ルイジアナ

問2 文章中の下線部（A）〜（D）に関する次の問いの答えを記入せよ。
□ （A）　この植民地の中心都市について，イギリスが改称したあとの名称を答えよ。
□ （B）　この条約の名称を答えよ。
□ （C）　この戦争について，①ヨーロッパで行われた戦争，②植民地で英仏間によって戦われた戦争のそれぞれの名称を答えよ。
□ （D）　この戦争の名称を答えよ。

58

2 次の文Ａ，Ｂを読んで，下の問い(問1〜17)に答えよ。　　　　　(近畿大)

Ａ　17世紀以降のヨーロッパでは，自然科学が大きく発展した。ドイツの［　a　］は，惑星運行の法則を発見した。イギリスの(1)ニュートンは，万有引力の法則を提唱した。スウェーデンのリンネは，植物分類学を発展させた。

　　哲学や社会科学の分野でも，様々な学説が登場した。(2)フランスの［　b　］は，『パンセ』などの著作で知られている。［　c　］の(3)グロティウスは，国際法の構想を提唱した。イギリスの(4)ホッブズは，［　d　］を著し，国家主権の絶対性を強調した。また，ミルトンの［　e　］のようなピューリタン文学が生まれた。

☐ **問1**　[a]に最も適する語を次の①〜④から一つ選べ。
　　　　①ラプラース　②ケプラー　③コペルニクス　④ガリレイ

☐ **問2**　[b]に最も適する語を次の①〜④から一つ選べ。
　　　　①ラヴォワジェ　②ライプニッツ　③デカルト　④パスカル

☐ **問3**　[c]に最も適する語を次の①〜⑥から一つ選べ。
　　　　①ノルウェー　②オランダ　③デンマーク
　　　　④スウェーデン　⑤スペイン　⑥オーストリア

☐ **問4**　[d]に最も適する語を次の①〜⑥から一つ選べ。
　　　　①『統治二論』　②『法の精神』　③『リヴァイアサン』
　　　　④『君主論』　⑤『戦争と平和の法』　⑥『ユートピア』

☐ **問5**　[e]に最も適する語を次の①〜④から一つ選べ。
　　　　①『神曲』　②『デカメロン』　③『叙情詩集』　④『失楽園』

☐ **問6**　下線部(1)について，ニュートンの著作はどれか，最も適するものを次の①〜④から一つ選べ。
　　　　①『種の起源』　②『プリンキピア』　③『百科全書』　④『天路歴程』

☐ **問7**　下線部(2)に関連して，17世紀のフランスでおきた出来事はどれか，最も適するものを次の①〜④から一つ選べ。
　　　　①百年戦争の終結　②ルイ13世の即位
　　　　③ユグノー戦争の勃発　④フランソワ1世の即位

☐ **問8**　下線部(3)について，グロティウスの著作はどれか，最も適するものを次の①〜⑥から一つ選べ。
　　　　①『統治二論』　②『法の精神』　③『リヴァイアサン』
　　　　④『君主論』　⑤『戦争と平和の法』　⑥『ユートピア』

☐ **問9**　下線部(4)に関連して，ホッブズの存命中(1588〜1679)におきた出来事はどれか，最も適するものを次の①〜④から一つ選べ。
　　　　①名誉革命の勃発　②第1回選挙法改正
　　　　③イングランド銀行の創設　④チャールズ1世の処刑

3章

一体化へ進む世界と反動

18｜英仏植民地戦争と近世の文化　　59

B ⑸18世紀のヨーロッパでは,啓蒙思想が展開した。フランスの [f] は,『社会契約論』などを著した。ドイツのカントは, [g] などを著した。イギリスでは, [h] が『諸国民の富』を著した。

芸術の分野では,フランスの画家 [i] に代表される,ロココ美術が広まった。音楽では,18世紀後半に「フィガロの結婚」などのオペラ作品でも知られる [j] らが古典派音楽を発展させた。文学では, [k] の『ロビンソン=クルーソー』や [l] の『ガリヴァー旅行記』などが出版された。

☐ **問10** [f] に最も適する語を次の①～⑤から一つ選べ。
　　①モンテスキュー　②ルソー　③ロック　④ヴォルテール　⑤ダランベール

☐ **問11** [g] に最も適する語を次の①～④から一つ選べ。
　　①『純粋理性批判』　②『人間不平等起源論』
　　③『方法叙説』　④『哲学書簡』

☐ **問12** [h] に最も適する語を次の①～⑤から一つ選べ。
　　①ケネー　②マルサス　③マルクス　④アダム=スミス　⑤ケインズ

☐ **問13** [i] に最も適する語を次の①～⑤から一つ選べ。
　　①ベラスケス　②レンブラント　③フェルメール
　　④ワトー　⑤ミケランジェロ

☐ **問14** [j] に最も適する語を次の①～⑤から一つ選べ。
　　①モーツァルト　②バッハ　③シューベルト　④ヴァーグナー　⑤ショパン

☐ **問15** [k] に最も適する語を次の①～⑥から一つ選べ。
　　①シェークスピア　②バイロン　③デフォー
　　④スウィフト　⑤ディケンズ　⑥ワーズワース

☐ **問16** [l] に最も適する語を次の①～⑥から一つ選べ。
　　①シェークスピア　②バイロン　③デフォー
　　④スウィフト　⑤ディケンズ　⑥ワーズワース

問17 下線部 (5) に関連して,次の (1) ～ (3) に答えよ。

☐ (1) 18世紀のフランスでおきた出来事はどれか,最も適するものを次の①～④から一つ選べ。
　　①アミアンの和約の締結　②ナポレオン1世の即位
　　③ナポレオン法典の公布　④テルミドール9日のクーデタの勃発

☐ (2) 18世紀のドイツでおきた出来事はどれか,最も適するものを次の①～④から一つ選べ。
　　①三月革命の勃発　②フリードリヒ=ヴィルヘルム1世の即位
　　③ドイツ関税同盟の発足　④ヴィルヘルム1世の即位

☐ (3) 18世紀のイギリスでおきた出来事はどれか,最も適するものを次の①～④から一つ選べ。
　　①審査法の廃止　②カトリック教徒解放法の成立
　　③航海法の廃止　④ウォルポールの首相就任

解答・解説：別冊 p.38

19 欧米の革命

1 エネルギー資源は，人類社会の発展に貢献すると同時に，社会問題や紛争，災害の種ともなってきた。次の文を読み，設問に答えなさい。　　　(津田塾大)

人力・水力から石炭を利用した蒸気力への転換が起こったのは［　あ　］の時であった。最初に石炭エネルギーに基づく機械化への契機を作ったのはワットで，彼は1769年に［　い　］の実用化した蒸気機関を改良し，様々な分野に応用する道を拓いた。1785年ころに水力を利用した織機の発明に成功した［　う　］は，のちに蒸気機関を応用した力織機へとそれを発展させ，織布部門の生産力を一気に上昇させた。1830年にはスティーヴンソンの開発した実用蒸気機関車が奴隷貿易の拠点であった［　え　］港と綿織物工業の中心地［　お　］との間で営業運転を始め，イギリスの綿織物の輸出を促進した。しかし，工場制機械工業を土台とする近代資本主義が確立する一方で (A)貧困などの社会の矛盾も生じ，(B)労働問題や社会問題が起こった。

□ 問1　空欄［あ］〜［お］に最も適当と思われる語を入れなさい。

□ 問2　下線部（A）について，この当時の下層社会を題材とし，『クリスマス＝キャロル』『二都物語』などの小説を残したイギリスの国民作家と呼ばれる人物は誰ですか。また，彼の書いた書物を上記以外に一つ挙げなさい。

□ 問3　下線部（B）について，新しく発明された機械の導入によって，女性や子どもが労働者として雇われた。なぜ，彼らが雇われたのですか。

2 次の文を読み，空欄[1]〜[15]に最も適当と思われる語を入れなさい。なお，[8]，[9]，[12]は国名を答えなさい。　　　(津田塾大)

18世紀後半，財政難に苦しむイギリス政府は，1764年の砂糖法，1765年の印紙法など，アメリカ植民地に対して新規課税を行なった。これに対して，植民地側は「代表なくして課税なし」と主張して本国に抵抗した。その後も財政難に悩むイギリス本国がタウンゼンド諸法や茶法を制定するなどしたため，本国と植民地側との摩擦が高まっていった。

ボストン茶会事件への報復として本国政府が制裁措置を取ったことに対し，植民地側は1774年9月ペンシルヴェニア植民地の首都［　1　］で第一回［　2　］を開催，不当な課税の拒否と植民地の団結を確認し，イギリス本国に対して自治の尊重を要求した。そのような中，1775年4月19日，ボストン北西郊外のコンコードと［　3　］でイギリス軍とアメリカ植民地民兵との武力衝突が発生，ここにアメリカ独立戦争が開始され，同年5月の会議で［　4　］が植民地軍の総司令官に任命された。

1776年1月にイギリス生まれの文筆家・革命思想家である［　5　］が著した『［　6　］』が出版されると植民地側に独立の機運が高まるようになり，1776年7月4日，植民地の代表はのちに第三代大統領になる［　7　］らが起草した独立宣言を発表するに至る。

19 ｜ 欧米の革命　　61

イギリス軍と独立軍との間では戦力差が大きく，1776年から1778年にかけて独立軍はたびたび苦戦を強いられた。しかし，外交努力が実って1778年にはフランスがアメリカの独立を承認してアメリカと同盟を結び対英参戦，続いて1779年には［　8　］が，1780年に［　9　］がイギリスに宣戦布告した。さらに，のちにポーランド分割反対闘争に参加した［　10　］や，のちにフランス人権宣言の起草者の一人となった［　11　］などヨーロッパからの義勇兵の参加，あるいは［　12　］のエカチェリーナ2世の提唱で結成された［　13　］でイギリスが国際的に孤立したことにも助けられ，1781年には［　14　］の戦いでコーンウォリス将軍率いるイギリス軍が降伏，1783年には英米間に［　15　］条約が結ばれ，イギリスはアメリカの独立を承認してミシシッピ川以東のルイジアナを割譲した。

3　次の文は，フランス革命について述べたものである。これを読んで，下の問（A・
　　　B）に答えなさい。　　　　　　　　　　　　　　　　　　　　（西南学院大）

　フランス革命は，王権に対する貴族の反抗をきっかけに，経済的に成長した市民たち，課税に苦しむ農民や都市民衆たちを巻きこみながら進展した。この市民革命は，理性を重んじて人間のあるべき姿を求める (ア)啓蒙思想を理念としたが，その経過は複雑であった。

　ブルボン王朝は宮廷の浪費や戦争などの出費で財政的な困難に陥り，これを打破するため，ルイ16世は，改革派を起用して財政改革に取り組み，特権階級への課税を提案したが反対された。そこで1789年5月，国王は［　a　］で，(イ)1615年以来開かれていなかった第一身分・(ウ)第二身分・第三身分からなる三部会を招集した。

　しかし議決方法をめぐって対立した結果，1789年の6月，ミラボーらを中心に大多数を占める第三身分の議員たちが国民議会を組織し，憲法制定までは解散しないという誓いをたてた。国王側はこれを軍隊で弾圧しようとし，それに反発した民衆が圧政のシンボルとされていたバスティーユ監獄を襲撃した。8月，議会は(エ)ラ゠ファイエットらが起草した「人権宣言」を採択し，「人は生まれながらにして自由かつ権利において平等」（第1条）であり，「自由・［　b　］・安全および圧政への抵抗」が恒久的な権利であること（第2条）などを規定した。

　1791年，国王一家が王妃マリー゠アントワネットの生地オーストリアへの逃亡を図るが失敗したことで，国王に対する国民の不信感が高まった。9月には，フランスで初めての憲法が発布され，翌月，新憲法のもとで立法議会が招集された。議会では，立憲君主政を支持する人々と共和政を求める人々の対立が深まる中，富裕市民を中心とした穏健共和政を支持する［　c　］派の人々が実権を握った。一方，フランスの動きに危機感を募らせていたオーストリアと［　d　］がフランス国王を擁護する共同宣言を発すると，翌年，［　c　］派は両国と開戦するが敗北した。［　e　］，危機感を募らせたパリの民衆と各地から集まってきた義勇軍が国王を捕らえた。

　同年，男子普通選挙による国民公会が招集され，共和政が樹立した。議会は国王

ルイ16世を有罪とし，翌年1月に処刑した。議会でマラー，ロベスピエールら急進派が勢力を強める中，国外では対仏大同盟が組織され，国内では王党派の反乱が起きた。この危機を乗り越えるため，(オ)ロベスピエールらは，理性を重要視し革命暦などを制定する一方，反対派を逮捕，処刑する，いわゆる恐怖政治を行った。

しかし，ロベスピエールの独裁は民衆の不満をまねき，彼は［ f ］で穏健派に捕らえられ処刑された。［ g ］年10月，5人の総裁による総裁政府が樹立する。政府は王党派の反乱や，私有財産を廃止して政府転覆を企てる一派に苦しめられ，不安定な社会状態が続いた。総裁政府のもとで活躍していた［ h ］が1799年11月に総裁政府を倒して(カ)シエイエスらとともに統領政府を樹立し，革命の終結を宣言した。

A 文中の［　］（a〜h）に最も適当なものを，下の（1〜4）から1つ選びなさい。
- a. 1. ナント　2. テュイルリー　3. ヴァンデー　4. ヴェルサイユ
- b. 1. 言論権　2. 生存権　3. 社会権　4. 所有権
- c. 1. コルドリエ　2. ジロンド　3. フイヤン　4. ジャコバン
- d. 1. プロイセン　2. ロシア　3. イギリス　4. ベルギー
- e. 1. 7月14日　2. 8月10日　3. 8月26日　4. 9月22日
- f. 1. ヴァレンヌ事件　2. シャン＝ド＝マルスの虐殺
　　3. テルミドールのクーデタ　4. ヴァルミーの戦い
- g. 1. 1795　2. 1796　3. 1797　4. 1798
- h. 1. ピット　2. エベール　3. ナポレオン　4. バブーフ

B 文中の下線部（ア〜カ）について，下の問（ア〜カ）に最も適当なものを（1〜4）から1つ選びなさい。
- ア. 下線部（ア）について，次のうち18世紀の啓蒙思想家でないのは誰か。
　1. ヴォルテール　2. ディドロ　3. モンテーニュ　4. ダランベール
- イ. 下線部（イ）について，このときの国王は誰か。
　1. フィリップ6世　2. シャルル7世　3. アンリ4世　4. ルイ13世
- ウ. 下線部（ウ）について，第二身分とは何か。
　1. ブルジョワジー　2. 貴族　3. 聖職者　4. サン＝キュロット
- エ. 下線部（エ）について，ラ＝ファイエットらが参加したアメリカ独立革命で，1783年，合衆国のイギリスからの独立が承認された場所はどこか。
　1. フィラデルフィア　2. ヨークタウン　3. ボストン　4. パリ
- オ. 下線部（オ）について，彼らが行った改革でないものはどれか。
　1. 非キリスト教化　2. 徴兵制の廃止
　3. 初等教育のプラン立案　4. 封建的特権の無償廃止
- カ. 下線部（カ）について，フランス革命初期に彼が書いて民衆に深い影響を与えた小冊子はどれか。
　1. 『人間不平等起源論』　2. 『市民政府二論』
　3. 『第三身分とは何か』　4. 『コモン＝センス』

20 ナポレオン戦争とウィーン体制

解答・解説：別冊 p.40

1 次の文A・Bを読んで，下の問い(問1〜8)に答えよ。 (近畿大)

A (1)[a]年12月の[b]の戦いでロシア軍とオーストリア軍はフランス軍を率いるナポレオンの巧みな戦術によって撃破され，[c]は崩壊した。

☐ **問1** [a]に適する語を次の①〜⑤から一つ選べ。
① 1802 ② 1803 ③ 1804 ④ 1805 ⑤ 1806

☐ **問2** [b]に適する語を次の①〜⑤から一つ選べ。
①ネーズビー ②ヴァレンヌ ③アウステルリッツ
④ライプチヒ ⑤ピルニッツ

☐ **問3** [c]に適する語を次の①〜⑤から一つ選べ。
①第1回対仏大同盟 ②神聖同盟 ③第2回対仏大同盟
④四国同盟 ⑤第3回対仏大同盟

問4 下線部(1)について，次の(1)，(2)に答えよ。

☐ (1) [a]年の10月にイギリス艦隊がフランス・スペイン連合艦隊を破った海戦は何か，次の①〜④から一つ選べ。
①アクティウムの海戦 ②トラファルガーの海戦
③サラミスの海戦 ④レパントの海戦

☐ (2) (1)で問われた海戦の時のイギリス艦隊の司令長官はだれか，次の①〜⑤から一つ選べ。
①ドレーク ②ホーキンズ ③ローリ ④ネルソン ⑤クライヴ

B (2)[d]年3月にフランス皇帝に復位したナポレオンは，6月の[e]の戦いでイギリス・プロイセン・オランダの連合軍に敗れてふたたび退位し，[f]島に流された。

☐ **問5** [d]に適する語を次の①〜⑤から一つ選べ。
① 1812 ② 1813 ③ 1814 ④ 1815 ⑤ 1816

☐ **問6** [e]に適する語を次の①〜⑤から一つ選べ。
①ワーテルロー ②レヒフェルト ③タンネンベルク
④ティルジット ⑤イエナ

☐ **問7** [f]に適する語を次の①〜⑤から一つ選べ。
①コルシカ ②ミノルカ ③エルバ ④キプロス ⑤セントヘレナ

問8 下線部(2)に関連して，この時期に開催されていたウィーン会議について，次の(1)，(2)に答えよ。

☐ (1) これに出席していたロシアの皇帝はだれか，次の①〜⑧から一つ選べ。
①ニコライ1世 ②カール4世 ③ニコライ2世 ④ヨーゼフ2世
⑤ピョートル1世 ⑥カール6世 ⑦アレクサンドル1世 ⑧イヴァン3世

☐ (2) これに出席していたフランスの外相はだれか，次の①〜⑤から一つ選べ。
①ダントン ②モンテスキュー ③タレーラン ④ギゾー ⑤ティエール

64

2 次の文章の[　　]に入る最も適当な語句を下記の語群から選び，その記号を答えよ。

(駒澤大)

1815年に成立した［ 1 ］体制は，フランス革命前の状態を極力復活させる「［ 2 ］主義」と，一国のみの覇権や国境の変更を認めない「勢力均衡」をその原則としていた。

しかし，フランス革命で示された「自由主義」と「［ 3 ］」を基礎とした，新たな社会への動きが封殺されたわけではなく，ふたつの社会観は併存し続けた。そのなかで，フランスでは1830年に革命が起こり，フランス革命前への復帰を支持していた［ 4 ］が退位させられ，新国王［ 5 ］のもとで七月王政が成立した。ここでは，自由主義改革が行われたが，制限選挙制に代表されるように，富裕層による支配が続いていた。

これにたいして，下層ブルジョワジーや民衆は，政府に不満を抱き，左派勢力の指導のもとで，選挙改革運動が行われた。1848年2月に，改革を求める集会が政府によって禁止されると，パリ民衆が武装蜂起し，［ 5 ］を退位・亡命に追い込んだ。二月革命の勃発である。

この結果，生産の国家統制を主張する［ 6 ］を含んだ臨時政府が成立し，ただちに普通選挙制度の採用が宣言され，4月に選挙が実施された。だが，有権者は急進的な改革を望まず，成立したのは穏健共和派による政府であった。これに反発したパリ民衆は6月に再度武力蜂起を行ったが鎮圧された。その後，12月にはルイ＝ナポレオンが大統領に選出され，革命運動は急速に後退していった。

だが，このフランスでの事件は，ヨーロッパ諸国に大きな影響を与え「［ 7 ］」とよばれる［ 3 ］が高揚する事態が生じた。最も大きな影響を受けたのがオーストリアで，3月には基本的人権の保障や憲法の制定を求める民衆が蜂起し，［ 1 ］体制の支柱であった［ 8 ］を失脚させた。プロイセンでも3月に憲法制定を求める蜂起が発生し，自由主義内閣が成立した。しかし，1850年には欽定憲法が発布され，革命は頓挫した。また，ドイツ全体では，自由主義者を中心として，統一と自由を求める「国民会議」が1848年5月に［ 9 ］で開催された。

このような自由主義運動に加えて，列強の支配下にあった地域では，独立を求める運動が展開された。ベーメンではパラツキーに指導されたスラヴ民族会議が開催され，［ 10 ］では1849年にコシュートのもとで独立が宣言されたが，皇帝側により武力で鎮圧された。

〔語群〕

あ．諸国民戦争　い．立憲　う．王党派　え．ベルリン　お．ファシズム
か．ハンガリー　き．ヴェルサイユ　く．シャルル10世　け．タレーラン
こ．フランクフルト　さ．正統　し．社会政策　す．欽定憲法　せ．ティエール
そ．ナショナリズム　た．軍国主義　ち．プルードン　つ．ルイ18世
て．メッテルニヒ　と．ルーマニア　な．ウィーン　に．社会主義者鎮圧法
ぬ．諸国民の春　ね．ベーメン　の．ルイ＝フィリップ　は．ルイ＝ブラン

20 ｜ ナポレオン戦争とウィーン体制　65

21 19世紀のヨーロッパ

解答・解説：別冊 p.42

1 19世紀のイタリアとドイツの統一過程に関する次の問1〜10の文 a・b の正誤を判断し，下の例にしたがって答えよ。 (日本大)

> **例** a のみが正しい場合────────①
> b のみが正しい場合────────②
> a・b ともに正しい場合──────③
> a・b ともに誤りの場合──────④

□ **問1** a. イタリアの統一運動は，サルデーニャ王国首相のマッツィーニの指導で進められた。
b. イタリア統一を図るサルデーニャ王国では，鉄道建設などの近代化が進められた。

□ **問2** a. サルデーニャ王国は，フランスと密約を結んでオーストリアとの戦争を開始した。
b. イタリア統一戦争の結果，サルデーニャ王国はトリノを獲得した。

□ **問3** a. サルデーニャ王国は，中部イタリアと同時にサヴォイア，ニースを獲得した。
b. 「青年イタリア」出身のガリバルディは，両シチリア王国を征服した。

□ **問4** a. 1861年に成立したイタリア王国の初代国王には，ナポレオン3世がついた。
b. イタリア政府は，ヴァチカン市国の独立を条件にローマ教皇領を併合した。

□ **問5** a. トリエステや南チロルは，オーストリア領にとどまり，「未回収のイタリア」と呼ばれた。
b. イタリア統一の達成後も，工業の発達した北部と農業地域の南部との経済格差が続いた。

□ **問6** a. プロイセンは，オーストリアを除く大多数のドイツ諸邦とともにドイツ関税同盟を結成した。
b. フランクフルト国民議会では，プロイセンを中心とする大ドイツ主義が勝利した。

□ **問7** a. プロイセン首相となったビスマルクは，自由主義・民主主義の拡大によるドイツ統一を主張した。
b. プロイセンとオーストリアは，デンマークからシュレスヴィヒ・ホルシュタインを奪った。

□ **問8** a. プロイセン＝オーストリア戦争に勝利したプロイセンは，ドイツ連邦を結成した。
b. プロイセン＝オーストリア戦争後，オーストリアはハンガリーと同君連合体制を樹立した。

□ **問9** a. フランスを軍事力で圧倒したプロイセンは，ヴェルサイユ宮殿でドイツ帝国の成立を宣言した。
b. プロイセン＝フランス戦争後，フランスはドイツにアルザス・ロレーヌ

を割譲した。

□ **問10**　a.　ドイツ帝国の成立後，宰相ビスマルクは南ドイツのカトリック教徒との
文化闘争を展開した。
　　　　　b.　ビスマルクは社会主義者鎮圧法を制定し，ユンカーの運動を弾圧した。

2　次の文章を読み，設問に答えよ。
（名城大）

　正統主義を基調に大国の勢力均衡と国際秩序の維持をめざすウィーン体制を守るため，1815年にアレクサンドル1世は，キリスト教精神に基づく神聖同盟を提唱するなどして，ヨーロッパ大陸におけるロシアの発言権を強めた。

　ウィーン体制の成立後も自由主義的改革を求める動きはおさまらず，ロシアでも，(a)1825年12月，ニコライ1世の即位に際して，デカブリストの乱がおこった。また，いわゆる1848年革命において，ロシアは，［　ア　］が指導するハンガリーの民族運動を制圧して，反革命を擁護する立場を示した。さらに，ニコライ1世は南下政策を推進し，オスマン帝国内のギリシア正教徒の保護を理由に，1853年にオスマン帝国とクリミア戦争を開始した。しかし，クリミア半島の［　イ　］要塞をめぐる攻防で敗れ，南下政策は失敗した。

　クリミア戦争の敗北で国内改革の必要性を感じた(b)アレクサンドル2世は，1861年に［　ウ　］令を出して自由主義的改革をすすめた。しかし，ポーランドの反乱後，専制政治を強化し，ついには，ナロードニキの一部がテロリズムに走るなかで，アレクサンドル2世は暗殺された。

　1890年代になると，フランスからロシアへの資本導入によって，都市で大工業が成長した。国内市場のせまいロシアは，(c)国家事業によって国内開発をすすめ，アジア・バルカン方面への進出をはかった。

□ **問1**　空欄部［ア］から［ウ］に入る最も適切な語句を記入せよ。

□ **問2**　下線部（a）について，これと同じ年に起こった出来事を，次のア〜エのなかから1つ選び，その記号を記入せよ。

　　　ア．イギリスでクロムウェルが終身の護国卿となり，厳格な軍事的独裁体制をしいた。

　　　イ．フランスにおいてナントの王令が廃止され，これによって約20万人をこえるユグノーがオランダやイギリスに亡命した。

　　　ウ．イギリスのスティーヴンソンが，蒸気機関車によって客車を牽引することに成功した。

　　　エ．フランスのデカルトが『方法叙説』を著し，合理論的な思考方法を説いた。

□ **問3**　下線部（b）について，この皇帝の時代である1858年にロシアと清との間で，ロシアがアムール川（黒竜江）左岸を領有し，アムール川と松花江の航行権をもつことなどを内容とする条約が結ばれたが，（ア）この条約の名前，（イ）ロシア側の代表であった東シベリア総督の名前を記入せよ。

□ **問4**　下線部（c）について，フランスから資金を導入して1891年に着工され，ロシアにおける極東政策の手段としても用いられた鉄道を何というか，記入せよ。

21　｜　19世紀のヨーロッパ　　67

解答・解説：別冊 p.44

22 19世紀のアメリカとヨーロッパ文化

1 次の文A～Cを読んで，下の問い(問1～11)に答えよ。 (近畿大)

A (1)アメリカ合衆国では，19世紀前半に北部と南部の対立が激化していった。工業が発達しつつあった北部は，高関税による産業保護政策を主張していた。他方で，南部は，黒人奴隷を使用して (2)綿花を栽培する大農園がひろがっており，綿花の最大輸出先である [a] との経済的な結びつきが強いために (3)自由貿易を求めた。さらに，北部には人道主義の立場などから南部の (4)奴隷制に反対する人が多く，南北の対立は深まった。

□ 問1 [a] に最も適する語を次の①～④から一つ選べ。
　　①インド　②イギリス　③フランス　④イタリア

　問2 下線部 (1) に関連して，次の (1)，(2) に答えよ。
□ (1) 1777年にアメリカ合衆国という国名が採用されたときの州の数はいくつであったか，最も適するものを次の①～⑤から一つ選べ。
　　①11　②12　③13　④14　⑤15
□ (2) アメリカ独立宣言を起草し，のちに第3代大統領（在任1801～09）に就任したのはだれか，最も適するものを次の①～⑧から一つ選べ。
　　①モンロー　②ハミルトン　③トマス＝ペイン　④トマス＝ジェファソン
　　⑤ジャクソン　⑥リー　⑦グラント　⑧ジェファソン＝デヴィス

□ 問3 下線部 (2) に関連して，1793年にホイットニーによって発明され，南部の綿花生産を増大させることになった機械はどれか，最も適するものを次の①～⑤から一つ選べ。
　　①ジェニー紡績機　②力織機　③飛び杼（梭）
　　④ミュール紡績機　⑤綿繰り機

□ 問4 下線部 (3) に関連して，19世紀半ばのイギリスで自由貿易の推進を主張して，反穀物法同盟を結成した人物（1804～65）はだれか，最も適するものを次の①～⑤から一つ選べ。
　　①コブデン　②オーウェン　③オコンネル　④アダム＝スミス　⑤リカード

□ 問5 下線部 (4) に関連して，1820年，北緯36度30分以北には奴隷州をつくらないと定めたものはどれか，最も適するものを次の①～④から一つ選べ。
　　①門戸開放宣言　②カンザス・ネブラスカ法
　　③ミズーリ協定　④ホームステッド法

B 1860年の大統領選挙で，奴隷制拡大に反対する (5)リンカンが当選すると，南部諸州は連邦から離脱し，1861年初めに (6)アメリカ連合国を結成した。だが，リンカンは離脱を認めず，南北戦争が開始されることとなった。当初北部は苦戦したが，[b] 年1月，リンカンが奴隷解放宣言を出し，内外の世論を味方につけた。北部は，南北戦争において最大の激戦となった [b] 年7月の [c] の戦いに勝利をえて以降は優勢となり，南部の降伏をへて合衆国は再統一された。

□ 問6 [b] に最も適する語を次の①～⑤から一つ選べ。

68

① 1862　② 1863　③ 1864　④ 1865　⑤ 1866

□ **問7**　〔c〕に最も適する語を次の①〜④から一つ選べ。

①リッチモンド　②フィラデルフィア　③ゲティスバーグ　④レキシントン

□ **問8**　下線部（5）に関連して，リンカンが大統領就任時に所属していた政党はどれか，最も適するものを次の①〜④から一つ選べ。

①共和党　②トーリ党　③ホイッグ党　④民主党

□ **問9**　下線部（6）に関連して，アメリカ連合国の大統領に選ばれたのはだれか，最も適するものを次の①〜⑧から一つ選べ。

①モンロー　②ハミルトン　③トマス＝ペイン　④トマス＝ジェファソン
⑤ジャクソン　⑥リー　⑦グラント　⑧ジェファソン＝デヴィス

C　南北戦争後，合衆国西部ではさらに開拓が進み，金銀の採掘や牧畜業，小麦生産などが発展した。1869年には，東部と太平洋岸を結ぶ最初の (7)大陸横断鉄道が完成した。合衆国は，国内市場の拡大によって，石炭・石油・鉄鋼などの産業を中心として工業生産が躍進し，同じく19世紀後半に急速に台頭したドイツとともに世界経済を先導するようになり，19世紀末には (8)世界一の工業国となった。

問10　下線部（7）に関連して，次の（1），（2）に答えよ。

□ (1)　大陸横断鉄道などによって西部開拓が進展し，アメリカではフロンティアが消滅することになるが，フロンティア消滅を宣言した国勢調査は何年のものか，最も適するものを次の①〜④から一つ選べ。

① 1870年　② 1880年　③ 1890年　④ 1900年

□ (2)　鉄道とならんで重要な交通手段となったのが蒸気船であったが，1807年に外輪式蒸気船を試作したアメリカの技術者（1765〜1815）はだれか，最も適するものを次の①〜⑤から一つ選べ。

①ニューコメン　②スティーヴンソン　③ダービー
④アークライト　⑤フルトン

問11　下線部（8）に関連して，次の（1）〜（3）に答えよ。

□ (1)　19世紀末以降のアメリカを中心に，重化学工業が発展し，電力・石油が新動力源として用いられるようになった。このような技術革新をなんとよぶか，最も適するものを次の①〜④から一つ選べ。

①交通革命　②科学革命　③第1次産業革命　④第2次産業革命

□ (2)　世界一の工業国となったアメリカは，科学・文化の面でも世界的な人物を輩出するようになっていくが，次のうちアメリカ人発明家に該当しない人物はだれか，次の①〜④から一つ選べ。

①ノーベル　②エディソン　③モールス　④ライト兄弟

□ (3)　1909年，北極点への初到達に成功したとされるアメリカの探検家（1856〜1920）はだれか，最も適するものを次の①〜⑤から一つ選べ。

①スコット　②ヘディン　③リヴィングストン　④アムンゼン　⑤ピアリ

22 ｜ 19世紀のアメリカとヨーロッパ文化

2 次の文を読み，設問に答えよ。 (津田塾大)

　スペイン領からフランス領植民地となっていたサン゠ドマングで [1] を指導者とする黒人奴隷の反乱が起こり，1804 年，世界最初の黒人共和国 [2] の独立が達成された。スペイン領では，ベネズエラでミランダが解放運動を開始し，これをうけた [3] が運動を指導した。[3] は，[4] と呼ばれる植民地生まれの白人を支持基盤としながら混血層の支持も必要だと考え，奴隷解放宣言を発表するなどして支持層の拡大に努め，スペイン軍に善戦して南米北部を次々と解放していった。南部では，軍人で [4] でもある [5] が決起し，アルゼンチンやチリなどの独立運動を指導した。

　メキシコでは，[4] のカトリック聖職者だった [6] を指導者としてインディオやメスティソが蜂起したが，これは [4] の現地支配層によって一旦は鎮圧された。ところが，彼ら現地支配層は，スペイン本国の革命に反発して，1821 年に (A)独立に踏みきった。ポルトガル領の [7] も，本国から亡命した王子が皇帝に即位したことで，武力によらずに独立を達成した。

　こうしてラテンアメリカ諸国の多くは，次々と独立した。しかし，これらの運動の主体が [4] であっただけに，(B)社会的な不平等はなかなか改善されなかった。

□ **問1**　空欄 [1] 〜 [7] に最も適当と思われる語を入れよ。

□ **問2**　下線部 (A) からしばらくすると，フアレス政権は対外債務の支払いを停止した。このため，メキシコ出兵をおこなったフランスの皇帝を答えよ。

□ **問3**　下線部 (B) の一因は，中南米のスペイン領植民地に広がっていた土地制度で，大農園主が負債を負った農民などを使う農園経営が残されていたためである。この大土地所有制の名称を答えよ。

3　19 世紀のヨーロッパの文化や政治に関する次のA〜Dの文章を読み，問1〜問9に答えよ。 (日本大)

A　『ファウスト』を著した [1] と，その友人であったシラーなどの文学運動は，[2] と呼ばれる。『ファウスト』の第1部の刊行は，(3)スペイン反乱が起こった年のことであった。

□ **問1**　空欄 [1] に入る人名を，次の1〜4の中から1つ選べ。

　　1. グリム兄弟　2. ゲーテ　3. ノヴァーリス　4. ハイネ

□ **問2**　空欄 [2] に入るものを，次の1〜4の中から1つ選べ。

　　1.「アール゠ヌーヴォー」　2.「疾風怒濤」

　　3.「新文化運動」　4.「ベルエポック」

□ **問3**　下線部 (3) に関する説明として最も適切なものを，次の1〜4の中から1つ選べ。

　　1. ナポレオンの侵略に対して，民衆がゲリラ戦で対抗した。

　　2. フランコ将軍の政権に，人民戦線が蜂起した。

　　3. フランス王が自分の孫をスペイン王に即位させようとしたことに対して，スペイン゠ハプスブルク家が反対した。

70

4. リエゴが共和主義を唱えて，ブルボン朝を打倒しようとした。

B　絵画の分野では，［　4　］などを描いたミレーに代表される自然主義や，クールベに代表される写実主義を経て，やがて印象派に属する画家たちが活躍するようになった。同派の一員であるルノワールが，代表作「ムーラン＝ド＝ラ＝ギャレット」を発表したのは，フランスにおいて［　5　］翌年の1876年のことであった。

□ **問4**　空欄［4］に入るものを，次の1〜4の中から1つ選べ。
　　　1.「考える人」　2.「キオス島の虐殺」　3.「種まく人」　4.「タヒチの女たち」

□ **問5**　空欄［5］に入るものを，次の1〜4の中から1つ選べ。
　　　1. アミアンの和約が結ばれた
　　　2. 第三共和政憲法が制定された
　　　3. 二月革命が勃発した
　　　4. ルイ18世が即位した

C　歌曲の王と呼ばれる［　6　］や，ピアノの詩人と呼ばれるショパンは，ロマン派を代表する作曲家である。ショパンの練習曲「革命」は，(7)ワルシャワ蜂起の報に接してつくられたといわれる。

□ **問6**　空欄［6］に入る人名を，次の1〜4の中から1つ選べ。
　　　1. ヴァーグナー　2. シェーンベルク　3. シューベルト　4. ベートーヴェン

□ **問7**　下線部（7）に関する説明として最も適切なものを，次の1〜4の中から1つ選べ。
　　　1. フランスで起こった七月革命がポーランドにも波及した。
　　　2. 民衆蜂起の結果，プロイセンからの支配を脱してワルシャワ大公国が建国された。
　　　3. 民主化を要求する学生たちを，他国からの干渉を恐れてポーランド立憲王国政府自らが鎮圧した。
　　　4. ロシアにおける「上からの改革」に呼応して，ロシア系の民族主義者が蜂起した。

D　マルクスの思想は，19世紀後半以降の労働運動にも大きな影響を与え，1864年にはロンドンで第1インターナショナルが結成されることとなった。また，1867年にはマルクスの主著［　8　］の第1巻が刊行された。これは，(9)ドイツにおいても政治的な再編が進行しつつあった年のことである。

□ **問8**　空欄［8］に入るものを，次の1〜4の中から1つ選べ。
　　　1.『共産党宣言』　2.『経済表』　3.『資本論』　4.『人間不平等起源論』

□ **問9**　下線部（9）に関する説明として最も適切なものを，次の1〜4の中から1つ選べ。
　　　1. ウィーン議定書にもとづいてドイツ連邦が成立した。
　　　2. バイエルンを中心にライン同盟が結成された。
　　　3. プロイセンを盟主とする北ドイツ連邦が結成された。
　　　4. ベルリンを首都とするドイツ民主共和国が成立した。

22 ｜ 19世紀のアメリカとヨーロッパ文化

23 ヨーロッパの進出とアジア

解答・解説：別冊 p.46

1 次の文Ａ，Ｂを読んで，下の問い（問1〜14）に答えよ。　　　（近畿大）

Ａ　近世におけるオスマン帝国の領土はアジア・ヨーロッパ・アフリカへと広がっていた。しかし，第2次ウィーン包囲に失敗した後に結んだ［　a　］条約により［　b　］などを手放したのを皮切りに，(1)オスマン帝国はバルカン半島の領土を次々と失っていった。また，エカチェリーナ2世治世下のロシアとの戦いの結果，オスマン帝国はクリミア半島を含む黒海の北岸を失った。さらに(2)南下を進めるロシアとの戦争後，(3)サン＝ステファノ条約を破棄してあらたに結ばれたベルリン条約では，オーストリアに［　c　］の行政権を割譲することになった。

オスマン帝国は，［　d　］がタンジマートを実施し，(4)「西欧化」をめざしたが，領土の縮小がとどまることはなかった。

☐ **問1**　[a] に最も適する語を次の①〜④から一つ選べ。
　　①カルロヴィッツ　②サン＝ジェルマン　③セーヴル　④トルコマンチャーイ

☐ **問2**　[b] に最も適する語を次の①〜⑨から一つ選べ。
　　①セルビア　②イズミル　③キプロス　④ハンガリー　⑤ブルガリア
　　⑥ボスニア・ヘルツェゴヴィナ　⑦モンテネグロ　⑧ルーマニア　⑨ギリシア

☐ **問3**　[c] に最も適する語を次の①〜⑨から一つ選べ。
　　①セルビア　②イズミル　③キプロス　④ハンガリー　⑤ブルガリア
　　⑥ボスニア・ヘルツェゴヴィナ　⑦モンテネグロ　⑧ルーマニア　⑨ギリシア

☐ **問4**　[d] に最も適する語を次の①〜⑥から一つ選べ。
　　①アブデュルハミト2世　②アブデュルメジト1世　③アフメト3世
　　④ムスタファ＝レシト＝パシャ　⑤ウラービー＝パシャ　⑥ミドハト＝パシャ

☐ **問5**　下線部 (1) について，1821年に独立戦争をおこし，1830年に独立が国際的に承認されたのはどこか，最も適するものを次の①〜⑨から一つ選べ。
　　①セルビア　②イズミル　③キプロス　④ハンガリー　⑤ブルガリア
　　⑥ボスニア・ヘルツェゴヴィナ　⑦モンテネグロ　⑧ルーマニア　⑨ギリシア

☐ **問6**　下線部 (2) に関連して，19世紀後半にロシアは中央アジア南部に侵攻し，現地の三つのハン国を保護国化または併合してロシア領トルキスタンを形成した。この三つのハン国に含まれないものはどれか，次の①〜④から一つ選べ。
　　①クリム＝ハン国　②コーカンド＝ハン国
　　③ブハラ＝ハン国　④ヒヴァ＝ハン国

☐ **問7**　下線部 (3) に関連して，サン＝ステファノ条約が破棄されたのはロシアがある地域を保護下におくことにオーストリア・イギリスが反対したためであった。この地域はどこか，最も適するものを次の①〜⑨から一つ選べ。
　　①セルビア　②イズミル　③キプロス　④ハンガリー　⑤ブルガリア
　　⑥ボスニア・ヘルツェゴヴィナ　⑦モンテネグロ　⑧ルーマニア　⑨ギリシア

　問8　下線部 (4) に関連して，次の (1)，(2) に答えよ。

☐ （1）　オスマン帝国で最初の憲法の起草において中心的役割を果たした人物

72

（1822 ～ 84）はだれか，最も適するものを次の①～⑥から一つ選べ。

①アブデュルハミト２世　②アブデュルメジト１世　③アフメト３世
④ムスタファ＝レシト＝パシャ　⑤ウラービー＝パシャ　⑥ミドハト＝パシャ

□（2）　(1) の憲法が 1878 年に停止される口実となった戦争はどれか，最も適するものを次の①～④から一つ選べ。

①ロシア＝トルコ戦争　②クリミア戦争
③イタリア＝トルコ戦争　④第一次バルカン戦争

B　18 世紀なかばのオスマン帝国領内でおこった (5)イスラーム改革運動のなかで，1744 年ごろに (6)[　e　] 王国が建設されたのは，アラブ人の民族的な自覚のあらわれの一つである。

18 世紀末には，[　f　] によるエジプト遠征の混乱に乗じてムハンマド＝アリーがエジプトの支配者となった。彼は [　g　] の領有権をめぐってオスマン帝国と２度にわたってたたかい，勝利をおさめた。この結果として彼は，1840 年の [　h　] 会議で，オスマン帝国の宗主権の下ではあるがエジプト総督の地位世襲が認められた。

□ 問9　[e] に最も適する語を次の①～④から一つ選べ。
①サウジアラビア　②ヒジャーズ　③イラク　④ワッハーブ

□ 問10　[f] に最も適する語を次の①～④から一つ選べ。
①プロイセン　②オランダ　③イタリア　④フランス

□ 問11　[g] に最も適する語を次の①～④から一つ選べ。
①イラク　②シリア　③スーダン　④リビア

□ 問12　[h] に最も適する語を次の①～④から一つ選べ。
①ローザンヌ　②ベルリン＝コンゴ　③ロンドン　④ワシントン

□ 問13　下線部 (5) に関連して，19 世紀に西アジア各地でパン＝イスラーム主義を説き，イランのタバコ＝ボイコット運動にも大きな影響を与えたとされる人物は誰か，最も適するものを次の①～④から一つ選べ。
①アフガーニー　②ウラービー　③ムスタファ＝カーミル
④サイイド＝アリー＝ムハンマド

□ 問14　下線部 (6) について，イスラーム改革運動を推進する人々と結んで [　e　] 王国を建設した中央アラビアの有力豪族はどれか，最も適するものを次の①～④から一つ選べ。
①アッバース家　②ブワイフ家　③サウード家　④ハーシム家

2　次の文章を読み，各問に答えよ。　　　　　　　　　　　　　　　（駒澤大）

18 世紀に入ると，ムガル帝国は，事実上，分裂状態になり，各地に土侯勢力が割拠した。これに乗じ，ヨーロッパ諸国が勢力を伸ばし，なかでもイギリスは，イギリス東インド会社を中心に，支配領域を拡大していった。七年戦争の際，インドでは，イギリス東インド会社の軍隊をひきいた [　1　] が，フランスと [　2　]

23 ｜ ヨーロッパの進出とアジア　　73

太守の連合軍を［　3　］の戦いで破り，1763 年の［　4　］条約によって，インドにおけるイギリスの優位が確立した。1765 年，イギリスはムガル皇帝に［　2　］，ビハールなどの地域の徴税権を認めさせた。さらに，［　5　］王国との戦争を通してインド東南部，ヒンドゥー諸侯の［　6　］王国を破ってインド西部を制圧し，西北部では［　7　］教徒との戦争によってパンジャーブ地方を獲得し，19 世紀半ばまでに，インド全域を支配下においた。(A)<u>イギリスは直轄支配地で重い地税を徴収する</u>とともに，イギリス本国でつくった機械製綿布をインドにもちこみ，インド伝統の手織綿布を衰退させた。このため，農民層の窮乏化がすすみ，社会不安が増大した。1857 年，東インド会社の (B)<u>インド人傭兵</u>が反乱を起こし，ムガル帝国の首都［　8　］を占領した。乱のさなかの 1858 年，イギリスはムガル皇帝を廃してムガル帝国を滅ぼすとともに，東インド会社を解散して，インドを直接統治下においた。イギリス本国にはインド省が置かれ，インドではインド総督が統治を担当した。1877 年，［　9　］女王がインド皇帝に即位し，インドは完全にイギリスの植民地となった。

□ 問1　文中の［　　　　］に入る最も適当な語句を下記の語群から選べ。

　〔語群〕

　　　あ．アグラ　　い．アン　　う．アンボイナ　　え．ヴィクトリア
　　　お．ウェストファリア　　か．エリザベス　　き．カシミール　　く．カルカッタ
　　　け．カーブル　　こ．クライヴ　　さ．ゴア　　し．ゴードン　　す．シク
　　　せ．ジャイナ　　そ．スウィフト　　た．スルタン　　ち．デリー　　つ．バクトリア
　　　て．パーニーパット　　と．パリ　　な．ベンガル　　に．プラッシー
　　　ぬ．ポンディシェリ　　ね．マイソール　　の．マニ　　は．マラーター　　ひ．メアリ
　　　ふ．ユトレヒト　　へ．ラッフルズ　　ほ．将軍　　ま．大公　　み．副王

問2　文中の下線部（A）・（B）に関連して，下記の設問に答えよ。

□ A．在地領主層に土地所有権を認める代わりに，地税納入の義務を負わせた制度は何か。その名称を記しなさい。

□ B．インド人傭兵はペルシャ語，ウルドゥー語の「兵士」を意味する言葉で呼ばれた。その名称を記しなさい。

3 **次の文は清朝が結んだ南京条約の一部分を日本語に訳したものである。これを読み，設問に答えよ。**

(津田塾大)

　一，今後，(A)<u>大皇帝</u>は次のことをお許しになった。イギリスの人民が一族郎党を連れて沿海の広州，福州，厦門，寧波，上海などの五港に寄居し，(B)<u>妨げられることなく貿易通商をおこなう</u>こと。英国君主が，領事や管理者などといった官を派遣し，五港の城邑に居住し，商業貿易事宜に関連する業務をおこない，当該地方の地方官と公文を往来しながら，イギリス人たちに以下に示すルールに従って，貨物にかかる税金をしっかりと納付させること。

　一，イギリスの商船は，遠路はるばる海を渡ってくるので，往々にして船に損壊が生じ，修理を要する。そこで沿岸の一か所をイギリスに与えて，船舶の修理や必

要な資材を保守管理させるとよい。ここに (A)大皇帝は，香港一島をイギリス君主に与え，以後も君主の位を継承した者が永きにわたってここを主管し，任意に制度や法をつくり，治めていくことをお許しになった。

☐ **問1** この条約が締結された年号を答えよ。

☐ **問2** 下線部（A）について，この皇帝から欽差大臣として広州に派遣された政治家の名を答えよ。

☐ **問3** 下線部（B）について，この条約で貿易の障害となるとして廃止された「公行」とは何か。20字程度で説明せよ。

4 次の文章の［　　］に入る最も適当な語句を下記の語群から選び，その記号を答えよ。

(駒澤大)

清の正規軍は太平天国に対抗できず，これと戦ったのは漢人官僚たちが郷里で組織した義勇軍だった。曾国藩の［ 1 ］軍，李鴻章の［ 2 ］軍などが有名である。列強は初め中立的な立場をとっていたが，1860年［ 3 ］条約が調印されると，清の支援に転じ，アメリカ人の［ 4 ］，ついでイギリス人の［ 5 ］に率いられた常勝軍などが清に協力して，太平天国を破った。幼い［ 6 ］帝が即位すると，生母の西太后が［ 7 ］首席の恭親王と結んで政治の実権を握った。［ 7 ］は外国公使に対応するために新設された官庁である。この時期は内政が一時的に安定したため，［ 6 ］の中興と称される。曾国藩，李鴻章ら［ 8 ］派の官僚たちは西洋の科学技術を導入して，富国強兵を図った。これを［ 8 ］運動といい，しかし，西洋文明に対する関心は低く，その成果である科学技術を利用しようとしただけで，国家・社会の根本的な変革をめざすものではなかった。このような思想を［ 9 ］といい，［ 8 ］派の基本的な立場であった。従来，東アジアの国際秩序は中国を中心とする［ 10 ］体制によって維持されていたが，［ 11 ］戦争によってベトナムがフランス，日清戦争によって朝鮮半島が日本の勢力下に入った。対外戦争の相継ぐ敗北の中，日本の明治維新にならい，改革をめざす変法派が台頭する。その代表は公羊学者の康有為であり，かれは立憲君主制への移行を唱え，［ 12 ］帝を説得して政治の主導権を握った。しかし，保守派が西太后と結んでクーデタを起こすと，改革はわずか3か月余りで挫折する。［ 12 ］帝は幽閉され，康有為や［ 13 ］らは日本に亡命した。干支に因み，康有為らの改革を［ 14 ］の変法，保守派の反動を［ 14 ］の政変という。

〔語群〕

あ．アロー　い．ウォード　う．グラッドストン　え．ゴードン
お．スタンリー　か．仇教　き．咸豊　く．甲午　け．光緒　こ．左宗棠
さ．事大　し．湘　す．辛丑　せ．清仏　そ．総理衙門　た．尊王攘夷
ち．中越　つ．中書省　て．中体西用　と．朝貢　な．同治　に．南京
ぬ．扶清滅洋　ね．汴　の．戊戌　は．北京　ひ．北洋　ふ．洋務　へ．李大釗
ほ．理藩院　ま．梁啓超　み．淮

23 ｜ ヨーロッパの進出とアジア　　75

4章 地球世界の形成と混迷

解答・解説：別冊 p.48

24 帝国主義

1 次の文を読み，設問に答えなさい。

(津田塾大)

1870年代以後，世界的な不況と工業国間の競合に直面すると，ヨーロッパでは国家間対立が深まると同時に，国内の社会政策にも関心が集まるようになった。とくにイギリスでは，失業の慢性化や貧困の広がりによる社会不安に対して，ゆるやかな社会改革が進められた。1884年に設立された［　1　］協会は，労働者の生活保障の政策提言を行ない，労働組合運動も，1889年には港湾労働者が大ストライキを行なうなど，新型労働組合が相次いで組織され急速な広がりをみせた。1900年に結成された労働代表委員会は，1906年の総選挙で29議席を獲得して［　2　］と改称し，1905年に成立した［　3　］党内閣は，［　2　］の協力により社会改革を進めた。のちに，第一次世界大戦時の挙国一致内閣の首相となる［　4　］は，蔵相として，海軍拡張費を得るために「人民予算」を計上し，上院（貴族院）で［　5　］党の反対にあうと1911年には議会法を成立させ，さらに同年，ドイツにならい失業者の生活補助などを定めた［　6　］法を制定した。大戦前の軍備拡大競争と並行して導入されたこの法律は，社会保障制度の画期をなすものだったが，第一次世界大戦が始まると，国力を戦争に向けて総動員する［　7　］体制に組み込まれていった。

イギリス国内の社会改革はイギリス帝国の動向とも関連していた。1895年に植民相になった［　8　］は，国内の社会問題解決のためには植民地が必要と考え，1899年には［　9　］戦争を起こした。20世紀に入ると，それまでの自由貿易政策に対して，帝国の産業と労働者の生活を<u>海外の競争相手から保護するための政策導入を要求する運動</u>が生まれたが，自由貿易政策の延長線上に帝国を発展させようとする力のほうが強かった。これらはいずれも，帝国の拡大がイギリスの発展に必要であるとする点では共通していた。これに対して，社会改革や労働運動の側からの，帝国と植民地に反対する運動は大きな力とはならず，1889年にパリで国際的な労働運動の連帯組織として結成された［　10　］も第一次世界大戦の勃発に際しては無力化し，イギリスの労働運動も帝国防衛を掲げる政府の戦時動員に積極的に協力していった。

□ **問1** 空欄［1］〜［10］に最も適当と思われる語を入れなさい。

□ **問2** 下線部について，どのような政策か答えなさい。

2 以下のA・Bの文章を読んで問いに答えなさい。

(東京女子大)

A 第一次世界大戦前のヨーロッパの国際社会は，基本的にはウィーン体制以来の列強システムが弱まりながらも続いていた。列強諸国の協議と合意によって，ヨーロッパでの戦争を阻止して国際秩序を守り，新たな国境変更の当否を認定し，中小国家がそれに従うシステムとして存続していた列強システムについて，1870年代以降，［　a　］を包囲・孤立させる複雑な同盟網を作り上げたドイツのビスマルクは，一見このシステムを否定したかのようにみえたが，［　a　］が列強の

76

一員にとどまること自体は否定しなかった。伝統ある列強のひとつであるこの国が①戦争の敗北と［　b　］の喪失という屈辱を甘受するはずがないとビスマルクは考えたから孤立化政策に出たのである。彼が一方で，ヨーロッパ列強間のバランスを崩すロシアのバルカン・小アジアへの進出策に歯止めをかけ，他方で［　a　］を含む，列強のアジア・アフリカへの進出策を積極的に支援したのも，列強システムを維持しようと欲したからであった。

　20世紀はじめに列強システムは，三国同盟，三国協商の形で両極化に向かい始める。三国同盟のほうは，1880年代に起源をもつビスマルク体制の産物で，中心目的はドイツに対する［　a　］の報復を阻止することにあったが，イタリアと［　c　］との間には「未回収のイタリア」をめぐる領土対立がくすぶっており，同盟の結束力は脆弱だった。20世紀に入ると，三国同盟は，二国だけの中欧同盟に変質し，ドイツは事実上唯一の同盟相手となった［　c　］の，列強としての地位を守ることを死活問題とみなすようになった。

　他方，三国協商は，20世紀に入り，［　d　］・［　a　］間の北アフリカでの，また［　d　］・ロシア間の西アジアでの，勢力圏の相互承認をあらわし，最初は三国同盟との対決を特に意図したというものではなかった。

　目的や性格の異なる同盟・協商の併存状態を対立関係に変化させた大きな要因は，ビスマルク後のドイツの世界政策にあった。ビスマルク体制のもとで，ヨーロッパの現状維持と海外植民地獲得への消極的姿勢を守っていたドイツは，②ヴィルヘルム2世主導下，一転して帝国主義的海外進出路線を熱心に追求し始める。

B　ヨーロッパは，1870年代の後半から長い不況に陥った。ヨーロッパの経済は③大きな構造転換をこうむりつつあった。高度の科学技術に支えられて鉄鋼・化学・石油など重化学工業および電気工業が発達し，さらに新しい冶金技術や化学合成によってプラスティクス（合成樹脂）や合成繊維，合成染料が生まれた。こうした新素材は，はじめは軍需産業に利用されたが，それ以外にもエンジン・モーターから電燈・電信・電話・蓄音機・自転車・自動車・タイプライターなど民生部門でも応用された。

□ 問1　［a］〜［d］にあてはまる適切な国や地域の名を書き入れなさい。

　問2　下線部①〜③について，以下の問いに答えなさい。

□（1）　下線部①について，この戦争とはどの戦争を指しているか，次の（イ）〜（ホ）から一つ選んで，記号で答えなさい。

　　（イ）露土戦争　（ロ）普仏戦争　（ハ）ブーア戦争　（ニ）第一次バルカン戦争
　　（ホ）第二次バルカン戦争

□（2）　下線部②について，ヴィルヘルム2世の海外進出路線に直接該当しないものを，次の（イ）〜（ニ）から一つ選んで，記号で答えなさい。

　　（イ）膠州湾　（ロ）モロッコ　（ハ）バグダード　（ニ）マーシャル諸島

□（3）　下線部③について，ヨーロッパ経済の大きな構造転換は世界史上何と呼ばれているか，答えなさい。

24 ｜ 帝国主義　　77

25 第一次世界大戦とロシア革命

解答・解説：別冊 p.50

1 以下の第一次世界大戦に関する文章を読んで，問1〜問11に答えなさい。

(専修大)

　第一次世界大戦は，帝国主義政策によって列強が勢力拡大競争を推し進め，対立が激化した末に，ドイツ・オーストリアなどの (1)同盟国陣営とイギリス・フランス・ロシアを中心とする協商国（連合国）陣営に分かれ，その対立を軸として世界中の多くの国と地域を巻き込んでおこった戦争である。

　東部戦線では，ドイツ軍が1914年8月にタンネンベルクの戦いでロシア軍を撃破し，主導権を握ったが，ロシア軍の執拗な攻撃，国土の広さや気候の厳しさを前にして，思うような進軍ができなかった。一方，西武戦線では，ドイツ軍は中立国ベルギーへの侵入をもって戦争を開始し，1914年9月，北フランスでフランス・イギリス軍と激突した。この戦いでドイツ軍は敗れ，当初目論んでいた電撃戦は挫折した。こうして東西両戦線において戦争は膠着状態に陥り，塹壕戦が始まるとともに，かつてない消耗戦に入った。こうした状況が続くなか，ドイツ軍は西部戦線での決戦をもとめ，1916年2月にパリに通じる要地にある (2)ヴェルダン要塞に対する攻撃を始めた。激しい戦闘は同年12月まで続き，両軍とも多くの死傷者を出した。

　想定に反して戦争が長引くなか，両陣営ともに内部の結束を固め，中立国を味方につけるために (3)秘密外交を展開した。また，新兵器を陸続と投入して戦局の打開をはかろうとした。1915年4月，ベルギー西部での戦いでドイツ軍は大規模な毒ガス攻撃を行なった。1916年7月1日にイギリス・フランス軍がフランス北西部で大攻勢に出た [4] では，イギリス軍がはじめて戦車を投入した。

　戦争の影響は一般人にまで広範に及んだ。開戦当初はナショナリズムが燃え上り，参戦国の多くで，(5)かつて反戦平和を唱えていた社会主義政党も含めた諸勢力が結集して，政府を支持する挙国一致体制が成立するとともに，植民地を含めた総力戦体制が構築された。

　1917年は戦争の転機となった年である。(6)この年の2月の出来事を機に，それまで中立を保っていたアメリカ合衆国が，民主主義の擁護を掲げて4月にドイツに対して宣戦布告した。

　1918年秋に同盟国の諸国が次つぎに連合国に降伏した。ドイツの敗戦が濃厚になった11月，ドイツ北部にある [7] の軍港にいた水兵が無謀な作戦に反発して反乱をおこすと，革命運動が瞬く間に全国に広まった。これをみたドイツ皇帝は亡命し，共和政が宣言された。社会民主党を中心とする臨時政府は，連合国と休戦協定を結び，戦争が終結した。1919年1月，第一次世界大戦終結について話し合う講和会議が [8] で開かれた。講和の枠組みは，1918年1月にアメリカ合衆国大統領ウィルソンが発表した (9)「十四か条の平和原則」とされた。講和会議後，敗戦国ごとに講和条約が結ばれ，ドイツは1919年6月に講和条約に調印した。(10)ヴェルサイユ条約である。この条約をはじめとする一連の講和条約の第1編は

78

国際連盟規約となっており，1920年1月，条約の発効と同時に (11)国際連盟が正式に発足した。

□ **問1** 　下線部（1）に関連して，第一次世界大戦で同盟国陣営の一員として協商国（連合国）陣営と戦った国は何か。もっとも適するものを次の①〜⑤の中から一つ選びなさい。

①ポルトガル　②ギリシア　③ルーマニア　④イタリア　⑤ブルガリア

□ **問2** 　下線部（2）に関連して，ドイツ軍の猛攻に耐えてヴェルダン要塞を死守した将軍として名声を博し，後にヴィシー政府の国家主席になった人物は誰か。もっとも適するものを次の①〜⑤の中から一つ選びなさい。

①ド＝ゴール　②ブーランジェ　③レマルク　④ナポレオン3世　⑤ペタン

□ **問3** 　下線部（3）に関連して，1916年にイギリス・フランス・ロシアの3か国が，戦後のオスマン帝国領の勢力範囲を画定し，パレスティナの国際管理を定めたものはどれか。もっとも適するものを次の①〜⑤の中から一つ選びなさい。

①フサイン‐マクマホン協定　②サイクス‐ピコ協定　③ロンドン秘密条約
④バルフォア宣言　⑤サン‐ステファノ条約

□ **問4** 　空欄〔4〕に入る戦いは何か。もっとも適するものを次の①〜⑤の中から一つ選びなさい。

①ソンムの戦い　②マルヌの戦い　③イエナの戦い　④ワーテルローの戦い
⑤イープルの戦い

□ **問5** 　下線部（5）に関連して，1889年にパリで結成され，第一次世界大戦前に反戦平和を唱えていた国際的な労働者組織は何か。もっとも適するものを次の①〜⑤の中から一つ選びなさい。

①国際自由労働組合連盟　②世界労働組合連盟　③第一インターナショナル
④第二インターナショナル　⑤第三インターナショナル

□ **問6** 　下線部（6）に関連して，アメリカ合衆国が参戦する契機となった，1917年2月にドイツが行なったことは何か。もっとも適するものを次の①〜④の中から一つ選びなさい。

①　無制限潜水艦作戦を宣言した。
②　ユダヤ人絶滅を宣言した。
③　原爆の実験をした。
④　パリを大型列車砲により砲撃した。

□ **問7** 　空欄〔7〕に入る都市は何か。もっとも適するものを次の①〜⑤の中から一つ選びなさい。

①ハンブルク　②キール　③リューベック　④ロストック　⑤ブレーメン

□ **問8** 　空欄〔8〕に入る都市は何か。もっとも適するものを次の①〜⑤の中から一つ選びなさい。

①ロンドン　②ローザンヌ　③ジュネーヴ　④パリ　⑤ワシントン

□ **問9** 　下線部（9）に関連して，「十四か条の平和原則」の内容として，誤っているものはどれか。もっとも適するものを次の①〜⑤の中から一つ選びなさい。

25 │ 第一次世界大戦とロシア革命　79

①敗戦国に対する賠償要求　②秘密外交の廃止　③海洋の自由　④軍備の縮小
⑤ポーランドの独立

□ **問10**　下線部（10）に関連して，ヴェルサイユ条約の内容に関する記述として正しいものはどれか。もっとも適するものを次の①〜④の中から一つ選びなさい。
　　①　ドイツは戦力の不保持を義務づけられた。
　　②　ドイツはカメルーンとトーゴ以外の海外植民地を失うことになった。
　　③　ラインラントには，ライン川の東西両岸に沿ってそれぞれ幅2キロメートルの非武装中立地帯が設定されることになった。
　　④　アルザス・ロレーヌは，フランスに返還されることになった。

□ **問11**　下線部（11）に関連して，国際連盟に関する記述として，誤っているものはどれか。もっとも適するものを次の①〜④の中から一つ選びなさい。
　　①　史上初の国際平和機構であり，本部はスイスのジュネーヴにおかれた。
　　②　最高議決機関は総会ではなく理事会であり，日本は脱退するまで常任理事国であった。
　　③　国際労働機関と常設国際司法裁判所が付設された。
　　④　当初，敗戦国とソヴェト政権下のロシアは，参加を認められなかった。

2　次の文章を読み，問1〜5に対する答えを選択肢1〜4から一つ選び，その番号を答えなさい。
（京都産業大）

　1917年3月にロシアの首都，[　a　]ではじまったデモは，この都市におけるゼネストへと発展した。兵士もこれに合流し，労働者・兵士の評議会であるソヴィエトがつくられた。皇帝[　b　]が退位し，ロマノフ朝は崩壊した。[　c　]を中心に他の政党を加えた臨時政府が建てられたが，ボリシェヴィキによって倒された。ソヴィエト政府はドイツとの単独講和に踏み切り，[　d　]条約を結んだ。

□ **問1**　[a]にあてはまる語句はどれですか。
　　1．ペトログラード　2．モスクワ　3．イルクーツク　4．ウラジヴォストーク

□ **問2**　[b]にあてはまる人物はだれですか。
　　1．ニコライ2世　2．ニコライ1世
　　3．アレクサンドル1世　4．アレクサンドル2世

□ **問3**　[c]にあてはまる語句はどれですか。
　　1．社会革命党　2．メンシェヴィキ　3．立憲民主党　4．社会民主党

□ **問4**　下線部に関連して，「ボリシェヴィキ」の説明として正しいものはどれですか。
　　1．ヴィッテが所属していた。
　　2．レーニンが指導したことがあった。
　　3．ロシア社会民主労働党とは無関係であった。
　　4．ストルイピンとともにミール解体をおこなった。

□ **問5**　[d]にあてはまる語句はどれですか。
　　1．サン＝ジェルマン　2．セーヴル　3．ヌイイ　4．ブレスト＝リトフスク

26 戦間期の欧米

1 二つの世界大戦の間の時期におけるアメリカ合衆国とソ連の歴史について述べた次の文章を読み，問1，問2の設問に答えなさい。 （日本女子大）

アメリカ合衆国は，第一次世界大戦後に債務国から債権国に転じ，世界経済の中心的な存在になった。対外的にも，〔 1 〕大統領が設立を提唱した国際連盟に加盟することはなかったものの，1920年代の国際協調の動きには積極的に関与した。1921年には〔 2 〕大統領の提唱で (A)ワシントンで軍縮会議を開催した。1928年には国務長官を務めていた〔 3 〕が，フランスの外務大臣とともに不戦条約を成立させた。

一方，ロシア革命により成立したソヴィエト政権は当初，内乱や列強による干渉戦争に苦しめられた。これに対し，政権は反革命運動に対する厳しい取り締まりや，(B)農民から食糧を強制的に徴収し，都市の住民に分配する政策をとった。これにより列強の干渉は収まりをみせたものの，この政策の行き過ぎにより社会不安が高まると，1921年からは一転して経済活動の自由を一部認める政策をとった。1924年に革命の指導者レーニンが死去すると，一国社会主義を主張するスターリンが，(C)世界革命を主張する勢力を追放して政権を掌握した。

□ **問1** 文章中の〔1〕～〔3〕に入れる最も適切な語句を下記の語群の中から選び，その記号を答えなさい。

  a. ウィルソン b. クーリッジ c. ケロッグ d. ジャクソン
  e. ジョンソン f. ジョン＝ヘイ g. セオドア＝ローズヴェルト
  h. ドーズ i. ニクソン j. ハーディング k. フーヴァー
  l. フランクリン＝ローズヴェルト m. マーシャル n. マッキンリー
  o. モンロー p. ヤング q. リンカン r. レーガン

問2 文章中の下線部（A）～（C）に関する次の問いの答えを記入しなさい。

□（A） この会議で結ばれた，中国の主権や独立の尊重，中国に対する門戸開放，機会均等などの原則を定めた条約は何と呼ばれているか。その名称を答えなさい。

□（B） この政策は何と呼ばれているか。その名称を答えなさい。

□（C） これを主張した中心的な人物であり，のちに亡命先のメキシコで暗殺された人物の名前を答えなさい。

2 次の文は，世界恐慌について述べたものである。これを読んで，下の問（A・B）に答えなさい。 （西南学院大）

1929年にニューヨーク株式市場（ウォール街）で株価が暴落し，それが引き金となって世界的な大恐慌が起こった。

アメリカでは，1933年には失業率がおよそ〔 a 〕％に達するほど景気の低迷が続いた。〔 b 〕大統領は，世界的な経済状況の悪化を食い止めるために，ドイツの賠償や連合国の戦債支払いの停止を提唱したが，効果は得られなかった。その

26 ｜ 戦間期の欧米　81

後，民主党のフランクリン＝ローズヴェルトが大統領に就任すると，(ア)経済復興政策を実施した。この政策において彼は，農業生産の調整によって農民の生活を安定させた。また，(イ)工業製品の価格協定を公認することで企業間の協力活動を促し，大規模な公共事業を実施して失業者を減らそうとした。さらに，〔　c　〕法によって労働者の団結権と団体交渉権を認め，それが労働組合の結成につながった。

外交面では，摩擦の絶えなかったラテンアメリカ諸国に対して，ドル経済圏に取り込むことを重視し，内政への介入を控える〔　d　〕がとられた。

イギリスでは，第2次〔　e　〕内閣が失業保険削減を含む緊縮財政を提案したが，労働党の反対により彼は辞職した。しかし1931年，国王の要請で〔　e　〕を首相とする保守党と自由党の挙国一致内閣が成立し，財政削減および金本位制の停止を実施した。翌年に〔　f　〕で開かれた連邦会議では，イギリス連邦内の関税を下げる一方で連邦外の国に対して高関税を課すスターリング＝ブロックが結成され，恐慌の克服が試みられた。

A　文中の〔　　　〕(a～f) に最も適当なものを，下の (1～4) から1つ選んで，その番号を記入しなさい。

☐ a.　1.　10　2.　15　3.　20　4.　25
☐ b.　1.　フーヴァー　2.　ジェファソン　3.　ウィルソン　4.　ニクソン
☐ c.　1.　ワグナー　2.　反トラスト　3.　ホームステッド　4.　タフト・ハートレー
☐ d.　1.　平和共存政策　2.　不干渉政策　3.　宣教師外交　4.　善隣外交
☐ e.　1.　チャーチル　2.　マクドナルド
　　　　3.　ネヴィル＝チェンバレン　4.　ロイド＝ジョージ
☐ f.　1.　ワシントン　2.　ダブリン　3.　オタワ　4.　ローザンヌ

B　文中の下線部 (ア)～(イ) について，下の問 (ア～イ) に最も適当なものを (1～4) から1つ選んで，その番号を記入しなさい。

☐ ア.　下線部 (ア) について，この政策を何というか。
　　1.　トルーマン＝ドクトリン　2.　ニューディール
　　3.　ヤング案　4.　マーシャル＝プラン
☐ イ.　下線部 (イ) について，この目的のために1933年に制定されたものの，1935年に違憲判決を受けた法律の略字はどれか。
　　1.　AAA　2.　TVA　3.　NIRA　4.　CIO

3　**第一次世界大戦末期から第二次世界大戦勃発までの時期のドイツの歴史について述べた次の文章を読み，問1，問2の設問に答えなさい。**　　(日本女子大)

第一次世界大戦末期，ドイツに新たに成立した共和国政府は連合国と休戦協定を結ぶ一方，ドイツ共産党の女性指導者〔　1　〕を殺害するなどして革命を鎮圧した。1919年1月からパリで開かれた講和会議はイギリスの〔　2　〕首相やフランスの〔　3　〕首相らによって指導され，ドイツに対して過酷な講和条件を突きつけた。同年6月に調印されたヴェルサイユ条約は多額の賠償金の支払いに加え，ドイツに対する多くの厳しい内容を含むものであった。

他方で，同年2月に開かれた国民議会では社会民主党の［　4　］が大統領に選出された。だが，新生ドイツ共和国は国内政治における左右対立の激化や近隣諸国との緊張した外交関係を経験し，さらに空前のインフレーションにも見舞われた。1923年に首相となった［　5　］は (A)新紙幣の発行によってインフレを抑制し，さらに (B)財政の専門家の提案を受けて賠償期間の延長とアメリカ資本の導入に成功するなど，協調外交を展開した。こうした努力によって，ドイツ国内は次第に安定を取り戻していった。

　だが，1929年秋に世界恐慌が発生し，それがドイツにも波及してくると，経済面ばかりでなく政治的にも深刻な危機が訪れることになる。議会が機能不全に陥ると，大統領［　6　］は大統領緊急令を頻繁に出して対応した。失業者が激増するなかで，国民社会主義ドイツ労働者党（ナチス）が1932年の総選挙で第一党に躍進し，翌年にはナチスのヒトラーを首班とする政権が成立した。ナチスは (C)「国の法律は憲法の定める手続きによるほか，政府によっても制定することができる」，「政府が制定した国の法律は，憲法と異なることもありうる」といった内容を含む法律を成立させて立法権を議会から政府に移し，半年ほどで一党独裁体制を確立した。

　外交面では，ナチス政権下のドイツはザール地方の併合や再軍備宣言を行うなど，ヴェルサイユ体制の打破を目指した。さらに (D)国際連盟加盟国への武力進攻によって国際的な孤立を深めたイタリアに接近して，1936年にいわゆるベルリン＝ローマ枢軸を結成し，同年に起きたスペイン内戦にもイタリアとともに介入した。1938年に入るとドイツはオーストリアを併合したのに続き，ドイツ人が多く居住するチェコスロヴァキアのズデーテン地方の割譲を要求した。これに対し，イギリス首相［　7　］は宥和政策のもとにミュンヘンで首脳会談を開催し，この地方のドイツへの割譲を認めた。

□ **問1**　文章中の［1］〜［7］に入れる最も適切な語句を下記の語群の中から選び，その記号を答えなさい。

　　　　a. アデナウアー　b. アトリー　c. エーベルト　d. クレマンソー
　　　　e. コール　f. シュトレーゼマン　g. ダイムラー　h. トーマス＝マン
　　　　i. ネヴィル＝チェンバレン　j. ハンナ＝アーレント　k. ヒンデンブルク
　　　　l. ブラント　m. ブリアン　n. ブルム　o. ポアンカレ　p. マクドナルド
　　　　q. ロイド＝ジョージ　r. ローザ＝ルクセンブルク

問2　文章中の下線部（A）〜（D）に関する次の問いの答えを記入しなさい。

□（A）　この紙幣は通常何と呼ばれているか。その名称を答えなさい。

□（B）　この提案の名称を答えなさい。

□（C）　この法律の名称を答えなさい。

□（D）　イタリアが進攻したこの国際連盟加盟国の名称を答えなさい。

27 戦間期のアジア

1 次の文は，第一次世界大戦後のトルコ共和国の成立について述べたものである。これを読んで，下の問(A・B)に答えよ。　　　　　　　　　（西南学院大）

　オスマン帝国は，第一次世界大戦に同盟国側で参戦して敗れた。その間，連合国側の主要国である［　a　］はイラクなどのアラブ地域を占領し，連合国軍はアナトリア南部まで進出し，のちにイズミルは［　b　］軍に占領された。こうしたトルコの分割を正当化するため，1920年，連合国はオスマン帝国に迫って，［　c　］条約を締結させた。この条約に抗議する民衆の幅広い支持のもと，(ア)ムスタファ＝ケマルはトルコ大国民議会を組織し，［　d　］に革命政権を樹立した。1922年，ケマルに指導された国民軍は［　b　］軍を撃退してイズミルを回復した。また同年，大国民議会でスルタン制の廃止が決議された。メフメト6世も国外に亡命し，事実上ここにオスマン帝国は崩壊した。

　1923年，新政権と連合国との間で［　e　］条約が結ばれ，同年10月29日にムスタファ＝ケマルを初代大統領とするトルコ共和国が成立し，［　d　］が首都となった。翌年には主権在民を原理とする共和国憲法が公布された。同時期に［　f　］制が廃止され，政教分離が原則となった。さらに，西欧の制度も取り入れた国家の近代化政策が促進された。イスラーム暦は廃止され，(イ)旧来の文字に代わってローマ字が採用された。また1934年には［　g　］に参政権が与えられた。

□ **A** 文中の［　　　　］（a〜g）に最も適当な語句を記入せよ。

　B 文中の下線部（ア）・（イ）について，下の問（ア・イ）に最も適当な語を記入せよ。

　□ア．下線部（ア）について，1934年に大国民議会がムスタファ＝ケマルに呈上した「トルコの父」を意味する尊称を何というか。カタカナで答えよ。

　□イ．下線部（イ）について，この文字は何か。

2 19世紀末から第二次世界大戦後の中東地域について述べた次の文章を読んで，問1，問2の設問に答えよ。　　　　　　　　　（日本女子大）

　イギリスの軍人で考古学者であったトーマス・エドワード・ロレンス（1888年〜1935年）は「アラビアのロレンス」として映画などを通じて世界的に有名になった。この「アラビアのロレンス」が活躍した舞台は第一次世界大戦下のアラビア半島で，ロレンスはアラブ反乱を軍事的に支援するイギリス軍将校であった。当時，アラビア半島の西部に位置する［　1　］地方はオスマン帝国の支配下にあったが，イスラームの預言者ムハンマドの直系の子孫（その称号は「高貴な者」を意味する「シャリーフ」）である［　2　］家が統治していた。イギリスは紅海をはさんでアラビア半島の対岸にあたるエジプトを，1881年のエジプト人将校の反乱以来，軍事占領下に置いた。イギリスは大戦中，敵国ドイツと同盟関係を結んでいるオスマン帝国と戦うために，［　2　］家のフサインのシャリーフとしての権威を利用することを思い立った。イギリスはシャリーフ・フサインに対してイギリス側に立って

84

オスマン帝国への反乱を起こせば，その見返りとしてアラブ独立国家を樹立することを，シャリーフ・フサインとエジプト高等弁務官マクマホンとの間の往復書簡において約束した。他方，(A)イギリスは戦争遂行のために必要な財政的な支援を期待してユダヤ人のための民族的郷土の設立を約束した。このようなイギリスの矛盾する約束は「二枚舌外交」と呼ばれた。

ところが，イギリスはさらに連合国のフランス・ロシアとも (B)オスマン帝国領を戦後，分割・支配する密約を交わしていた。この密約は，ロマノフ王朝を倒したロシア革命の過程において武装蜂起を行ってソヴィエト内で権力を握った［　3　］の指導者レーニンによって暴露された。

第一次世界大戦後，戦勝国のイギリスとフランスは敗戦国の旧オスマン帝国領の東アラブ地域を分割した。すなわち，1920 年の連合国最高会議であるサンレモ会議の決定に基づいて，フランスはシリア・［　4　］を，イギリスはパレスチナ・［　5　］・［　6　］を，それぞれの委任統治領として新たなかたちの植民地支配を行った。とくに，［　6　］はメソポタミアと呼ばれ，石油資源にめぐまれていた。また，アラビア半島ではワッハーブ王国の再興をめざす［　7　］が［　2　］家の［　1　］王国を倒して，1932 年には［　8　］王国を樹立した。

□ **問1**　文章中の［1］〜［8］に入れる適切な言葉を下記の語群から選べ。ただし，［　］の数字が同一の場合，おなじ言葉が入るものとする。

（ア）サウジアラビア　（イ）PLA　（ウ）アラブ諸国連盟　（エ）レバノン
（オ）ヒジャーズ　（カ）ファイサル　（キ）トランスヨルダン　（ク）国際連合
（ケ）イラン　（コ）メンシェヴィキ　（サ）アリー　（シ）イブン＝サウード
（ス）モロッコ　（セ）イラク　（ソ）ソマリア　（タ）イエメン　（チ）スエズ
（ツ）国際連盟　（テ）エルサレム　（ト）ボリシェヴィキ　（ナ）PLO
（ニ）イスラーム同盟　（ヌ）ハーシム　（ネ）PNC　（ノ）ヨルダン

問2　文章中の下線部（A）・（B）に関連した質問に解答し，記入せよ。

□ **A.** ①この約束の名称を書け。②反ユダヤ主義に対するユダヤ人の建国運動は何か。

□ **B.** ①この密約の名称を書け。②密約の締結は何年か。

3　次の文を読み，設問に答えよ。　　　　　　　　　　　　　　　　（津田塾大）

英領インドで，1919 年にインド統治法と，強圧的な［　ア　］が制定されると，抗議のために民衆が集まった集会でイギリス軍が発砲し，多数の死傷者を出した［　イ　］事件が起き，インド民衆のイギリスに対する反発は高まった。こうした中，南アフリカで人種差別とたたかった［　ウ　］がインド国民会議に合流し，非暴力・不服従をとなえて独立運動の先頭に立った。特に 1930 年には［　エ　］の専売に反対して全行程 360km を歩く［　エ　］の行進で植民地支配への抵抗を示し，民衆の熱狂的な支持を集めてイギリスに脅威を与えた。

インド統治法は 1935 年に改正され，1937 年に州選挙が行われた。多数の州でインド国民会議が政権を獲得するが，ムスリムが多数を占める州では，ムスリムの地

4章

地球世界の形成と混迷

27 ｜ 戦間期のアジア　85

域政党が勝利した。こうした流れを受けて，1940年，全インド＝ムスリム連盟は
イスラーム国家［　オ　］の建設を決議する。
- □ 問1　空欄［ア］〜［オ］に最も適当と思われる語を入れよ。
- □ 問2　下線部について，反アパルトヘイト運動を率い，1994年に南アフリカ共和
国初の黒人大統領となった人物の名前を答えよ。

4　次の文章(1)・(2)を読み，設問に答えよ。
（名城大）

(1)　ロシア革命や大戦後の民族自決の潮流に呼応して，アジアでも独立への要求
が高まった。しかしパリ講和会議では民族自決権がアジアやアフリカには適用
されず，失望がひろがった。その一方で，パリ講和会議は日本にドイツ利権の
継承を認め，列国の警戒心は中国で勢力をのばす日本に対してはらわれた。

- □ 問1　第一次世界大戦後，民族自決権が適用され独立をはたした国を1つ挙げよ。
- □ 問2　1919年3月，日本統治下のソウルではじまった朝鮮の独立運動はたちま
ち全国にひろがった。人びとはどのような行動で意志を示したか。
- □ 問3　1919年，中国ではパリ講和会議の決定に抗議し，ストライキなどの激し
い愛国運動がおこなわれた。その運動は何とよばれるか。

(2)　インドは第一次世界大戦で多数の戦死者をだしたが，イギリスが約束した自
治は不完全であり，インド民衆の激しい反発をよんだ。また，タイをのぞくす
べての地域が植民地支配下にあった東南アジアでも，第一次世界大戦後，一時
の挫折をのりこえて，民族運動がふたたびひろがった。

- □ 問4　当初は相互扶助的性格が強かったが，民族的自覚がうまれると政治活動
にうつり，1918年から1920年のインドネシア民族運動の高揚期に中心的役
割をはたした大衆的団体は何か。
- □ 問5　パリ講和会議にベトナム人の地位向上の請願を提出したが果たせず，そ
の後，農民運動を指導，第二次世界大戦時にベトナム独立同盟を組織し，
独立をめざした人物は誰か。

5　次の文章の［　　　　　］に入る最も適当な語句を下記の語群から選び，その記号
を答えよ。
（駒澤大）

　1919年，孫文は第二革命後につくった［　1　］党をもとに，大衆政党としての
中国国民党を組織し，軍閥勢力の北京政府に対抗した。また，1921年，［　2　］
を指導者とする中国共産党が結成される。1924年1月，国民党は共産党員の国民
党への加入を認め，孫文の提案した連ソ・容共・［　3　］の三大政策を採択し，こ
れによって，国民党と共産党の提携が実現した。1925年3月，孫文は病死するが，
共産党員を含めて再編された広州国民政府は，同年に起きた［　4　］運動を背景に，
［　5　］軍を組織し，1926年7月，軍閥を打倒するため，出兵した。同年末，［　5　］
軍は長江流域の湖北省［　6　］に進出し，国民党左派と共産党を中心とする［　6　］
政府がたてられる。しかし，［　5　］軍総司令官の蔣介石は，［　7　］財閥や外国
勢力の支持を受け，1927年4月，［　8　］で反共クーデタを起こし，［　9　］に

86

国民政府を成立させた。同年，〔　9　〕政府は，〔　6　〕の国民党左派を吸収し，共産党を排除した。1928 年，国民政府は北京政府の実権を握っていた〔　10　〕を追い出し，北京を制圧した。〔　10　〕は本拠地の〔　11　〕に戻る途中，関東軍によって爆殺され，その子は日本に反抗して国民政府に帰順した。こうして，同年末には全国の統一が実現した。一方，共産党は国共分裂後，紅軍を組織して長江以南の各地に農村根拠地を建設し，1931 年，江西省の〔　12　〕に〔　13　〕共和国臨時政府を樹立する。これに対して，国民政府は外国の援助を受け，根拠地への包囲攻撃をくりかえした。追いつめられた共産党は，のちに〔　14　〕と呼ばれる逃避行の末，陝西省の〔　15　〕にたどり着いた。

〔語群〕
あ．安徽　い．延安　う．袁世凱　え．汪兆銘　お．五・三〇　か．五・四
き．呉佩孚　く．杭州　け．国民革命　こ．三・一　さ．山西　し．重慶
す．上海　せ．瑞金　そ．西征　た．浙江　ち．大躍進　つ．段祺瑞
て．中華革命　と．中華人民　な．中華ソヴィエト　に．中体西用　ぬ．長征
ね．張作霖　の．陳独秀　は．南京　ひ．扶助工農　ふ．武漢　へ．奉天
ほ．北伐　ま．民権　み．劉少奇

6 次の文は，**満州事変と日中戦争**について述べたものである。これを読んで，下の問に答えよ。
(西南学院大)

1931 年，関東軍は，〔　a　〕郊外の柳条湖で鉄道を爆破し，これを中国側の破壊工作だとして軍事行動に出た。また，翌年には〔　b　〕で中国軍との武力衝突を画策し，国際社会の注意をそらそうとした。さらに同年，清朝最後の皇帝であった溥儀を〔　c　〕として擁立し，新京を首都とする満州国を建てた。

1937 年，北京郊外で日中両軍が衝突する〔　d　〕事件が発生すると，これが日中全面戦争の発端となった。同年 12 月，日本軍は首都〔　e　〕を占領したが，そこで多数の捕虜や一般市民を虐殺する事件をひきおこし，世界から強い非難を浴びた。国際社会の中で孤立を深める日本に対して，中国は，アメリカ・イギリス・フランス・ソ連の支援を受けながら，首都を武漢へ，さらに〔　f　〕へと移し抗戦を続けた。日本は 1938 年，中国政府を交渉相手としないとする声明を出し，また，〔　e　〕に傀儡政権をつくって事態の打開に努めた。

問　文中の〔　　　〕(a～f) に最も適当なものを，下の (1～4) から 1 つ選んで，その番号を記入せよ。

- a.　1．錦州　2．奉天　3．大連　4．旅順
- b.　1．香港　2．上海　3．杭州　4．泉州
- c.　1．総督　2．総監　3．執政　4．宰相
- d.　1．西安　2．盧溝橋　3．光州　4．江華島
- e.　1．広州　2．南京　3．青島　4．天津
- f.　1．長沙　2．南昌　3．重慶　4．徐州

28 第二次世界大戦後の欧米

1 次の文は，第二次世界大戦後における国際体制の構築について述べたものである。これを読んで，下の問（A・B）に答えよ。 （西南学院大）

　1945年4月から6月にかけて，連合国が参加した［　a　］会議で国際連合憲章草案が正式に採択され，同年10月に国際連合が発足した。［　b　］に本部をおく国際連合は，全加盟国が参加する総会の決定で運営されたが，拒否権を持つ五大国を常任理事国とする安全保障会議には，国際紛争解決のために経済的・軍事的制裁を決定する強力な権限が与えられた。

　戦後の国際金融や経済協力体制の構築もすすみ，1944年7月に行われた［　c　］会議では，国際通貨基金と国際復興開発銀行の設立が合意に至り，翌年に両組織は国連専門機関として発足した。また，国際貿易の拡大と自由化を促す体制は，1947年10月に「関税と貿易に関する一般協定」（GATT）として成立した。これらの諸制度はアメリカ合衆国のドルを基軸通貨とする固定為替相場制度を前提とし，総称して［　c　］国際経済体制とよばれ，戦後の世界経済発展の重要な枠組みとなった。

　こうした国際協調的な枠組みの一方で，第二次世界大戦後の世界を大きく規定したのは，(ア)<u>資本主義のアメリカ合衆国と社会主義のソヴィエト連邦という二大核兵器保有国</u>を中心とする冷戦体制であった。

　ヨーロッパの冷戦体制は東西対立としてあらわれた。戦後復興の過程でフランスやイタリアでは共産党が躍進し，東欧地域にソ連が急速に進出したため，アメリカはこれに対抗して，1947年3月には封じ込め政策（［　d　］）を，また同年6月には(イ)<u>ヨーロッパ経済復興援助計画</u>を発表した。さらに1948年3月には5カ国間で西ヨーロッパ連合条約を結び，翌年4月には12カ国で北大西洋条約機構を結成し，アメリカを含む西側諸国は安全保障体制を整えた。これに対しソ連と東欧諸国は，1947年9月に［　e　］（共産党情報局）を結成し，また49年にはソ連と東欧6カ国の間に経済相互援助会議を創設した。さらに55年にはソ連と東欧8カ国で東ヨーロッパ相互援助条約を締結するなど，東側諸国の結束を図った。

　アジア・太平洋地域における冷戦体制は，(ウ)<u>朝鮮半島の南北分断を固定化した朝鮮戦争</u>を機に構築された。アメリカは，1951年に日本やオセアニア諸国と安全保障条約を，また［　f　］と軍事援助条約を結び，54年には東南アジア条約機構を結成した。

A 文中の［　　　　］（a〜f）に最も適当なものを，下の（1〜4）から1つ選んで，その番号を記入せよ。

□a. 1. ヴェルサイユ　2. サンフランシスコ　3. ロンドン　4. ボストン

□b. 1. ニューヨーク　2. ジュネーヴ　3. パリ　4. ハーグ

□c. 1. スミソニアン　2. ダンバートン＝オークス　3. ブレトン＝ウッズ
　　4. キングストン

□d. 1. トルーマン＝ドクトリン　2. モンロー＝ドクトリン
　　3. アイゼンハワー＝ドクトリン　4. ブッシュ＝ドクトリン

88

□e. 1. コミンテルン　2. ココム　3. コミンフォルム　4. コメコン

□f. 1. フィリピン　2. インドネシア　3. タイ　4. インド

B　文中の下線部（ア）～（ウ）について，下の問（ア～ウ）に最も適当なものを
（1～4）から1つ選んで，その番号を記入せよ。

□ア．下線部（ア）について，核兵器開発競争に関する説明として誤っているも
のはどれか。

　　1. ソ連は1949年に原爆実験に成功し，53年には水爆の保有を明らかにした

　　2. ソ連は1957年に大陸間弾道弾の開発と世界初の人工衛星の打ち上げに成功
した

　　3. 1963年に62カ国が核拡散防止条約に調印した

　　4. 1982年から戦略兵器削減交渉（START）が開始した

□イ．下線部（イ）について，この計画を発表したアメリカの国務長官は誰か。

　　1. ダレス　2. マーシャル　3. ハル　4. スティムソン

□ウ．下線部（ウ）について，朝鮮戦争の経緯に関する説明として誤っているも
のはどれか。

　　1. 朝鮮は1942年のテヘラン会談で戦後の独立が承認されていた

　　2. 1948年に大韓民国（韓国）と朝鮮民主主義人民共和国（北朝鮮）が成立した

　　3. 1950年6月に起きた北朝鮮の軍事行動は，国連安全保障理事会で侵略と認
められた

　　4. 戦争は1953年に休戦が成立し，その状態は現在もなお継続している

2　**次の文章を読み，設問に答えよ。**　　　　　　　　　　（名城大）

　ソ連では1953年にスターリンが死ぬと，外交政策の見直しがはじまり，1956年
のソ連共産党大会において，［　A　］第一書記がスターリンを批判する演説を行
うなど，自由化の方向を打ち出した。さらに，資本主義国との平和共存をとなえ，
東ヨーロッパ諸国にも大きな影響を与えた。しかし，(a)ハンガリーの反ソ暴動に対
する軍事介入や，東ドイツ政府が東西ベルリンの境界に「ベルリンの壁」を築くな
どによって，東西関係は再び緊張状態に戻った。

　その後，1985年にゴルバチョフがソ連の書記長に就任すると，いきづまった社
会主義体制をたて直すため，情報公開（グラスノスチ）による言論の自由化や
(b)国内の改革を提唱した。1988年に，ゴルバチョフが東ヨーロッパの社会主義圏
に対する内政干渉を否定する宣言を出すと，東ヨーロッパ諸国で民主化の動きがあ
らわれた。ポーランドでは，すでに1980年から［　B　］を指導者として自主管
理労組「連帯」が組織され，政府に改革を求めていたが，89年に複数政党制のも
とで選挙がおこなわれ，「連帯」を中心とする連立政権が発足した。そして同年，
ハンガリーやチェコスロヴァキアでも共産党単独政権が倒れた。一方，ルーマニア
では，［　C　］大統領による独裁体制が続いてきたが，反政府運動のなかで1989
年に処刑され，新たな政府が組織された。さらに，東ドイツでは，1989年10月に
［　D　］書記長が退陣し，11月には「ベルリンの壁」が開放され，東西ドイツ間

28　｜　第二次世界大戦後の欧米　　89

の自由な往来が認められた。そして 1990 年 3 月の東ドイツの自由選挙において，早期統一を求める連合党派が大勝し，同年 10 月には西ドイツが東ドイツを吸収する形で統一ドイツが実現した。

　ソ連では 1990 年に大統領制が採用され，ゴルバチョフは大統領に就任して市場経済への移行に着手したが，保守派の抵抗も強く，また (c)バルト 3 国やカザフ，グルジア（現ジョージア）などの共和国ではソ連からの独立の動きも起こった。そして 1991 年 12 月，[　E　] 大統領の率いるロシア連邦（旧ソ連内のロシア共和国）を中心に，ウクライナ・ベラルーシなどの 11 の共和国が独立国家共同体（CIS）を結成し，これによりソ連邦は解体されることとなった。

□ **問 1**　空欄部 [A] から [E] に当てはまる言葉を答えよ。

□ **問 2**　下線部 (a) に関して，ハンガリーの首相として改革に取り組むが，ソ連の軍事介入を受けて失脚し，1958 年に処刑された人物は誰か。

□ **問 3**　下線部 (b) に関して，ゴルバチョフが経済・社会の活性化を目指して行った「たて直し」を意味する一連の改革政策のことをカタカナで何というか。

□ **問 4**　下線部 (c) に関して，この 3 つの国をすべて挙げよ。

3　次の問 1，問 2 の各設問に答えよ。答えは，それぞれの選択肢から一つずつ選べ。
　　　　　　　　　　　　　　　　　　　　　　　　　　　　　　　　　　　　（日本大）

問 1　次の a 〜 c の事項（すべて 1960 年代）に関する下の設問【1】〜【4】に答えよ。
　a. 【2】北爆（北ヴェトナムへの爆撃）開始
　b. 【3】公民権法成立
　c. 【4】ケネディ大統領就任

□ 【1】　a 〜 c の出来事をおこった順に並べた場合，正しいものを，次の 1 〜 6 から選べ。
　　1. a—b—c　2. a—c—b　3. b—a—c
　　4. b—c—a　5. c—a—b　6. c—b—a

□ 【2】　下線部【2】に関連して，アメリカ合衆国がヴェトナム戦争から撤退した時の大統領は誰か。次の 1 〜 4 から選べ。
　　1. ジョンソン　2. ニクソン　3. カーター　4. レーガン

□ 【3】　下線部【3】に関連する①②の説明文の正誤について，正しい組み合わせを下の 1 〜 4 から選べ。
　　①これはさまざまな差別を撤廃し，黒人の権利を保護する法律であった。
　　②人種差別撤廃運動を推進したキング牧師は，非暴力主義に立った。
　　1.　①のみ正しい　　　2.　②のみ正しい
　　3.　①②ともに正しい　4.　①②ともに誤り

□ 【4】　下線部【4】に関連する①②の説明文の正誤について，正しい組み合わせを下の 1 〜 4 から選べ。
　　①彼の在任中，キューバ危機などで世界に緊張がはしったが，その後部分的核実験停止条約締結に成功した。

②彼が掲げたスローガンは，「偉大な社会」であった。

   1.　①のみ正しい　　　2.　②のみ正しい

   3.　①②ともに正しい　4.　①②ともに誤り

問2　次のa～cの事項に関する下の設問【5】～【6】に答えよ。

  a.　【6】ドル＝ショック

  b.　アメリカ合衆国の「双子の赤字」（財政と貿易の赤字）深刻化

  c.　第1次石油危機（オイル＝ショック）

□【5】　aからcの出来事をおこった順に並べた場合，正しいものを，次の1～6から選べ。

   1.　a―b―c　2.　a―c―b　3.　b―a―c

   4.　b―c―a　5.　c―a―b　6.　c―b―a

□【6】　下線部【6】に関連する①②の説明文の正誤について，正しい組み合わせを下の1～4から選べ。

①これはドルと金の交換を可能にしたことで引きおこされた。

②この結果，国際通貨体制は変動相場制に移行していった。

   1.　①のみ正しい　　　2.　②のみ正しい

   3.　①②ともに正しい　4.　①②ともに誤り

4　ヨーロッパ統合についての次の文章を読み，空欄[ア]～[カ]に入る適切な語句を記入せよ。

（愛知大）

　1950～70年代の20年間は，ヨーロッパ諸国の経済回復はめざましく，高い経済成長が続いた。1952年には，フランスのシューマン外相の提案で，フランス・西ドイツ・ベネルクス3国・イタリアは，[　ア　]を発足させた。1957年に，ローマ条約が調印され，翌年に[　イ　]が発足した。これは，経済統合の対象をすべての製品・サービスに拡大し，関税の相互引下げ，共同の商業・農業政策，資本・労働力移動の自由化を実施するものであった。また，1958年には，原子力資源の統合・管理のための協力機関であるヨーロッパ原子力共同体（EURATOM）が発足した。

　やがて，1967年7月には，上記三つの機関を合併して[　ウ　]となり，西ヨーロッパ統合の基礎が作られた。そして，1970年代前半には，[　イ　]の設立当初には対抗してヨーロッパ自由貿易連合（EFTA）を提案した[　エ　]が新たに加盟した。さらに，80年代には，ギリシャ・スペインなど南ヨーロッパ諸国をも加えて，巨大な統一市場へと発展させた。

　1992年には，経済・通貨・政治の面での統合をさらに推進する[　オ　]条約が調印され，1993年11月には域内市場を完成させて統合力を高めたヨーロッパ連合（EU）が正式に発足した。この条約は，三つの仕組みに分けられており，一つ目は経済通貨同盟，二つ目は政治同盟，三つ目は司法内務協力であった。1999年には，一部の加盟国を除き通貨統合を実現し，2002年から統一通貨の[　カ　]を導入した。

28 ｜ 第二次世界大戦後の欧米　91

29 第二次世界大戦後のアジア

1 第二次世界大戦後のアジア・アフリカについて述べた次の文章を読み，問1，問2の設問に答えよ。
(日本女子大)

　アジア・アフリカ諸国の中には，米ソ冷戦の下で東南アジアの［　1　］戦争や東アジアの［　2　］戦争に代表されるように「熱戦」の末に分断国家として独立した国もあった。

　しかし，東西両陣営のどちらにも属さず「第三勢力」の形成をめざした国もあった。いわゆる「第三世界」である。1955年，インドネシアの［　3　］において(A)アジア・アフリカ会議が開催され，平和十原則を採択して，アジア・アフリカ諸国の反植民地主義と平和共存，民族独立を求める民族運動に大きな影響を及ぼしたものの，第2回目は開かれることはなかった。

　1961年に［　4　］の首都［　5　］で開催された(B)非同盟諸国首脳会議にはラテンアメリカ諸国も加わって25ヶ国が参加して，米ソ冷戦に距離を置くことで第三世界の連帯を強めようとしたが，(C)非同盟諸国間の矛盾も明らかになっていった。

　非同盟主義運動において指導的役割を担ったアラブの大国［　6　］はヨーロッパの旧植民地大国と直接軍事的に対峙することになった。この国の自由将校団の指導者［　7　］は1952年に革命を成功させ，ムハンマド・アリー王朝を倒して共和制を樹立し，その後，大統領に就任した。［　7　］は経済開発のため大規模なダムの建設をめざし，アメリカ・イギリスは資金援助を申し入れたが，彼がソ連寄りの姿勢を示したため，援助申し入れを撤回した。［　7　］は財源を確保するため，［　8　］運河の国有化を宣言した。それに対してイギリス・フランスはイスラエルとともに［　6　］を攻撃し，(D)第2次中東戦争が勃発した。しかし，アメリカ大統領［　9　］は政治的圧力をかけたため，英仏の両国は撤退を余儀なくされた。

□ **問1**　文章中［1］～［9］に入れる最も適切な語句を下記の語群の中から選び，その記号を答えよ。なお，［　　　］内の数字が同一の場合，同じ語句が入るものとする。

　　　　a. アイゼンハワー　b. イラク　c. イラン　d. インドシナ　e. エジプト
　　　　f. 韓国　g. カンボジア　h. サライェヴォ　i. ジャカルタ
　　　　j. ジョンソン　k. スエズ　l. ソフィア　m. 台湾　n. 朝鮮
　　　　o. トルーマン　p. ナギブ　q. ナセル　r. パナマ　s. バンドン
　　　　t. フィリピン　u. ブルガリア　v. ベオグラード　w. ユーゴスラビア
　　　　x. ラオス　y. リビア

問2　文章中の下線部（A）～（D）に関する次の問いの答えを記入せよ。

□（A）　この会議を主導した指導者の名前を2名答えよ。

□（B）　この会議を主催した指導者の名前を答えよ。

□（C）　1959年にチベットをめぐって争い，さらには1962年に国境をめぐって争った2ヶ国はどこか，答えよ。

□（D）　この戦争が勃発したのはいつか，西暦で答えよ。

2 次の文章を読み，あとの問い(問1～6)に答えよ。

(昭和女子大)

　第二次世界大戦終了後，国民党と共産党は双十協定を結んだが，国民党が協定を破棄したため国共内戦へと突入した。1949年10月1日，内戦に勝利した毛沢東は天安門上で中華人民共和国の成立を宣言し，毛沢東を主席，[　ア　]を首相とする (A)新政権が成立した。建国直後の1949年12月，毛沢東はモスクワに赴いてソ連の最高指導者である[　イ　]と会談をし，中ソ友好同盟相互援助条約が調印された。1958年から (B)「大躍進」とよばれる第二次五カ年計画が始まったが，中ソ対立によるソ連の技術者の引き上げや資材の供給の停止などもあり，計画通りには進まなかった。

　「大躍進」政策後に自身の権力が弱体化していた毛沢東は1966年，奪権のために文化大革命をおこし，[　ウ　]を失脚させて全国を動乱に導いた。1969年にはソ連と珍宝島において武力衝突をおこすなど激しく対立した。その一方で，アメリカとの関係改善に乗り出し，1972年には (C)アメリカ大統領が中国を訪問した。

☐ **問1**　[ア]にあてはまる人物は誰か。1人を選び，その記号を答えよ。
　　a. 周恩来　b. 鄧小平　c. 林彪　d. 陳水扁

☐ **問2**　下線部 (A)について，建国前後の政策や状況について説明した次の文のうち，正しいものはどれか。1つを選び，その記号を答えよ。
　　a. 中国土地法大綱を発表し，地主の土地所有を認めた。
　　b. 蔣介石は台湾に逃れて中華民国政府を維持したが，国連の安保理常任理事国にはなれなかった。
　　c. ソ連・インド・イギリスなどが相ついで中華人民共和国を承認した。
　　d. 急速な社会主義化をすすめたが，銀行と工場は国有化しなかった。

☐ **問3**　[イ]にあてはまる人物は誰か。1人を選び，その記号を答えよ。
　　a. レーニン　b. スターリン　c. トロツキー　d. フルシチョフ

☐ **問4**　下線部 (B)について説明した次の文のうち，誤っているものはどれか。1つを選び，その記号を答えよ。
　　a. 毛沢東・鄧小平らの急進派が穏健派を抑え込み，実施に移した。
　　b. 「大躍進」の結果，多くの餓死者がでたといわれている。
　　c. 工業，農業の急速な発展をめざした。
　　d. 自然災害も重なり計画は失敗に終わった。

☐ **問5**　[ウ]にあてはまる人物は誰か。1人を選び，その記号を答えよ。
　　a. 江沢民　b. 習近平　c. 劉少奇　d. 李登輝

☐ **問6**　下線部 (C)について説明した次の文のうち，正しいものはどれか。1つを選び，その記号を答えよ。
　　a. アメリカのジョンソン大統領が訪中した。
　　b. 大統領の訪中前に日中は国交を正常化した。
　　c. 大統領訪中準備のためキッシンジャー大統領補佐官が訪中した。
　　d. 1972年に米中は国交を結んだ。

29 ｜ 第二次世界大戦後のアジア　93

30 ベトナムと朝鮮の近現代史

1 次の文は，20世紀のヴェトナムについて述べたものである。これを読んで，下の問（A・B）に答えよ。
（西南学院大）

19世紀以降，フランスによる植民地化が進められていたインドシナでは，1887年，(ア)フランス領インドシナ連邦が成立した。その後，20世紀初頭のヴェトナムでは，(イ)フランスからの独立と立憲君主制の樹立を目指し，民族としての団結を求める運動が高まった。強国となりつつあった日本へ留学生を派遣して新しい学問や技術を学ばせようとする［　a　］運動が展開されたが，フランスとの友好関係を望んだ日本は留学生を退去させた。

第一次世界大戦後，民族運動はさらに広がり，1925年に［　b　］がヴェトナム青年革命同志会を結成し，これを母体として30年，ヴェトナム共産党（のちインドシナ共産党に改称）が成立した。第二次世界大戦下のヴェトナムでは，日本の進軍に対して［　b　］がヴェトナム独立同盟会（ヴェトミン）を結成して反日運動を起こし，大戦後，ヴェトナムは独立を宣言した。しかしフランスはこれを認めず，(ウ)阮朝の最後の王バオダイを擁立してフランス連合の一国とし，ヴェトナムとインドシナ戦争を続けた。

1954年，［　c　］の戦いで敗れたフランスは，北緯17度線を暫定的軍事境界線としてヴェトナムを南北に分け，統一選挙の実施を約束したジュネーヴ休戦協定を結んで撤退した。他方，共産主義勢力が拡大することを恐れたアメリカは，休戦協定の調印を拒否し，同年，イギリス，フランス，オーストラリア，タイ，フィリピン，パキスタン，ニュージーランドとともに［　d　］を結成した。翌55年，アメリカに支援されたゴ＝ディン＝ジエム政権が南部にヴェトナム共和国を樹立し，ヴェトナムは南北に分断された。

同政権が独裁色を強めると，1960年，南ヴェトナムに解放民族戦線が結成され，北ヴェトナムと連携してゲリラ戦を展開するようになった。［　e　］年，アメリカのジョンソン政権は，航空隊による北爆を開始，南部には地上兵力を派遣し，いわゆるヴェトナム戦争が本格化した。この戦争は農民を巻き込んで泥沼化し，世界各地で反戦運動が起こった。解放民族戦線によるテト攻勢ののち，アメリカは北爆停止を表明し，北ヴェトナム側と和平交渉に入った。1973年，パリでヴェトナム和平協定が結ばれ，アメリカ軍は撤退した。75年4月，北ヴェトナムと解放戦線は(エ)南ヴェトナムの首都を占領し，1976年，南北が統一されてヴェトナム［　f　］共和国が成立した。

- [ ] **A** 文中の［　　　］（a〜f）に，最も適当な語または数字を記入せよ。
- **B** 文中の下線部（ア）〜（エ）について，下の問（ア〜エ）に最も適当な語を記入せよ。
  - [ ] ア．下線部（ア）について，1863年にフランスが保護国とした国はどこか。
  - [ ] イ．下線部（イ）について，維新会を組織してこの運動の中心になった人物は誰か。

□ ウ．下線部（ウ）について，1802年，阮朝建国の際，これを支援したフランス人宣教師は誰か。

□ エ．下線部（エ）について，この都市を当時の名称で何というか。

2　次のA・Bについて答えよ。　　　　　　　　　　　　　　　（東京女子大）

A　以下は朝鮮の近現代史における人物に関して述べたものである。それぞれの人物名を漢字またはカタカナで書きなさい。

□ **問1**　彼は1884年に急進的な改革を実現しようと閔氏政権を倒そうと政変を主導したが清軍の介入により失敗して日本に亡命した。その後，1894年刺客により暗殺された。

□ **問2**　東学の指導者であった彼は，1894年，郡守の圧政に対して農民を率いて反乱を起こした。後に捕らえられて処刑されたが，民衆からは「緑豆将軍」と呼ばれて親しまれた。

□ **問3**　日本の植民地統治時代に米国で抗日独立運動をしていた彼は，日本が第二次大戦に敗れた後，大韓民国が樹立された時，初代大統領となった。

□ **問4**　彼は1965年，日本との国交回復を実現させ，日本から得た資金をもとに工業化を推進して韓国の経済発展をもたらした。しかし強権的な政権運営に対して反発を生んだ。

□ **問5**　1993年，久しぶりの文民政権として大統領となった彼は，数々の改革を断行して国民から支持されたが，退任時には通貨危機に直面した。

B　以下の資料について設問に答えなさい。

「吾等はここに朝鮮が独立国であること，朝鮮人が自主の民であることを宣言する。これを世界万邦に告げて，人類平等の大義を克く明らかにし，これを子孫万代に誥げて，民族自存の正しい権利を永く保有せしめるのである。」

上記資料は日本が朝鮮半島を植民地統治した時期における歴史的宣言文（和訳）の冒頭部分である。この宣言文が朗読されて挙民族的な運動が朝鮮半島全域に拡大した。

□ **問6**　この運動において人々は「独立万歳」を叫び，当時の日本では「万歳騒擾事件」と呼んだ。韓国では，この運動がはじまった日にちなみ，□・□運動と呼んでいる。□にあてはまる漢数字二文字を答えよ。

□ **問7**　この運動が起こったのは何年か，西暦で答えよ。

□ **問8**　この運動の結果，日本の植民地統治は大きな転換を遂げた。すなわちこの運動によって「(a)政治（統治）から(b)政治」に転換したと言われる。この(a)(b)に入る語句（a，bどちらも漢字二字）を答えなさい。

□ **問9**　この運動の後，海外で活動していた独立運動の諸団体が統合して大韓民国臨時政府を結成するが，それはどこに設立されたか，その都市名を答えよ。

30 ｜ ベトナムと朝鮮の近現代史　　95

4章

地球世界の形成と混迷

〔大学入試 全レベル問題集 世界史Ｂ ③私大標準レベル〕（本冊）

別冊 解答

大学入試
全レベル問題集
世界史B

私大標準レベル

Obunsha

別冊目次

1章　諸地域世界の形成
1　古代オリエント史・イラン史 …………………………… 2
2　ギリシアとヘレニズム世界 ……………………………… 4
3　ローマと地中海世界 ……………………………………… 6
4　古代インド史 ……………………………………………… 8
5　東南アジア史 ……………………………………………… 10
6　中国の古代文明〜秦・漢〜魏晋南北朝 ………………… 12
7　隋・唐と中国周辺民族史 ………………………………… 14
8　宋・元 ……………………………………………………… 16
9　明・清 ……………………………………………………… 18

2章　諸地域世界の交流
10　イスラーム世界(ムハンマド〜イスラーム独立王朝) …… 20
11　イスラーム専制王朝 ……………………………………… 22
12　中世ヨーロッパ① ………………………………………… 24
13　中世ヨーロッパ② ………………………………………… 26
14　中世ヨーロッパ③ ………………………………………… 28

3章　一体化へ進む世界と反動
15　南北アメリカ文明と大航海時代 ………………………… 30
16　ルネサンスと宗教改革 …………………………………… 32
17　主権国家の形成 …………………………………………… 34
18　英仏植民地戦争と近世の文化 …………………………… 36
19　欧米の革命 ………………………………………………… 38
20　ナポレオン戦争とウィーン体制 ………………………… 40
21　19世紀のヨーロッパ ……………………………………… 42
22　19世紀のアメリカとヨーロッパ文化 …………………… 44
23　ヨーロッパの進出とアジア ……………………………… 46

4章　地球世界の形成と混迷
24　帝国主義 …………………………………………………… 48
25　第一次世界大戦とロシア革命 …………………………… 50
26　戦間期の欧米 ……………………………………………… 52
27　戦間期のアジア …………………………………………… 54
28　第二次世界大戦後の欧米 ………………………………… 57
29　第二次世界大戦後のアジア ……………………………… 60
30　ベトナムと朝鮮の近現代史 ……………………………… 62

1章 諸地域世界の形成

1 古代オリエント史・イラン史

問題：本冊 p.10

1 [1]－灌漑 [2]－クフ [3]－シュメール [4]－楔形 [5]－ミタンニ
[6]－ヒッタイト [7]－バビロン第1王朝（古バビロニア王国）
[8]－アメンホテプ4世（イクナートン）
[9]－テル＝エル＝アマルナ [10]－「海の民」 [11]－ティルス

2 [1]－こ [2]－き [3]－け [4]－あ [5]－い [6]－つ [7]－す
[8]－え

3 問1 ① 問2 ③ 問3 ④ 問4 ④ 問5 ④ 問6 ①
問7 ④ 問8 ③

解説

1 [2]－**クフ**…カイロ対岸の都市ギザには，クフ王・カフラー王・メンカウラー王の3大ピラミッドがあり，その中でも**クフ王のものが最大**である。
[3]－**シュメール**・[4]－**楔形**…シュメール人は，前2700年頃までにメソポタミア南部に**ウル・ウルク・ラガシュ**といった都市国家を建設した。また彼らは楔形文字や太陰暦を使用した。 [5]－**ミタンニ**…ミタンニ王国は，前16世紀にメソポタミア北部に建てられた。また，同時期のメソポタミア南部は**カッシート人**が支配していた。 [6]－**ヒッタイト**…ヒッタイトは，小アジア（アナトリア）で活躍し，バビロン第1王朝（古バビロニア王国）を滅ぼし，新王国時代のエジプトと抗争した。また，彼らはいち早く**鉄器**を使用した民族としても知られる。
[7]－**バビロン第1王朝（古バビロニア王国）**…バビロン第1王朝は**アムル人**によって建てられた王朝で，ハンムラビ王の時にメソポタミアを統一したが，前16世紀にヒッタイトの攻撃を受けて滅亡した。 [8]－**アメンホテプ4世（イクナートン）**・[9]－**テル＝エル＝アマルナ**…エジプト新王国時代の王アメンホテプ4世は，テーベの神官団と対立したことから都をテル＝エル＝アマルナに遷し，従来の多神教を改めアトンの一神教（＝一つの神だけ崇拝する）を強制した。また彼はイクナートンと改名した。なお，この時代に，写実的な**アマルナ美術**が生まれた。 [10]－**「海の民」**…「海の民」は，地中海東岸一帯で活動した諸民族の総称で，**ヒッタイトを滅亡へと追い込み**，エジプト新王国を衰退させた。
[11]－**ティルス**…ティルスは，地中海東岸に**フェニキア人**が建設した都市で，彼らの地中海貿易の拠点となった。またティルスは植民市**カルタゴ**を建設した。

2 [1]－**こ（アッカド人）**…アッカド人の王**サルゴン1世**は，前24世紀頃にメソポタミアを統一した。 [2]－**き（アムル人）**…**1**[7]参照。 [3]－**け（復讐法）**…バビロン第1王朝の王であるハンムラビ王が制定した**ハンムラビ法典**は，「目には目を，歯には歯を」で知られる復讐法と，身分によって刑罰が異なるといった特徴をもつ。 [5]－**い（アッシリア）**…アッシリアは，ミタンニへの服属から自立したのち，鉄製の武器や戦車を用いて勢力を拡大し，**前7世**

紀前半に初のオリエント統一を達成した。都のニネヴェには，王**アッシュル＝バニパル**によって大図書館が建設された。しかしアッシリアは**被支配民族**に対し**過酷な統治**を行ったため反発を招き，前7世紀後半に新バビロニア・メディアに敗れて滅亡した。　［6］-**つ**（**アケメネス朝**）…アケメネス朝の王**キュロス2世**は，前6世紀半ばにメディアから自立し，小アジアのリディア・メソポタミアの新バビロニア（カルデア）を征服した。そして第2代の王**カンビュセス2世**の時代にエジプトを征服し，オリエントを統一した。　［8］-**え**（**マケドニア**）…マケドニアの王**アレクサンドロス大王**は，前333年の**イッソスの戦い**・前331年のアルベラの戦いでアケメネス朝の王**ダレイオス3世**を破った。ダレイオス3世は前330年に部下に暗殺され，アケメネス朝は滅亡した。

3 問1　①（**アルサケス**）…アルサケスはイラン系遊牧民の族長で，前3世紀半ばにイランに**パルティア**を建国した。彼の名から，パルティアは中国では「**安息**（あんそく）」と呼ばれた。　問2　③（**クテシフォン**）…クテシフォンはティグリス川中流の都市で，パルティアが都とした。また，のちにササン朝の都となった。　問3　④（**ディアドコイ**）…ディアドコイは，「後継者」を意味する言葉で，アレクサンドロス大王の後継者争いを行った有力者たちのことをさす。　問4　④（**安息**（あんそく））… **3** 問1を参照。　問5　④（**シャープール1世**）…シャープール1世はササン朝第2代皇帝で，西方ではローマの軍人皇帝**ウァレリアヌス**を捕虜とし，東方ではインドの**クシャーナ朝**を破った。　問6　①（**突厥**（とっけつ））…ササン朝の王**ホスロー1世**は，モンゴル高原の遊牧民である突厥と結んで中央アジアの遊牧民である**エフタル**を滅ぼした。またホスロー1世は，西方ではビザンツ（東ローマ）帝国の**ユスティニアヌス**と抗争した。　問7　④（**アヴェスター**）…『アヴェスター』はゾロアスター教の教典で，ゾロアスター教を国教としたササン朝で編纂された。なお，ゾロアスター教を国教化したのはササン朝の建国者**アルダシール1世**。

 私大標準よく出るポイント　　ダレイオス1世の業績

- **アケメネス朝の最大領域**を実現…エーゲ海北岸〜インダス川流域
- **新都ペルセポリス**を造営
- **全国を約20の州に分け**，**サトラップ**（知事）を置く
- 「**王の目**」「**王の耳**」…サトラップを監視する王直属の監察官
- 「**王の道**」…スサ〜サルデス間　**駅伝制**の整備

注意すべき正誤ポイント

×**フェニキア人**はダマスクスを拠点とし，内陸中継貿易に従事した→**アラム人**
　※フェニキア人…地中海沿岸の**シドン・ティルス**が拠点，**地中海貿易**に従事

1　｜　古代オリエント史・イラン史　　3

2	**ギリシアとヘレニズム世界**

問題：本冊 p.12

1 A [a] - ヴェントリス　[b] - シノイキスモス　[c] - クレーロス
　　[d] - マッサリア
　B ア - エヴァンズ　イ - ドーリア式　ウ - アリストテレス　エ - ヘレネス

2 問1 [ア] - マラトン　[イ] - デロス　[ウ] - ソロン
　　[エ] - クレイステネス　[オ] - 陶片追放（オストラキスモス）
　　[カ] - ペリクレス　　問2　民会

3 A [a] - 神統記　[b] - ミレトス　[c] - 原子（アトム）
　　[d] - ヒッポクラテス　[e] - ソフィスト　[f] - プロタゴラス
　　[g] - ソクラテス　[h] - イデア
　B ア - ヘラクレイトス　イ - 『女の平和』〔『女の議会』〕

4 問1 [ア] - カイロネイア　[イ] - コリントス（ヘラス）
　　[ウ] - ダレイオス3世　[エ] - アンティゴノス
　問2 (1) - エウクレイデス　(2) - コイネー　問3　ムセイオン

解説

1 A　[a] - **ヴェントリス**…ヴェントリスはミケーネ文明で使用された線文字B
を解読した。一方、クレタ文明で使用された線文字Aは未解読。　[d] - **マッサリア**…マッサリアは現在のフランスのマルセイユ。その他、ギリシア人が建設した植民市としては、ネアポリス（現在のイタリアのナポリ）・ビザンティオン（現在のトルコのイスタンブル）などがある。　B　ア - **エヴァンズ**…エヴァンズは、クレタ文明のクノッソス宮殿を発掘した。また、ドイツのシュリーマンは、ミケーネ文明のミケーネ・ティリンスや小アジアのトロイア（トロヤ）を発掘した。　ウ - **アリストテレス**…アリストテレスはアテネの哲学者で、プラトンの弟子にあたる。またアリストテレスは、アレクサンドロス大王の家庭教師をつとめた。

2 問1　[ア] - **マラトン**…前490年に行われたマラトンの戦いで、アテネは上陸してきたアケメネス朝ペルシアの軍を撃退した。　[イ] - **デロス**…デロス同盟は、アケメネス朝ペルシアの再攻に備えて前478年頃にアテネを盟主として結成された同盟で、アテネはこの同盟の資金を流用して繁栄した。　[ウ] - **ソロン**…ソロンは貴族と平民を調停し、財産に応じて市民の政治参加と従軍義務を定める財産政治を行った。また負債の帳消しや債務奴隷の禁止なども行った。
[エ] - **クレイステネス**・[オ] - **陶片追放（オストラキスモス）**…クレイステネスは、僭主の出現を防止するために陶片追放（オストラキスモス）を定め、また血縁的4部族制を地縁的10部族制に再編した。これらの改革によって、民主政の基礎が確立された。　[カ] - **ペリクレス**…ペリクレスはアテネの将軍・政治家で、彼の時代に軍船の漕ぎ手として戦争に参加した無産市民の発言権が高まり、民主

政が完成した。のち彼は，スパルタとのペロポネソス戦争中に病死し，アテネもこの戦争に敗北した。　問2　民会…民会はアテネの最高機関で，**成年男性市民による直接民主政**が行われた。

3　A　[a]-神統記…『神統記』はヘシオドスの著作で，神々の系譜が書かれている。また彼は『**労働と日々**』を著し，労働の尊さを説いた。　[b]-ミレトス…ミレトスはイオニア植民市の中心で，この都市を中心に自然哲学が発達した。**イオニア植民市はダレイオス1世時代のアケメネス朝に対して反乱を起こし，ここからペルシア戦争が開始された。**　[e]-ソフィスト…ソフィストはギリシアの職業教師で，民主政が発達していたアテネで弁論・修辞を教えた。　[f]-プロタゴラス…プロタゴラスは代表的なソフィストの一人で，**普遍的・客観的真理の存在を否定し**，「**万物の尺度は人間**」という言葉を残した。　[g]-ソクラテス…ソクラテスはアテネの哲学者で，**普遍的・客観的真理の存在を主張した。**しかし，アテネの民衆裁判で死刑判決を受け刑死した。　[h]-イデア…ソクラテスの弟子であるプラトンは，**イデア論**のほか，『**国家**』で哲人政治を主張するなど，**民主政に懐疑的**であった。　B　イ-『女の平和』〔『女の議会』〕…アリストファネスはアテネの喜劇詩人で，**ペロポネソス戦争をテーマとした『女の平和』**などの作品を残した。

4　問1　[エ]-アンティゴノス…アレクサンドロス大王がバビロンで急死したのち，彼の部下たちの間で**ディアドコイ戦争**が起こり，イプソスの戦いで大勢が決定した。この結果アレクサンドロス大王の帝国は**アンディゴノス朝マケドニア，セレウコス朝シリア，プトレマイオス朝エジプト**に分裂した。なお，ディアドコイとは，「後継者」を意味する。　問2　(2)-コイネー…コイネーはギリシア語のひとつで，ヘレニズム世界で共通語として用いられた。また，『新約聖書』はコイネーで書かれた。　問3　ムセイオン…ムセイオンは**プトレマイオス朝エジプトの都アレクサンドリア**に設立された**王立研究所**。

👆 **私大標準よく出るポイント①** ▶ ギリシアの同族意識

- 国土を**ヘラス**，自民族を**ヘレネス**，異民族を**バルバロイ**と呼ぶ
- **オリンポスの神々**を信仰…**デルフォイの神託**，**オリンピアの祭典**

👆 **私大標準よく出るポイント②** ▶ ヘレニズム文化の哲学

- **ストア派**…**ゼノン**が創始。**禁欲**を重視
- **エピクロス派**…**エピクロス**が創始。**精神的快楽**を重視

3		**ローマと地中海世界**	

問題：本冊 p.15

1 [1]−エトルリア　[2]−コンスル（執政官）

[3]−ディクタトル（独裁官）　[4]−元老　[5]−護民

[6]−リキニウス・セクスティウス　[7]−ホルテンシウス

[8]−ノビレス　[9]−カルタゴ　[10]−ポエニ　[11]−ハンニバル

[12]−スキピオ　[13]−グラックス　[14]−マリウス　[15]−閥族

[16]−スパルタクス　[17]−カエサル　[18]−ポンペイウス

2 問1　[1]−オクタウィアヌス　[2]−プリンケプス

[3]−「ローマの平和」（パクス＝ロマーナ）

[4]−（ローマ）市民　[5]−カラカラ　[6]−季節風

[7]−エリュトゥラー海案内記　[8]−軍人　[9]−コロヌス

[10]−ディオクレティアヌス　[11]−専制君主政（ドミナトゥス）

[12]−コンスタンティヌス　[13]−コンスタンティノープル

[14]−テオドシウス　[15]−オドアケル

問2　(1)　トラヤヌス　(2)　ハドリアヌス

(3)　マルクス＝アウレリウス＝アントニヌス　(4)　タキトゥス

問3　(1)　ネロ　(2)　唯一絶対神を信じるキリスト教徒は皇帝崇拝を拒み，国家祭儀に参加しなかったため。　(3)　ミラノ勅令

3 A　[a]−万民法　[b]−パンテオン　[c]−ウェルギリウス

[d]−対比列伝（英雄伝）　[e]−セネカ　[f]−プリニウス

B　ア　グレゴリウス暦　イ　十二表法　ウ　キケロ

解説

1 [5]−護民…護民官は平民保護のために置かれた官職で，コンスルや元老院の決定に対して拒否権をもった。　[6]−リキニウス・セクスティウス…前367年に制定されたリキニウス・セクスティウス法で，コンスル2名中1名を平民から選出することと，公有地占有制限が定められた。　[9]−カルタゴ・[10]−ポエニ…フェニキア人の都市ティルスが建設した植民市のカルタゴは，3回にわたるローマとのポエニ戦争に敗れて滅亡した。なお，第1回ポエニ戦争でローマが獲得したシチリア島は，ローマ初の属州となった。　[17]−カエサル・[18]−ポンペイウス…カエサルはポンペイウス・クラッススとともに第1回三頭政治に参加し，ガリア遠征で功績を挙げた。クラッススがパルティアとの戦いで没するとポンペイウスと対立しこれを破り，終身の独裁官となったが，ブルートゥスら共和派によって暗殺された。

2 問1　[1]−オクタウィアヌス・[2]−プリンケプス…オクタウィアヌスはアントニウス・レピドゥスとともに第2回三頭政治に参加した。レピドゥス失脚後アントニウスと対立し，前31年のアクティウムの海戦でアントニウス・クレオ

6

パトラ連合軍を撃破した。その後元老院からアウグストゥス（尊厳者）の称号を与えられ，自らをプリンケプス（第一の市民）と称して名目上は元老院と共同統治としながら事実上の帝政を行った。この政治体制をプリンキパトゥス（元首政）と呼ぶ。　[9] – **コロヌス**…前2世紀頃からローマでは，有力者による奴隷を用いた大土地経営であるラティフンディアが普及した。しかし，しだいに奴隷の供給が減少したため，3世紀頃からコロヌスと呼ばれる小作人を用いるコロナトゥスが普及した。　[10] – **ディオクレティアヌス**・[11] – **専制君主政（ドミナトゥス）**…軍人皇帝時代の混乱を収拾したディオクレティアヌス帝は，東方的専制政治である専制君主政（ドミナトゥス）を開始し，皇帝崇拝を強制した。しかし，これをキリスト教徒が拒否したため，キリスト教徒に対する大迫害を行った。また，彼は帝国の四分統治（テトラルキア）を行った。　[12] – **コンスタンティヌス**・[13] – **コンスタンティノープル**…コンスタンティヌス帝は313年のミラノ勅令でキリスト教を公認し，325年のニケーア公会議でアタナシウス派を正統，アリウス派を異端とした。また，都をビザンティウムに遷し，コンスタンティノープルと改称した。　[14] – **テオドシウス**…テオドシウス帝は392年にキリスト教を国教化し，他宗教の信仰を禁止した。その後395年に彼が没すると，ローマ帝国は東西に分裂した。　問2　(1)　**トラヤヌス**…トラヤヌスは現在のルーマニアにあたる**ダキア**を属州化し，ローマ帝国の最大版図を実現した。　問3
(1)　**ネロ**…ネロは，ローマの大火の責任がキリスト教徒にあるとして，信者を弾圧した。この際に「第一の使徒」とされるペテロや，「異邦人の使徒」と呼ばれるパウロが殉教したとされる。　(2)　**2** [10]・[11] の解説参照。

3　A　[d] – **対比列伝（英雄伝）**…プルタルコスの著した『対比列伝（英雄伝）』は，ギリシア・ローマの歴史上の人物を比較評論した伝記集である。　[e] – **セネカ**…セネカはネロ帝の師をつとめたストア派哲学者であったが，のちネロにより死を強要され自殺した。　[f] – **プリニウス**…プリニウスはローマの博物学者で，『博物誌』を著した。のち，ウェスウィウス火山の噴火の観察・人命救助の際に殉職した。

私大標準よく出るポイント ▷▷ 4～5世紀の公会議と教派

- **ニケーア公会議**（325）…**アタナシウス派**を正統，**アリウス派**を異端とする
  - →**アリウス派**（イエスの人性を強調）はゲルマン人に布教される
  - →**アタナシウス派**はのちに**三位一体説**に発展
    - ※三位一体説…父なる神，子なるイエス，聖霊は一体であるとする
- **エフェソス公会議**（431）…**ネストリウス派**（イエスの神性と人性を分離）を異端→**ネストリウス派**は中国に伝わり**景教**と呼ばれる
- **カルケドン公会議**（451）…**単性論**（イエスの神性のみを認める）を異端

3 ｜ ローマと地中海世界　7

| 4 | | 古代インド史 | | | | | | | | | | | | 問題：本冊 p.18 |

1 問1 ① 問2 ③ 問3 ④ 問4 ④ 問5 ① 問6 ⑤ 問7 ③
2 問1 ④ 問2 ③ 問3 ② 問4 ② 問5 ① 問6 ② 問7 ④
　　問8 ② 問9 ② 問10 ② 問11 ④ 問12 ④ 問13 ④

解説

1 問1 ①…インダス文明では，鉄器ではなく青銅器が使用された。　問2 ③
…③はインダス文明で用いられた印章で，これに刻まれているインダス文字は未解読である。①は古代ギリシアで陶片追放（オストラキスモス）の際に使用された陶片（オストラコン），②は殷で占いの際に使用された動物の骨で，甲骨文字が刻まれている。④はシュメール人が創始した楔形文字で，粘土板や石などに刻まれた。　問4 ④…①ヴァイシャ階層は王侯・武人ではなく庶民。王侯・武人をさす階層はクシャトリヤ。②最上位とされた階層はクシャトリヤではなくバラモン。クシャトリヤはバラモンに次ぐ階層。③シュードラ階層は司祭階層ではなく隷属民。司祭階層はバラモンである。　問5 ①…ウパニシャッド哲学はバラモン教の特色である祭式至上主義を唱えたのではなく批判した。ウパニシャッド哲学は内面の思索を重視し，梵我一如による輪廻からの解脱を唱えた。問6 ⑤…プルシャプラはガンダーラ地方の都市で，クシャーナ朝の都となった。現在のペシャワールである。また，この都市を中心にギリシア風の仏像の制作で知られるガンダーラ美術が栄えた。　問7 ③…ヴァルダナ朝は7世紀の，グプタ朝は4〜6世紀の，ナンダ朝は前4世紀の北インドの王朝。

2 問2 ③…パータリプトラはガンジス川流域の都市で，マウリヤ朝やグプタ朝の都となった。　問5 ①…自分自身の悟りのみを追求する仏教は，大乗仏教ではなく上座部仏教である。大乗仏教の「大乗」とは「大きな乗り物」という意味で，大衆の救済を目指した仏教である。なお，大乗仏教の理論を大成したのがナーガールジュナ（竜樹）である。　問6 ②…アジャンター石窟寺院は，ガンダーラ美術ではなく純インド的なグプタ美術の代表的遺跡である。　問7 ④…ラージプート時代は，ヴァルダナ朝崩壊からデリー＝スルタン朝成立までの8〜13世紀の時期をさすもので，グプタ朝の最盛期をさす言葉ではない。
問8 ②（チャンドラグプタ2世）…チャンドラグプタ2世はグプタ朝の最盛期の王で，彼の時代に戯曲『シャクンタラー』を著したカーリダーサが活躍した。問9 ②…ムガル帝国の第6代アウラングゼーブは厳格なスンナ派で，シーア派やヒンドゥー教を激しく弾圧した。　問10 ②（サンスクリット）…サンスクリット語は古代インドの文語で，古代インドの二大叙事詩である『マハーバーラタ』『ラーマーヤナ』や，カーリダーサの『シャクンタラー』などはサンスクリット語で書かれた。　問12 ④…『マヌ法典』はヴァルナを否定したのではなく強調し，バラモンを特権化している。また，各ヴァルナの宗教的・社会的義務や生

8

活規範を記している。　問13　④…サータヴァーハナ朝（アーンドラ朝）は前1世紀〜後3世紀にデカン高原で栄えた王朝。グプタ朝は4世紀に北インドに成立した王朝なので時期が合わない。

👆 私大標準よく出るポイント①　古代インドの宗教

- バラモン教…ヴェーダが根本聖典　祭式至上主義
- ウパニシャッド哲学…ウパニシャッド（奥義書）
  - バラモン教の祭式至上主義批判
  - 梵我一如による業（カルマ）に決定づけられた輪廻転生からの解脱を説く
  - 梵我一如…梵（ブラフマン）と我（アートマン）が一つであることを悟ること
- ジャイナ教…＜開祖＞ヴァルダマーナ（マハーヴィーラ，クシャトリヤ出身）
  - ヴァルナ制否定
  - 禁欲・苦行・不殺生の実践による解脱→ヴァイシャの支持
- 仏教…＜開祖＞ガウタマ＝シッダールタ（仏陀，クシャトリヤ出身）
  - ヴァルナ制否定
  - 無常観　八正道の実践→輪廻からの解脱→クシャトリヤ・ヴァイシャの支持
- ヒンドゥー教
  - バラモン教に民間信仰が融合して成立
  - ブラフマー神（世界創造）・シヴァ神（破壊・創造）・ヴィシュヌ神（世界維持）

👆 私大標準よく出るポイント②　インドを訪れた中国僧

名	経路	当時のインドの王朝・王	著作
法顕 （東晋）	〈往路〉陸 〈復路〉海	グプタ朝 （チャンドラグプタ2世）	『仏国記』
玄奘 （唐）	〈往路〉陸 〈復路〉陸	ヴァルダナ朝 （ハルシャ＝ヴァルダナ）	『大唐西域記』
義浄 （唐）	〈往路〉海 〈復路〉海	分裂時代	『南海寄帰内法伝』

💡 注意すべき正誤ポイント

インダス文明の代表的遺跡の一つに，シンド地方の，×ハラッパーがある
→モエンジョ＝ダーロ　※ハラッパーはパンジャーブ地方の遺跡

4 ｜ 古代インド史　9

| 5 | 東南アジア史 | 問題：本冊 p.22 |

1 A [a]-**1** [b]-**2** [c]-**2** [d]-**4** [e]-**1**
　　　[f]-**4** [g]-**2** [h]-**3** [i]-**1**
　　B　問1　**1**　問2　**4**　問3　**1**
2 問1　**⑤**　問2　**②**　問3　**④**　問4　**①**　問5　**①**　問6　**④**　問7　**④**
　　問8　**③**　問9　**①**　問10（ア）**③**　（イ）**①**

解説

1 A [a]-**1（ドンソン）**…ドンソン文化はベトナム北部に前4世紀頃に成立し東南アジア各地に広がった青銅器・鉄器文化で，儀式に使用したと考えられている**銅鼓**で知られる。　[b]-**2（扶南）**・[c]-**2（オケオ）**…扶南は1・2世紀にクメール人もしくはマレー人によってメコン川下流域に建国された国家で，その外港**オケオ**からは**ローマ金貨，漢の鏡，仏像・ヒンドゥー神像**が発掘されており，東西交易の中継港として発展していたと考えられている。なお扶南は，7世紀に真臘によって滅ぼされた。　[d]-**4（大越）**…11世紀に成立した李朝は国号を大越とし，ハノイを都とした。その後大越国には陳朝・黎朝・西山（タイソン）朝などの王朝が成立した。　[e]-**1（パガン）**…パガン朝は11世紀に成立したビルマ初の統一王朝で，**上座部仏教**を受容した。13世紀に**元のフビライ＝ハンの攻撃**を受け滅亡へと向かった。　[g]-**2（パレンバン）**…パレンバンは7世紀にスマトラ島に成立したシュリーヴィジャヤの中心都市である。　[h]-**3（シャイレンドラ）**…シャイレンドラ朝はジャワ島に成立した王朝で，大乗仏教がさかんであり仏教遺跡の**ボロブドゥール**を建立した。　[i]-**1（クディリ）**…クディリ朝は10世紀にジャワ島に成立した王朝で，『マハーバーラタ』などのインド文学のジャワ語への翻訳が行われた。また，影絵芝居のワヤンが発達した。
B　問1　**1（字喃）**…字喃（チュノム）はベトナム語表記のために漢字をもとに作成された文字で，13～14世紀頃の陳朝の時代にさかんに使用された。
問2　**4（三仏斉）**…三仏斉はスマトラ島の港市国家であるシュリーヴィジャヤを含む，マラッカ海峡地域を中心とする港市国家群の総称と考えられている。
問3　**1（ボロブドゥール）**…**1** A [h] を参照。

2 問1　**⑤（クメール人）**…クメール人は現在のカンボジア人のほとんどを占める民族で，扶南を建国したと考えられている。また，6世紀にはカンボジアに真臘を建国した。　問2　**②**…フエ（ユエ）はベトナム中部の都市で真臘の貿易港ではない。フエは19世紀初めに成立した阮朝の都となった。　問3　**④（アユタヤ朝）**…アユタヤ朝は14世紀にタイに成立した王朝で，15世紀にはスコータイ朝を滅ぼした。また，**日本町が形成され山田長政**が活躍したが，18世紀にビルマの**コンバウン朝（アラウンパヤー朝）**に滅ぼされた。　問4　**①**…漢は前漢の武帝の時代に南海9郡を設置して**中国南部やベトナム北部**を支配したが，ベ

10

トナム全域は支配しなかった。　問5　①…李朝（大越国）はサイゴンではなくハノイに都を置いた。　問6　④（フランス）…フランスは1883，84年のユエ条約でベトナムの阮朝（越南国）を保護国化し，ベトナムの宗主権を主張する清を清仏戦争で破って天津条約を結び，宗主権を放棄させた。そして保護国としていたカンボジアと併せて，1887年にフランス領インドシナ連邦を成立させた。なお，19世紀末にはラオスもフランス領インドシナ連邦に編入した。　問7　④…Aはジャワ島のボロブドゥールで，シャイレンドラ朝期に建立された。Bはサーンチーのストゥーパで，前2世紀～前1世紀頃に建立された。　Cはタージ＝マハルで，ムガル帝国の皇帝シャー＝ジャハーンによってアグラに建立された。
　問8　③…①仏国寺はベトナムではなく朝鮮の新羅で建立された。②ポタラ宮殿はベトナム中・南部のチャンパーではなくチベットのラサに建てられたダライ＝ラマの宮殿である。ダライ＝ラマはチベット仏教（ラマ教）の教主で，チベットの政教両権を握る最高権力者。④ジャワ島の古マタラム（マタラム朝）が建立したプランバナン寺院群は，仏教ではなくヒンドゥー教の寺院群。　問9　①…ムスリム商人が使用した三角帆の帆船はジャンク船ではなくてダウ船。ジャンク船は台形の帆をもつ帆船で，中国商人が使用した。　問10（ア）　③…ジャワ島中東部のマタラム王国はヒンドゥー教ではなくイスラーム教国家。

🖐 私大標準よく出るポイント ▶▶ 東南アジアのイスラーム教国家

［マレー半島］
- **マラッカ王国**（14C末頃～1511）
  - **鄭和**の遠征→**明**に朝貢
  - ポルトガルに征服される（**1511**）

［スマトラ島］
- **アチェ王国**（15C末～20C初）…スマトラ北西部

［ジャワ島］
- **バンテン王国**（16C～19C）…ジャワ西部
- **マタラム王国**（16C～18C）…ジャワ中～東部

💡 注意すべき正誤ポイント ▶▶

11世紀にベトナム北部に成立した李朝は国号を×**南越**とした→**大越**

　※南越は前3世紀末にベトナム北部を中心に建てられた国家。なお，19世紀初めに阮朝を創始した阮福暎は匡号を**越南**とした。

5 | 東南アジア史　　11

6 ▶ 中国の古代文明～秦・漢～魏晋南北朝

問題：本冊 p.26

1 [1]－と [2]－け [3]－の [4]－す [5]－あ [6]－え
　　[7]－つ [8]－い [9]－は [10]－お [11]－た
2 問1 『論語』 問2 (a) **孟子** (b) **荀子** 問3 **道家** 問4 **董仲舒**
3 問1 ② 問2 ③ 問3 ① 問4 ③ 問5 ②
4 問1 ④ 問2 ⑥ 問3 ④ 問4 ③ 問5 ⑦ 問6 ② 問7 ④
　　問8 ④ 問9 (1) ② (2) ① 問10 ④ 問11 ④ 問12 ⑦
　　問13 ① 問14 ①
5 問1 ④ 問2 ① 問3 ③ 問4 ① 問5 ①

解説

1 [1]－と（**仰韶文化**）…黄河文明の前期は仰韶文化，後期は竜山文化と呼ばれ，それぞれ彩陶・黒陶を用いた。　[3]－の（**夏**）…夏は伝説上の最古の王朝で，建国者は禹とされる。　[7]－つ（**封建制**）…周は，**一族・功臣に封土を与えて世襲の諸侯とし，軍役・貢納の義務を課す封建制**で地方を統治した。[8]－い（**洛邑**）…周は異民族の犬戎の攻撃を受け，都を鎬京から洛邑に遷した。これ以前の周を西周，遷都以降の周を東周と呼ぶ。　[9]－は（**覇者**）…覇者は春秋時代の有力諸侯のことであり，斉の桓公や晋の文公ら代表的な5人の覇者を「春秋の五覇」と呼ぶ。

2 問1　『**論語**』…『論語』は孔子の言行録で，『大学』『中庸』『孟子』とともに四書の一つとされる。　問2 (b)　**荀子**…儒家の荀子は**性悪説**を唱え，その門下からは**韓非や李斯といった法家**が出た。　問3　**道家**…道家は老子・荘子に代表される学派で，**無為自然**を唱えた。この二人の名から道家思想は老荘思想とも呼ばれる。

3 問1　②（**商鞅**）…商鞅は秦の孝公に仕えた法家で，変法と呼ばれる富国強兵策を行い**郡県制**などを実施した。　問3　①（**南海郡**）…南海郡は，秦の始皇帝が設置した南海3郡の一つで広東省に置かれた。②敦煌郡③楽浪郡④日南郡はいずれも前漢の武帝が設置した郡で，敦煌郡は河西4郡，楽浪郡は朝鮮4郡，日南郡は南海9郡に含まれる。武帝は積極的な対外政策を行って領土を拡大し，各地に新たな郡を置いたが，この結果財政難となったため，**均輸法**（特産品の転売）・**平準法**（物価低落時に買い，高騰時に売る）や塩・鉄・酒の専売を実施した。　問4　③（**半両銭**）…半両銭は円形方孔の青銅貨幣で，秦の始皇帝によって統一通貨とされた。　問5　②（**楚**）…楚の名門出身である項羽は始皇帝死後挙兵し，農民出身の劉邦とともに秦を滅ぼしたが，その後劉邦と対立して敗れた。

12

4 問2 ⑥（漢）・問3 ④（郡国）…前漢の建国者である劉邦（高祖）は，郡県制と封建制の併用である郡国制で地方を統治した。しかし前漢はしだいに郡県制へと移行し，一族の反乱である呉楚七国の乱が鎮圧されると，第7代武帝の時代には事実上の郡県制となった。　問5 ⑦（王莽）・問6 ②（8）・問7 ④（赤眉）…前漢の外戚であった王莽は前漢を滅ぼし8年に新を建てた。しかし，周代を理想とした政治が社会混乱を招いて赤眉の乱などの農民反乱が起こり，混乱の中で新は滅亡した。　問8 ④（劉秀）・問9（1）②（光武帝）…劉秀（光武帝）は後漢の建国者で，赤眉の乱に乗じて挙兵し新滅亡後に漢を復興し，赤眉の乱を平定した。また彼は洛陽を都とした。なお，彼は57年に倭の奴国の王の朝貢に対して，「漢委奴国王」と刻された金印を与えた。　問10 ④（張角）・問11 ④（太平道）…太平道の教祖であった張角は184年に農民反乱の黄巾の乱を起こしたが，同年張角が病死し反乱は曹操らによって鎮圧された。　問13 ①（党錮の禁）…黄巾の乱は184年に勃発している。①党錮の禁は166, 169年。なお，166年には日南郡に大秦王安敦の使者と称するものが訪問した。この大秦王安敦はローマ皇帝マルクス＝アウレリウス＝アントニヌスとされている。②九品中正の開始は3世紀前半，③『五経大全』は明代に編纂された。④文字の獄は17世紀から中国を支配した清が行った思想弾圧，⑤貞観の治は唐の第2代太宗（李世民）の治世を讃える呼び名で，7世紀前半。

5 問1 ④…a三国時代の魏は成都ではなく洛陽に，呉は洛陽ではなく建業に，蜀は建業ではなく成都にそれぞれ都を置いた。b均田制は東晋ではなく北魏が創始した土地制度である。　問2 ①…b魏は，官吏登用法として郷挙里選ではなく九品中正（九品官人法）を創始した。郷挙里選は前漢の武帝の時代から行われた官吏登用制度である。　問4 ①…b南朝の一つである梁では，王羲之ではなく昭明太子が詩歌集である『文選』を編纂した。王羲之は東晋の書家で「書聖」と呼ばれ，代表作に「蘭亭序」がある。　問5 ①…b朝鮮半島では4世紀前半に，高句麗が楽浪郡を滅ぼし半島北部を支配したが，朝鮮半島全域を統一はしていない。3〜4世紀頃，朝鮮半島南部は馬韓・弁韓・辰韓に分かれており，4世紀半ばに馬韓に百済が，辰韓に新羅が成立した。なお，弁韓は加羅諸国が分立した。

💡 注意すべき正誤ポイント ▶▶

- 殷では，鉄器が使用された→**青銅器**
- 秦の始皇帝は，全国を郡国制で統治した→**郡県制**
- 前漢の武帝は，新たに半両銭と呼ばれる貨幣を発行した→**五銖銭**
- 後漢の党錮の禁では，宦官が官僚に弾圧された→**官僚が宦官に弾圧された**

6 ｜ 中国の古代文明〜秦・漢〜魏晋南北朝

7	**隋・唐と中国周辺民族史**

問題：本冊 p.30

1 問A **4** 問B **3** 問C **1** 問D **1** 問E **3** 問F **4** 問G **2**
　　問H **1** 問I **2**
2 問1 　[1]－ふ　[2]－せ　[3]－あ　[4]－な　[5]－は　[6]－け
　　　　　[7]－か
　　問2 　A **拓跋氏**　B **ソグド人**　C **ホスロー1世**　D **匈奴**
3 【1】**1**　【2】**1**　【3】**3**　【4】**4**
　　【5】**3**　【6】**2**　【7】**2**　【8】**5**

解説

1 問A　**4**…孔穎達（こうようだつ）に命じて『五経正義（ごきょうせいぎ）』を編纂させたのは，**隋の煬帝（ようだい）ではなく唐の太宗（李世民）**である。五経の注釈書である『五経正義』は科挙の解釈の基準となったが，そのため儒学の学説の固定化を招いた。　問B　**3（618）**…唐は618年に**李淵（りえん）（高祖（こうそ））**が隋に代わって建てた王朝で，**長安（ちょうあん）**を都とした。問C　**1（アッバース）**…バグダードは，アッバース朝の第2代マンスールがティグリス川中流域に造営し都とした都市。　問D　**1（貞観）**…唐の第2代**太宗（李世民）**の治世は唐は繁栄し平和であったため，その元号から「**貞観（じょうがん）の治**」と呼ばれて讃えられた。　問E　**3（都護府（とごふ））**・問F　**4（羈縻（きび））**…唐は，辺境地域を支配するために各地に**都護府**を置き，中央から都護を派遣したが，その下の都督（ととく）や刺史（しし）には服属した周辺民族の族長を任命し従来の部族制を維持させた。このような間接統治を**羈縻政策**という。　問G　**2（則天武后（そくてんぶこう））**…唐の第3代高宗の皇后であった則天武后は，高宗の晩年に政治の実権を握った。その後，子の中宗（ちゅうそう）・睿宗（えいそう）を相次いで廃位して皇帝に即位して，国号を周とした（**武周革命**）。なお，**則天武后は中国史上唯一の女性の皇帝**である。　問I　**2**…唐は，吐蕃（とばん）ではなく**ウイグル**の援助を得るなどして安史（あんし）の乱を鎮圧した。

2 問1　[1]－ふ　**（府兵制（ふへいせい））**…府兵制は，北朝の**西魏（せいぎ）**で創始された**兵農一致の徴兵制**で，隋唐にも継承された。しかし玄宗（げんそう）の時代には傭兵を用いる**募兵制（ぼへいせい）**が行われた。　[2]－せ　**（節度使（せつどし））**…節度使は辺境の募兵集団の指揮官で，安史の乱以後内地にも置かれ，軍政だけでなく民政も掌握して強大化し**藩鎮（はんちん）**と呼ばれるようになった。　[3]－あ　**（ウイグル）**…ウイグルはモンゴル高原のトルコ系遊牧民で，8世紀に**東突厥（ひがしとっけつ）**を滅ぼしてモンゴル高原を支配した。**安史の乱の際には唐を援助して鎮圧に協力した**。その後，9世紀に**キルギス**の攻撃を受けて滅亡した。　[4]－な　**（吐蕃（とばん））**…吐蕃は7世紀に**ソンツェン＝ガンポ**がチベットに建てた国家で，ラサを都とした。安史の乱後，長安を一時占領するなどしたが，9世紀に唐と和約を結んだ。　[5]－は　**（両税法（りょうぜいほう））**…両税法は，徳宗期の780年に宰相楊炎（ようえん）が献策した税制で，**夏秋2回，現住地の土地・資産に応じて課税する**もので，**銭納を原則**とした。　[6]－け　**（黄巣（こうそう））**…黄巣の乱は，塩の密売商人の王

14

仙芝と黄巣を指導者とする農民反乱で，この乱によって唐は事実上崩壊した。[7]-か（**後梁**）…**朱全忠**は黄巣の乱に加わり，のちに唐に降って節度使に任命された。その後907年に唐を滅ぼして後梁を建てた。　問2　A　**拓跋氏**…鮮卑の拓跋氏は鮮卑の一氏族で，拓跋珪（道武帝）が北魏を建国した。第3代**太武帝**は道士の**寇謙之**を重用して道教を国教化し，仏教を弾圧した。第6代の**孝文帝**は都を平城から**洛陽**に遷し，胡服・胡語を禁止するなどの**漢化政策**を行った。また彼は**均田制**や**三長制**を行った。　B　**ソグド人**…ソグド人はソグディアナ地方の**サマルカンド**を拠点に内陸交易で活躍したイラン系民族で，安史の乱を起こした安禄山と史思明はソグド系である。

3【1】**1（イラン）**…スキタイ人は前6世紀頃から黒海北岸で活動したイラン系遊牧民族で，内陸アジアの遊牧民に大きな影響を与えた。　【2】**1**…aスキタイが黒海北岸で活動を開始したのは前6世紀頃。b月氏が中国西北方面で活動を開始したのは前4～前3世紀頃と考えられている。c匈奴の冒頓単于が即位したのは前3世紀末のこと。なお，前2世紀前半に月氏は冒頓単于の攻撃を受け西へ移動し，中央アジア西部に大月氏国を建てた。　【3】**3**…敦煌は中国の甘粛省西部にある都市で，**前漢の武帝**によって郡が置かれた（敦煌郡）。また4世紀から石窟寺院の造営が開始された。　【4】**4**…b前漢の武帝が敦煌郡などの4郡を置いたのは，前2世紀後半。c後漢の班超が西域都護に任命されたのは後1世紀末。a鮮卑の一派である拓跋氏が建国した北魏で均田制が始まったのは，孝文帝時代の5世紀後半。　【5】**3**…b朝鮮半島の楽浪郡が高句麗に滅ぼされたのは，4世紀前半。a柔然がモンゴル高原で大きな勢力となったのは，5～6世紀。c突厥は6世紀に柔然を滅ぼし，勢力を拡大した。　【6】**2（ササン朝）**…モンゴル高原の遊牧民である突厥は6世紀に**ササン朝のホスロー1世**と結んで中央アジアの遊牧民である**エフタル**を滅ぼした。　【7】**2**…a突厥がササン朝と結んでエフタルを滅ぼしたのは6世紀後半。c大祚栄が高句麗の遺民などを率いて渤海を建国したのは7世紀末。bウイグルが，唐を援助して安史の乱を鎮圧するのを助けたのは8世紀後半。　【8】**5**…cソンツェン＝ガンポが吐蕃を建てたのは7世紀前半。a南詔が全盛期を迎えたのは8～9世紀。b大理が建国されたのは10世紀前半。

注意すべき正誤ポイント

唐の第6代玄宗の治世の前半は，×**貞観の治**と呼ばれる→**開元の治**
※貞観の治は，第2代太宗（李世民）の治世を指す。

7｜隋・唐と中国周辺民族史

| 8 | 宋・元 | 問題：本冊 p.34 |

1 A [a]-2 [b]-1 [c]-3
　　B 問1 3　問2 2　問3 3　問4 1
2 問1 [1]-s [2]-a [3]-o [4]-l [5]-h [6]-i [7]-m
　　問2 （ア）-フラグ　（イ）-ジャムチ　（ウ）-紅巾
　　問3 （A）-ワールシュタットの戦い　（B）-色目人

解説

1 A　**[a]-2（趙匡胤）**…趙匡胤は後周の武将で，960年に北宋を建国した。彼は**文治主義**を採用して皇帝独裁体制を整備した。　**[b]-1（開封）**…開封（汴京）は後唐を除く五代と北宋の都となった都市で，黄河と大運河の結節点にあり，交通の要衝として発展した。張択端の『清明上河図』は，開封の賑わいを描いたものとされる。　**[c]-3（淮河）**…南宋の秦檜は岳飛ら主戦派をおさえて金と和平を結び，淮河を境界とした。この和平は金を君，南宋を臣とする中国人にとって屈辱的な内容であった。　B　**問1　3（文帝）**…科挙は隋の建国者**文帝（楊堅）**が創設した，学科試験による官吏任用制度である。　**問2　2（形勢戸）**…形勢戸は宋代の新興地主層で，**佃戸**と呼ばれる小作人を使用した。また形勢戸からは官僚となるものが多く出た。なお，宋代以後の官僚を出した家のことを**官戸**という。　**問3　3（両税法）**…両税法は780年に唐の宰相楊炎の献策によって行われた税制。**問4　1（靖康の変）**…靖康の変は，1126～27年に，**金が開封を占領し，上皇の徽宗と皇帝の欽宗を北方に連れ去った事件**。これによって北宋は滅亡した。

2 問1　**[1]-s（ウイグル）**…ウイグルはトルコ系遊牧民で，9世紀に遊牧民の**キルギス**によって滅ぼされた。　**[2]-a（遼）**…遼はモンゴル系遊牧民の**契丹**の**耶律阿保機**が10世紀にモンゴル高原に建てた国家で，五代の後晋の建国を援助した見返りに**燕雲十六州**を獲得した。1004年には北宋と**澶淵の盟**を結び，毎年北宋から銀・絹を得たが，12世紀前半に北宋と金の連合軍に敗れて滅亡した。その後，一族の**耶律大石**が中央アジアに**西遼（カラキタイ）**を建てた。　**[3]-o（金）**…金は，ツングース系**女真**の**完顔阿骨打**が12世紀に建てた国家で，中国東北地方を支配した。北宋と結んで金を滅ぼしたのち靖康の変で北宋を滅ぼした。のち南宋と和平を結んだが，モンゴル帝国の第2代**オゴタイ＝ハン**によって1234年に滅ぼされた。　**[4]-l（ナイマン）**…ナイマンはモンゴル高原西部の部族で，チンギス＝ハンの攻撃を受けたのち中央アジアに逃れた一族が西遼を奪ったが，チンギス＝ハンによって滅ぼされた。　**[5]-h（ホラズム）**…ホラズム朝はセルジューク朝から独立してアム川下流域に成立したトルコ系イスラーム国家で，ゴール朝を滅ぼしてアフガニスタンに進出し，さらにイランにも進出したが，モンゴルによって滅ぼされた。　**[6]-i（西夏）**…西夏は11世紀にチベッ

16

ト系タングート（党項）の**李元昊**が中国北西部に建てた国家で，東西交通の要衝をおさえ中継貿易で繁栄した。11世紀半ばには北宋と和約を結んで銀や絹などを得たが，モンゴルによって滅ぼされた。　[7] - m（**パガン朝**）…パガン朝は，11世紀に成立した**ミャンマー（ビルマ）**初の統一王朝で，上座部仏教を受容した。13世紀に**フビライ = ハン**の時代の元の攻撃を受け滅亡へと向かった。　**問2**
（ア）- **フラグ**…フラグは第4代ハンのモンケ = ハンの命を受けて西方へ遠征し，1258年に**アッバース朝**を滅ぼし，タブリーズを都とする**イル = ハン国**を建てた。
（イ）- **ジャムチ**…ジャムチはチンギス = ハンの時代から整備された**モンゴル帝国の駅伝制**で，東西交流に大きな役割を果たした。一定区間ごとに駅が設けられ，馬などが提供された。　（ウ）- **紅巾**…紅巾の乱は韓林児を首領として起こった農民反乱で，**白蓮教徒の乱**とも呼ばれる。この乱の中から台頭した**朱元璋**が明を建国した。明によってモンゴルに追われた元は**北元**と呼ばれたが，明の攻撃を受けて滅亡した。　**問3**　（A）- **ワールシュタットの戦い**…ワールシュタットの戦いは，1241年にバトゥ率いるモンゴル軍と，ドイツ・ポーランド連合軍の間で行われた戦いで，**リーグニッツの戦い**とも呼ばれる。この戦いでバトゥは勝利したが，オゴタイ = ハンの死の報を受け撤退し，南ロシアに**サライ**を都とする**キプチャク = ハン国**を建てた。　（B）- **色目人**…色目人は「いろいろな種類の人」という意味。モンゴル人・漢人（旧金治下の人々）・南人（旧南宋治下の人々）以外の人々を指し，**主に中央アジア・西アジア出身者**のことであるが，ヨーロッパ出身の人々も含む。元朝ではモンゴル人に次ぐ地位を占め，財務・文化面で活躍した。

👆 私大標準よく出るポイント① 》 宋の文治主義

- 科学制の整備：「州試〔解試〕（地方）→省試（中央）→**殿試**」の3段階に
- **殿試**…皇帝自らが試験官となって行う科挙の最終試験
- 節度使の欠員を文官で補充→**禁軍**（中央の軍）の強化

💡 注意すべき正誤ポイント 》

- 王安石の新法の一つの青苗法は，_×**中小商人**への低利融資を行う〜→**中小農民**
  ※中小商人への低利融資は**市易法**
- 北宋は，_×**靖難の役**によって滅亡し〜→**靖康の変**
  ※靖難の役は明の出来事

👆 私大標準よく出るポイント② 》 フビライ = ハンの対外進出

- 遠征に成功した地域…中国南部（**南宋**を滅ぼす）
  　　　　　　　　　　ミャンマー〔ビルマ〕（**パガン朝**を滅亡に追い込む）
- 遠征に失敗した地域…日本（**鎌倉幕府**）・ベトナム（**陳朝**）・ジャワ

8 | 宋・元　17

9 ▶ 明・清

問題：本冊 p.36

1 問1 ① 問2 ④ 問3 ③ 問4 ④
問5 (1) ④ (2) ① (3) ⑤ (4) ①
2 問1 b 問2 b 問3 a 問4 b 問5 a 問6 b 問7 c

解説

1 問2 ④（建文）…明の第2代建文帝は洪武帝の孫で，各地の諸王らの勢力削減を図ったが，これに対し洪武帝の子の燕王朱棣が反乱を起こし，都の**南京**を攻略して第3代**永楽帝**として即位した（**靖難の役**，1399〜1402）。永楽帝は**内閣大学士**を設置して皇帝親政体制を補佐させ，都を南京から**北京**に遷した。対外的にはモンゴルへの親征を行い，陳朝滅亡後のベトナムを支配した。また**鄭和**に南海遠征をおこなわせた。鄭和は**イスラーム教徒の宦官**で，永楽帝の命で南海遠征を行い，分遣隊はメッカやアフリカ東岸の**マリンディ**に到達した。　問3 ③（張居正）…張居正は**万暦帝**時代の政治家で，対外的にはアルタン＝ハンと和議を結び軍事費を節約し，国内では財政再建につとめた。　問4 ④（李自成）…17世紀前半に農民反乱の李自成の乱が起こり，皇帝**崇禎帝**が自害して1644年に明は滅亡した。　問5 (1) ④（『金瓶梅』）…『金瓶梅』は明代に書かれた小説で，『西遊記』『三国志演義』『水滸伝』とともに中国の**四大奇書**の一つとされる。①『西廂記』は元代の元曲（戯曲）で王実甫の作，②『儒林外史』は清代の小説で呉敬梓の作，③『紅楼夢』は清代の小説で曹雪芹の作，⑤『長生殿伝奇』は清代の戯曲で洪昇の作である。　(2) ①（王陽明）…王陽明（王守仁）は宋学（朱子学）を批判し，**陽明学**を成立させ「**心即理**」を唱えた。　(3) ⑤（『本草綱目』）…『本草綱目』は明の**李時珍**による薬物書。その他明代の実学書としては徐光啓の農書である『農政全書』や宋応星による産業技術書である『天工開物』がある。　(4) ①（董其昌）…董其昌は明末の画家で，**南宗画**の理論を大成させた。

2 問1 b（アルタン＝ハン）…タタール（韃靼）のアルタン＝ハンは，1550年に北京を包囲した。その後明と和したのち黄帽派のチベット仏教に帰依し，その指導者に**ダライ＝ラマ**の称号を与えた。　問3 a…緑営は満州人ではなく漢人による清の正規軍で，八旗の補助軍として治安維持などを担当した。b・c・d…女真人を統一し後金を建国した**ヌルハチ**は，独自の軍事組織である**八旗**を編成し，これが軍事の中核となった。後金の第2代ホンタイジはモンゴル人による**蒙古八旗**と，漢人による**漢軍八旗**を編成した。　問4 b（ホンタイジ）…後金の第2代ホンタイジは内モンゴルの**チャハル部**を制圧したのを機に**国号を清と改**めた。また彼は**朝鮮王朝**を属国化した。　問5 a（台湾）…清は中国・東北地方・台湾を直轄地とし，その一方で内モンゴル・外モンゴル・新疆（東トルキスタン）・チベットを藩部とし大幅な自治を認めた。この藩部の事務の処理を行ったのが**理**

18

藩院である。

私大標準よく出るポイント① ▶ 明の洪武帝（朱元璋，位 1368 ～ 98）の業績

- **中書省**廃止（**丞 相**廃止）…皇帝独裁体制の確立
- **衛所制**…兵農一致，**軍戸**が軍役に服す
- **里甲制**…徴税・治安維持が目的，民戸 110 戸で 1 里を編成
- **六諭**…儒教的教訓（民衆教化が目的）　※ 里老人…里内の民衆教化担当
- 土地・税制…**魚鱗図冊**（土地台帳）・**賦役黄冊**（戸籍兼租税台帳）
- **海禁**政策…民間人の貿易を禁止，朝貢貿易のみを認める
- その他：**朱子学官学化**，**科挙**実施，**大明律・大明令**，**一世一元の制**

私大標準よく出るポイント② ▶ 清の康熙帝・雍正帝・乾隆帝の業績

- **康熙帝**（聖祖，位 1661 ～ 1722）
  - **三藩の乱**（1673 ～ 81）…藩王**呉三桂**らの乱→鎮圧
  - **鄭氏台湾**平定（1683）…**遷界令**（沿海住民を内陸部に強制移住）
    - →制圧・直轄領に…中国統一完成
  - **ネルチンスク条約**（1689）…〈露〉**ピョートル 1 世**と締結
    - →アルグン川・外興安嶺を国境
  - **地丁銀**…人頭税を土地税に繰り入れ一括して銀納→人頭税の事実上の廃止
  - **ジュンガル部**に親征→外モンゴル・チベットを服属させる
  - **典礼問題**→イエズス会以外の布教を禁止
- **雍正帝**（世宗，位 1722 ～ 35）…**地丁銀**がほぼ全国で実施される
  - **キャフタ条約**（1727）…外モンゴルの国境の画定，国境貿易
  - **軍機処**…ジュンガル部討伐に際し設置→のち内閣に代わる政務の最高機関に
  - **キリスト教布教を全面禁止**（1724）
- **乾隆帝**（高宗，位 1735 ～ 95）
  - **最大領土実現**…ジュンガル・回部平定→のち**新疆**と改称
  - **理藩院**整備…藩部を管理する機関
  - 貿易港を**広州**一港に限定（1757），**公行**（特許商人組合）による貿易独占

注意すべき正誤ポイント ▶

- オイラトの ×**アルタン＝ハン**は土木の変で正統帝を捕虜とした→**エセン（＝ハン）**
- 明代に新税制の ×**地丁銀**が施行された→**一条鞭法**
  ※地丁銀は清代に実施された税制

2章　諸地域世界の交流

10 **イスラーム世界（ムハンマド～イスラーム独立王朝）** 問題：本冊 p.38

---

1 問1 ［ア］-**メッカ** ［イ］-**メディナ** ［ウ］-**ミスル** ［エ］-**ジズヤ**
　　問2 **ダマスクス**　　問3 **マワーリー**
　　問4 **『千夜一夜物語（アラビアン＝ナイト）』**
　　問5 **軍人や官僚に，俸給に代えて分与地の徴税権を与えた制度。**
2 問1 **①**　問2 **②**　問3 **①**　問4 **④**　問5 **①**　問6 **②**　問7 **③**
3 A ［a］-**3** ［b］-**4** ［c］-**4**　B **3**

解説

1 問1 ［ア］-**メッカ**・［イ］-**メディナ**…イスラーム教を創始した**クライシュ族**ハーシム家の**ムハンマド**は，出身地のメッカで布教活動を行った。しかしメッカの支配者階級から迫害を受けたため，622年に信者とともに北方のメディナに移住した。この出来事を**ヒジュラ（聖遷）**といい，この年は**イスラーム暦元年**とされる。　［ウ］-**ミスル**…ミスルはイスラーム勢力が征服活動にともなって建設した軍営都市で，代表的なものとしてはイラクの**クーファ**や**バスラ**，エジプトの**フスタート**などがある。　［エ］-**ジズヤ**…ジズヤはイスラーム世界における**人頭税**で，初期はユダヤ教徒やキリスト教徒といった「**啓典の民**」に対して信仰の自由と引き換えに課せられたものであったが，しだいに征服地の異教徒全てに課せられるようになった。　問2 **ダマスクス**…ダマスクスはシリアの中心都市。第4代正統カリフである**アリー**暗殺後シリア総督**ムアーウィヤ**がカリフとなり創始された**ウマイヤ朝**の都となった。　問3 **マワーリー**…マワーリーは**非アラブ人のイスラーム改宗者**のこと。ウマイヤ朝時代，アラブ人のイスラーム教徒は免税であったが，マワーリーはイスラーム教に改宗しても人頭税のジズヤと地租のハラージュを課せられたため不満を高めており，このことがウマイヤ朝滅亡の一因となった。　問4 **『千夜一夜物語（アラビアン＝ナイト）』**…『千夜一夜物語（アラビアン＝ナイト）』は，アラビア語で書かれた説話集で，インド・イラン・アラビアなど各地の説話から成り立っている。　問5 **イクター制**は，**軍人や官僚に，従来の俸給（アター）に代えて分与地の徴税権を与えた制度**。ブワイフ朝で開始され，セルジューク朝によって整備された。

2 問1 **①**…b. イスラーム教の経典である『**コーラン（クルアーン）**』は，ムハンマドの時代に刊行されたのではなく，第3代正統カリフの**ウスマーン**の時代に現在の形に編纂された。　問2 **②**…a. カリフはムハンマドの後継者のことで，ムハンマドの死後イスラーム教徒の推挙によって選出された。この推挙によって選出された4人のカリフを正統カリフといい，彼らを指導者とする時代を正統カリフ時代という。なお，最後の正統カリフであるアリーが暗殺されたのちカリフとなったムアーウィヤ以降，カリフ位は世襲化された。　問3 **①**…b. ウマイヤ朝滅亡後その一族がイベリア半島に建てた後ウマイヤ朝は，都をグラナ

20

ダではなくコルドバに置いた。グラナダを都としたイスラーム王朝はナスル朝で，グラナダにアルハンブラ宮殿を造営した。　**問4**　**④**…a. **サーマーン朝**は，9世紀後半にエジプトではなく**中央アジア**に成立し，都を**ブハラ**に置いた。のち10世紀末に**カラハン朝**によって滅ぼされた。**問5**　**①**…b. 北アフリカに建てられた**ムラービト朝**はトンブクトゥではなく**モロッコのマラケシュ**に都を置いた。なお，ムラービト朝を滅ぼした**ムワッヒド朝**も都をマラケシュに置いた。**トンブクトゥ**はニジェール川中流の都市で，マリ王国・ソンガイ王国の中心都市として栄えた。　**問6**　**②**…a. **フラグ**はアッバース朝を滅ぼし，キプチャク＝ハン国ではなく**イル＝ハン国**を建てた。キプチャク＝ハン国はモンゴルのバトゥが南ロシアに建てた国家。

3　A　[a]－**3（マドラサ）**…マドラサは**イスラーム世界の学院**で，ここで養成された学者を**ウラマー**という。　[b]－**4（世界史序説）**…『世界史序説』は**イブン＝ハルドゥーン**が著した歴史書で，農耕民と遊牧民の関係を軸に歴史の発展法則を説いた。　[c]－**4（四行詩集）**…『**ルバイヤート**』は，イランの詩人**ウマル＝ハイヤーム**が著した四行詩集。なおウマル＝ハイヤームは科学者でもあり，ジャラリー暦の制定にも参加した。B　**3（スーフィー）**…スーフィーは**イスラーム神秘主義者**で，神との合一を求めた。その思想を**スーフィズム**といい，多くの神秘主義教団がつくられ，イスラーム教の拡大に貢献した。

✋ 私大標準よく出るポイント ▶ 正統カリフ時代〜アッバース朝のおもな戦い

- **正統カリフ時代**（632 〜 661）
  - **ニハーヴァンドの戦い**（642）…ササン朝ペルシアを撃破
- **ウマイヤ朝**（661 〜 750）
  - **トゥール・ポワティエ間の戦い**（732）…フランク王国のカール＝マルテルに敗北
- **アッバース朝**（750 〜 1258）
  - **タラス河畔の戦い**（751）…唐軍を撃破→**製紙法**が西方世界に伝わる

💡 注意すべき正誤ポイント ▶

- 非イスラーム教徒には，ₓ**ハラージュ**と呼ばれる人頭税が課せられた→**ジズヤ**
  ※ハラージュは地租
- 奴隷王朝は，ₓ**アクバル**によって成立した→**アイバク**
  ※アクバルはムガル帝国の第3代皇帝

10 ｜ イスラーム世界（ムハンマド〜イスラーム独立王朝）　21

11 イスラーム専制王朝

問題：本冊 p.40

> **1** 問1 [1] - **ティムール** [2] - **バヤジット 1 世** [3] - **サファヴィー**
> [4] - **バーブル** [5] - **アウラングゼーブ**
> 問2 **アグラ**
> **2** A [a] - **イスマーイール 1 世** [b] - **十二イマーム** [c] - **シャー**
> [d] - **アッバース 1 世** [e] - **世界の半分** B **ホルムズ島**
> **3** 問1 **2** 問2 **1** 問3 **4** 問4 **3**

解説

1 問1 [1] - **ティムール**…ティムールは 1370 年に**サマルカンド**を都とするティムール朝（ティムール帝国）を建てた。彼は 1402 年の**アンカラ（アンゴラ）の戦い**でオスマン帝国軍を破り，スルタンの**バヤジット 1 世**を捕虜とした。その後明への遠征を企図したが，その途上中央アジアで病死した。 [2] - **バヤジット 1 世**…バヤジット 1 世はオスマン帝国のスルタンで，1396 年の**ニコポリスの戦い**でハンガリー王ジギスムント率いるヨーロッパ連合軍を撃破した。しかし 1402 年の**アンカラの戦い**では**ティムール**に敗れて捕虜となり，この結果帝国は一時中断した。 [3] - **サファヴィー**…サファヴィー朝は 1501 年に神秘主義教団であるサファヴィー教団の長**イスマーイール 1 世**によって建てられた王朝で，都を**タブリーズ**に置いた。アッバース 1 世の時代に最盛期を迎えたが，18 世紀前半にアフガン人によって事実上滅亡した。 [4] - **バーブル**…バーブルはティムールの子孫で，ティムール帝国滅亡後インドに進出し，**パーニーパットの戦い**でロディー朝を破って**ムガル帝国**を成立させた。[5] - **アウラングゼーブ**…アウラングゼーブは**ムガル帝国の最大領土**を実現したが，厳格なスンナ派政策をとり**ジズヤを復活**したことなどから諸民族の反乱を招いた。 問2 **アグラ**…ムガル帝国は都をデリーに置いていたが，ムガル帝国の第 3 代アクバルはアグラを都とした。なお，第 5 代シャー ＝ ジャハーンは，アグラに**タージ ＝ マハル**を建立した。

2 A [a] - **イスマーイール 1 世**…**1** 問1 [3] の解説参照。 [b] - **十二イマーム**…十二イマーム派はシーア派の主流をなす宗派で，**サファヴィー朝で国教化**された。なお，**イスマーイール派**はシーア派の過激派で，**ファーティマ朝が国教**とした。 [d] - **アッバース 1 世**…アッバース 1 世はサファヴィー朝最盛期の王で，16 世紀前半にポルトガルに奪われた**ホルムズ島**を奪回し，都を**イスファハーン**に遷した。またイスファハーンには**イマームのモスク**が建立された。

3 問1 **2**…**1** 問1 [4] の解説参照。 問2 **1（ティムール）**…**1** 問1 [1] の解説参照。 問3 **4（メフメト 2 世）**…メフメト 2 世は，1453 年に**コンスタンティノープル**を占領し，ビザンツ帝国を滅亡させた。 問4 **3**…スレイマン 1 世が戦ったのは 1571 年の**レパントの海戦**ではなく 1538 年の**プレヴェザの海戦**

で，この戦いでスレイマン1世はスペイン・ヴェネツィア・ローマ教皇の連合艦隊を破った。

> 💡 **注意すべき正誤ポイント**
>
> ムガル帝国第3代のアクバルはジズヤを ~~復活~~ した→**廃止**
> ※ジズヤを復活させたのは第6代のアウラングゼーブ

> 👆 **私大標準よく出るポイント①** 　オスマン帝国の代表的なスルタンとその事績
>
> - **バヤジット1世**（位1389～1402）
>   ・**ニコポリスの戦い**（1396）…ハンガリー王ジギスムント率いるヨーロッパ連合軍を撃破
>   ・**アンカラの戦い**（1402）…小アジアで大敗→**ティムール**に捕らえられる
> - **メフメト2世**（位1444～46, 51～81）
>   ・**コンスタンティノープル占領**（1453）…ビザンツ帝国を滅ぼす→コンスタンティノープルに遷都（**イスタンブル**に）
> - **セリム1世**（位1512～20）
>   ・**マムルーク朝征服**（1517）→聖都メッカ・メディナの管理権獲得
> - **スレイマン1世**（位1520～66）…最盛期
>   ・モハーチの戦い（1526）…ハンガリー征服
>   →**第1次ウィーン包囲**（1529）…失敗
>   ・フランス（フランソワ1世）と同盟…神聖ローマ皇帝**カール5世**に対抗
>   ・**プレヴェザの海戦**（1538）…スペイン・ヴェネツィア・ローマ教皇の連合艦隊撃破→地中海の覇権確立
>   ・イスタンブルに**スレイマン＝モスク**建設
> - **セリム2世**（位1566～74）
>   ・**カピチュレーション**（治外法権などの特権）をフランスに対し正式に付与
>   ・**レパントの海戦**（1571）…スペイン・ヴェネツィア・ローマ教皇の連合艦隊に敗北→地中海の覇権が一時的に後退

> 👆 **私大標準よく出るポイント②** 　オスマン帝国の制度・社会
>
> - **デヴ（ウ）シルメ制**…キリスト教徒を改宗させ，教育・訓練を施して徴用
> - **イェニチェリ**…スルタン直属の常備歩兵軍
> - **ティマール制**…騎士（シパーヒー）に軍事奉仕の代償として徴税権を与える
> - **ミッレト**…非イスラーム教徒の共同体。信仰・自治を認める代償に貢納の義務を負わせる

11 | イスラーム専制王朝

12 中世ヨーロッパ①

問題：本冊 p.42

1	問1 ①	問2 ⑤	問3 ②	問4 ③	問5 ①
	問6 ④	問7 ③	問8 ①	問9 ②	
2	問1 ①	問2 ②	問3 ①	問4 ④	問5 ②	問6 ③	問7 ③
3	問1 3	問2 1	問3 4	問4 4	問5 3	問6 2

解説

1 問4　③（タキトゥス）…タキトゥスはゲルマン人の風俗・習慣などを記録した『ゲルマニア』や歴史書『年代記』を著した。　問6　④（フン人）…フン人が西ゴート人を圧迫すると西ゴート人は375年に移動を開始し，ここにゲルマン人の大移動が開始された。王アッティラは大帝国を建設し西ローマに侵入したが，451年のカタラウヌムの戦いで西ローマ・西ゴートなどの連合軍に敗れた。　問8　①（ウマイヤ）…**2**問5の解説参照。　問9　②（クヌート〔カヌート〕）…クヌートはデーン人の王で，11世紀前半にイングランドを征服してデーン朝を創始した。また彼は，デンマーク・ノルウェーも支配した。

2 問1　①（ヴァンダル族）…ヴァンダル族は北アフリカに，②の東ゴート族はイタリアに，③の西ゴート族はイベリア半島に，④のブルグンド族はガリア（現在のフランス）の東南部にそれぞれ建国しているので，**最も南に移動・建国したのはヴァンダル族**となる。　問2　②（クローヴィス）・問3　①（アタナシウス派）…クローヴィスはフランク人を統一し，481年にメロヴィング朝を創始した。5世紀末にはアタナシウス派に改宗した。　問5　②（ウマイヤ朝）…661年にムアーウィヤによって成立したウマイヤ朝は，北アフリカを支配したのちイベリア半島に進出し，711年にゲルマン人国家の**西ゴート王国**を滅ぼした。その後フランク王国に侵入したが，732年のトゥール・ポワティエ間の戦いで，フランク王国のカロリング家の宮宰カール＝マルテルに敗北した。　問6　③…カール＝マルテルの子ピピンは，**教皇の反対を押し切ってではなく教皇の支持を背景に王朝の交代を進め**，751年メロヴィング朝を滅ぼしてカロリング朝を創始した。その後，ピピンは北イタリアのランゴバルド王国から奪ったラヴェンナ地方をローマ教皇に寄進した。これがローマ教皇領の起源とされる。　問7　③…カール大帝によって滅ぼされた**ランゴバルド王国**は，北イタリアのゲルマン人国家。①はフランク王国，②ブルグンド王国，④西ゴート王国を示す。

3 問3　4…エフェソス公会議で聖像崇拝論争が禁止されたという事実はない。　問4　4…アリウス派は，325年のニケーア公会議で異端とされ追放されている。　問5　3（ハインリヒ4世）…神聖ローマ皇帝ハインリヒ4世は，教皇グレゴリウス7世と聖職叙任権をめぐって争った（〔聖職〕叙任権闘争）。1077年，グレゴリウス7世に破門されたハインリヒ4世はイタリアのカノッサで教皇に

謝罪し許された。この出来事を**カノッサの屈辱**といい，教皇権上昇の契機となった。叙任権闘争はその後も続いたが，**1122年のヴォルムス協約**によって教皇と皇帝の妥協が成立し一応の終結をみた。

👆 私大標準よく出るポイント① ▶ 中世ヨーロッパの修道院・修道会

- **モンテ＝カシノ修道院**（6C，イタリア中部）…**ベネディクトゥス**が設立
  - 聖ベネディクトゥスの戒律…**「祈り，働け」** 服従・清貧・純潔
- **クリュニー修道院**（10C，フランス）
  - 世俗化した修道院の刷新運動の中心→聖職叙任権闘争に影響
- **シトー修道会**（11C，フランス中部）…荒地の開墾→大開墾運動の中心
- 托鉢修道会（13C）
  - フランチェスコ修道会（イタリア）・**ドミニコ修道会**（フランス）

👆 私大標準よく出るポイント② ▶ 中世ヨーロッパの代表的な教皇

- **グレゴリウス1世**（位590〜604）…**ゲルマン人への布教推進**
- **レオ3世**（位795〜816）…**カールの戴冠**（800）
- **グレゴリウス7世**（位1073〜85）
  - **カノッサの屈辱**（1077）…神聖ローマ皇帝**ハインリヒ4世**を破門→皇帝謝罪
- **ウルバヌス2世**（位1088〜99）…**クレルモン宗教会議**（1095）で十字軍提唱
- **インノケンティウス3世**（位1198〜1216）…教皇権絶頂期
  - イギリス王**ジョン**を破門，フランス王**フィリップ2世**を屈服させる
  - **第4回十字軍**，アルビジョワ十字軍提唱
- **ボニファティウス8世**（位1294〜1303）
  - フランス王**フィリップ4世**に監禁され，のち憤死（**アナーニ事件**〔1303〕）

💡 注意すべき正誤ポイント ▶▶▶

- 中世ヨーロッパの封建制は，古ゲルマンの×**恩貸地制**とローマ帝国末期の×**従士制**が結合したものである→古ゲルマンの**従士制**とローマ帝国末期の**恩貸地制**
- ヨーロッパの封建制は，×**血縁関係を中心としたもの**であり，×**複数の主君との契約は認められなかった**→**契約に基づく双務的な関係，複数の主君との契約も可能**
- 農奴は，×**諸侯や騎士**に対して十分の一税を納めた→**教会**

---

12 ｜ 中世ヨーロッパ① 　25

> 13 ▶ **中世ヨーロッパ②**
>
> 問題：本冊 p.45
>
> **1** A [a]－エルベ [b]－イベリア [c]－セルジューク
>   [d]－ウルバヌス2世 [e]－アイユーブ
>   [f]－インノケンティウス3世 [g]－ラテン帝国
>   B ア 三圃制 イ ヨハネ騎士団
> **2** A [a]－フィリップ4世 [b]－シスマ   B アナーニ事件
> **3** 問1 [A]－ロンバルディア [B]－帝国 問2 重量有輪犂
>   問3 大空位時代 問4 同職ギルド（ツンフト）
>   問5 ア ヨーマン イ ペスト（黒死病） ウ ジャックリーの乱
> **4** A [a]－1154 [b]－ヘンリ2世 [c]－ヴァロワ
>   [d]－エドワード3世 [e]－シャルル7世 [f]－カレー
>   [g]－テューダー
>   B オルレアン
> **5** 問 [ア]－c [イ]－a [ウ]－k [エ]－l [オ]－m [カ]－d

解説

1 A [a]－**エルベ**…東方植民によって，**ブランデンブルク辺境伯領**やドイツ**騎士団領**が成立した。 [e]－**アイユーブ**…アイユーブ朝の**サラディン**はキリスト教勢力からイェルサレムを奪回した。これに対して第3回十字軍が行われ，イギリス王**リチャード1世**はサラディンと戦ったが，イェルサレムは奪回できなかった。

2 A [a]－**フィリップ4世**…フィリップ4世は聖職者課税問題をめぐり教皇ボニファティウス8世と対立した。彼は1302年に三部会を召集して人々の支持を得，翌1303年にボニファティウス8世を捕らえた（**アナーニ事件**）。またフィリップ4世は，1309年にローマの教皇庁を南フランスの**アヴィニョン**に移転し，教皇をフランス王の監視下に置いた。このことを「**教皇のバビロン捕囚**」といい，これは14世紀後半まで続いた。 [b]－**シスマ**…14世紀後半に教皇庁がローマに戻ると，別の教皇がアヴィニョンに擁立され互いに正統性を主張したためカトリック教会が分裂した。このことを大シスマ（**教会大分裂**, 1378 ~ 1417）といい，これによって教会の権威は失墜した。その後教会大分裂は**コンスタンツ公会議**で解消された。なお，この公会議では**ウィクリフ**と**フス**が異端とされ，フスは火刑に処された。 B **アナーニ事件**…**2** A [a] の解説参照。

3 問1 [A]－**ロンバルディア**…ロンバルディア同盟は，神聖ローマ皇帝のイタリアへの遠征（イタリア政策）に対抗するために北イタリア諸都市が結成した同盟で，ミラノが中心であった。 [B]－**帝国**…帝国都市はドイツの自治都市で，自由都市とも呼ばれる。なお，イタリアの自治都市のことを**コムーネ**という。

問3　大空位時代…シュタウフェン朝が断絶すると，神聖ローマ帝国は事実上皇帝不在となった。この時期を「大空位時代」（1254〔56〕〜73）という。その後，1356年に皇帝**カール4世**は皇帝選出権を7人の選帝侯がもつことを定めた**金印勅書**を発布したが，**15世紀前半からはハプスブルク家が皇帝位を世襲**した。
問4　同職ギルド（ツンフト）…同職ギルドは手工業者たちが結成した同業組合で，商人の同業組合である商人ギルドが市政を独占していたことに反発して結成された。彼らは商人ギルドと争い，市政に参加するようになることもあった。この争いのことを，**ツンフト闘争**という。なお，手工業者は親方・職人・徒弟という格差があり，親方のみがギルド員であった。　**問5　ア　ヨーマン・イ　ペスト（黒死病）**…領主に対する解放金の支払いや，ペスト流行の結果労働人口が減少したため領主が農民の地位を向上させたことによって農奴解放が進み，これによって独立自営農民となるものが現れた。彼らのことをイギリスではヨーマンと呼ぶ。

4　A　**[a]-1154・[b]-ヘンリ2世**…1154年にイギリスのノルマン朝が断絶すると，フランスの貴族アンジュー伯アンリがヘンリ2世として即位し，プランタジネット朝が成立した。　**[c]-ヴァロワ・[d]-エドワード3世**…フランスのカペー朝が断絶すると，フィリップ6世がヴァロワ朝を創始した。これに対して，フィリップ4世の孫にあたるイギリス王エドワード3世がフランス王位継承を主張し，英仏間で百年戦争（1339〜1453）が始まった。なお，**この戦争は毛織物の生産地であるフランドル地方と，ワインの産地であるギュイエンヌ地方の争奪**という面もあった。　**[e]-シャルル7世・[f]-カレー**…百年戦争は，14世紀にはエドワード3世の息子**エドワード黒太子**の活躍もありイギリスが優勢であった。しかし15世紀にフランス農民の娘ジャンヌ＝ダルクが登場し**オルレアン**を解放するとフランスが次第に優勢となり，イギリスはカレーを除く大陸領を失い敗北した。　**[g]-テューダー**…1455年からイギリスでは**ランカスター家**と**ヨーク家**の王位争いである**バラ戦争**が起こった。この戦争をヘンリ＝テューダーが収拾し，1485年にテューダー朝を創始して**ヘンリ7世**として即位した。
B　オルレアン…**4　A**　[e]・[f]の解説参照。

5　問　**[ウ]-k（ムラービト）・[エ]-l（ムワッヒド）**…ムラービト朝とムワッヒド朝は北アフリカの王朝で，イベリア半島に進出してキリスト教勢力と戦った。　**[カ]-d（グラナダ）**…グラナダはイベリア半島最後のイスラーム教国であるナスル朝の都で，アルハンブラ宮殿が造営された。しかし1492年にスペインの攻撃によってグラナダが陥落し，ナスル朝は滅亡した。

💡 ▶▶▶ **注意すべき正誤ポイント**

- 中世都市のギルドでは，自由競争が ✕**奨励された**→**禁じられた**
- ポルトガルは ✕**アラゴン王国**から独立して成立した→**カスティリャ王国**

13 ｜ 中世ヨーロッパ②　27

2章

諸地域世界の交流

| **14** | 中世ヨーロッパ③ | 問題：本冊 p.48 |

1 問1　[イ]-476　[ロ]-ユスティニアヌス　[ハ]-ヴァンダル
　　　[ニ]-東ゴート　[ホ]-西ゴート　[ヘ]-ローマ法大全
　　　[ト]-ハギア＝ソフィア　[チ]-ギリシア　[リ]-モザイク
　　　[ヌ]-ウラディミル1世　[ル]-1453
　　問2　聖像禁止令　　問3　ヴェネツィア
2 問1　2　問2　3　問3　1　問4　5　問5　0　問6　4

解説

1 問1　**[イ]-476**…西ローマ帝国は，ゲルマン人の傭兵隊長**オドアケル**によって476年に滅亡した。　**[ロ]-ユスティニアヌス・[ハ]-ヴァンダル・[ニ]-東ゴート・[ホ]-西ゴート**…ユスティニアヌス帝は北アフリカに建国されたヴァンダル王国とイタリアに建国された東ゴート王国を滅ぼし，イベリア半島の西ゴート王国から領土を奪うなど，地中海世界を一時再統一した。なお，ヴァンダル王国・東ゴート王国・西ゴート王国はいずれもゲルマン人国家である。　**[ヘ]-ローマ法大全**…ユスティニアヌスは，**トリボニアヌス**らに命じて十二表法以来のローマ法を集大成した『ローマ法大全』を編纂させた。　**[ト]-ハギア＝ソフィア**…ハギア（セント）＝ソフィア聖堂はビザンツ帝国の都コンスタンティノープルに建立されたビザンツ式の教会で，オスマン帝国によるコンスタンティノープル陥落後，聖堂はイスラームのモスク（礼拝堂）となった。　**[チ]-ギリシア**…ビザンツ帝国はイタリア半島を失ったことなどから，**7世紀にギリシア語を公用語**とした。　**[リ]-モザイク**…モザイク壁画は宝石や貝殻などを壁に埋め込んで描く壁画で，ビザンツ様式の特色のひとつである。**イタリアのラヴェンナにあるサン＝ヴィターレ聖堂には，ユスティニアヌスと皇妃テオドラのモザイク壁画が残されている。**　**[ヌ]-ウラディミル1世**…キエフ公国のウラディミル1世は，ビザンツ帝国の皇帝の妹と結婚したことから，**ギリシア正教**に改宗した。**[ル]-1453**…ビザンツ帝国は，1453年にオスマン帝国の**メフメト2世**によってコンスタンティノープルを占領されて滅亡した。　問2　**聖像禁止令**…ビザンツ皇帝**レオン3世**は，偶像崇拝を禁止するイスラーム教徒への対抗などから726年に聖像禁止令を発布した。これに対して，**ゲルマン人への布教に聖像を用いるローマ教会が反発し，東西教会は分離へと向かった。**　問3　**ヴェネツィア**…ヴェネツィアは北イタリアの海港都市で，**東方（レヴァント）貿易で繁栄**した。また**教皇インノケンティウス3世が提唱した第4回十字軍を誘導してコンスタンティノープルを攻撃させ，第4回十字軍はここにラテン帝国を建てた。**

2 問1　**2（リューリク）**…ノルマン人のルーシの首長リューリクは，ロシア方面に進出して**ノヴゴロド国**を建てた。その後，リューリクの一族がドニエプル川流域に南下して，現在のウクライナに**キエフ公国**を建てた。　問2　**3（カジ**

ミェシュ〔カシミール〕3世)…カジミェシュ3世はカジミェシュ大王とも呼ばれるポーランドの王で，法典の整備やポーランド最古の大学であるクラクフ大学を創設した。その後ポーランドはリトアニアと連合してリトアニア＝ポーランド王国（ヤゲウォ朝）を成立させ，タンネンベルクの戦いでドイツ騎士団を破った。　問3　1（ボヘミア〔ベーメン〕王国)…ボヘミアは現在のチェコ西部にあたる地域で，チェック人はここにボヘミア王国を建て，ローマ＝カトリックを受容した。ボヘミア王国はのちに神聖ローマ帝国に編入された。なお，現在のチェコ東部にはチェック人がモラヴィア王国を建てたが，マジャール人の侵入を受けて崩壊した。　問4　5（クロアティア人・スロヴェニア人)…南スラヴ人の中でも，西方に居住していたクロアティア人とスロヴェニア人は，ローマ＝カトリックを受容した。一方，南スラヴ人の中でも東方に居住したセルビア人やトルコ系のブルガール人（のちにスラヴ人と同化）は，ギリシア正教を受容した。問6　4（バトゥ）…モンゴル帝国のバトゥは西方に遠征を行ってキエフ公国を滅ぼし，1241年にはワールシュタットの戦いでドイツ・ポーランド連合軍を破った。その後南ロシアにサライを都とするキプチャク＝ハン国を建て，ロシア人を支配した。このモンゴル人によるロシア人支配のことを「タタールのくびき」という。

2章 諸地域世界の交流

私大標準よく出るポイント　中世ヨーロッパの建築様式と代表的建築物

- **ビザンツ式**…円屋根（ドーム），**モザイク壁画**
  - **ハギア（セント）＝ソフィア聖堂**（コンスタンティノープル）
  - **サン＝ヴィターレ聖堂**（ラヴェンナ）
  - **サン＝マルコ聖堂**（ヴェネツィア）
- **ロマネスク式**…太い柱，小さい窓
  - イタリア…**ピサ大聖堂**
  - フランス…クリュニー修道院
  - ドイツ…ヴォルムス大聖堂
- **ゴシック様式**…尖塔，尖頭アーチ，**ステンドグラス**
  - フランス…**ノートルダム大聖堂**，**シャルトル大聖堂**，アミアン大聖堂
  - ドイツ…**ケルン大聖堂**

注意すべき正誤ポイント

- ユスティニアヌス帝は，×綿織物業を興した→**絹織物業**
- ビザンツ帝国では，11世紀から土地制度である×**軍管区（テマ）制**が施行された→**プロノイア制**
  ※軍管区（テマ）制は7世紀に開始された制度で，帝国をいくつかの軍管区に分け，その司令官に軍事権と行政権を与えた制度。

14 ｜ 中世ヨーロッパ③

3章 一体化へ進む世界と反動

15 ▶ 南北アメリカ文明と大航海時代

問題：本冊 p.50

1 [1]－え [2]－き [3]－つ [4]－た [5]－ね
　　[6]－て [7]－う [8]－く [9]－せ [10]－の
2 問1 3 問2 2 問3 2 問4 2 問5 3

解説

1 [1]－え（イサベル）…イサベルはカスティリャ王国の王女で，アラゴン王
国の王子と結婚し，両国が合同しスペインが成立するとその女王となった。
1492年にはナスル朝の都グラナダを陥落させてレコンキスタを完了し，同年行
われたコロンブスの航海を援助した。　[2]－き（サンサルバドル）…1492年，
イサベルの援助を受けて西回りでインドを目指したジェノヴァ出身の航海者コロ
ンブスはバハマ諸島のサンサルバドル島に到達した。　[4]－た（リャマ）…古
代アメリカ文明では牛や馬などの大型家畜は飼育されなかったが，アンデス高地
ではアルパカやリャマといった小型家畜が飼育されていた。また古代アメリカ文
明では鉄器や車輪が使用されていなかった。　[5]－ね（オルメカ）…オルメカ
文明は前1200年頃までに成立したメキシコ湾岸の文明で，絵文字を使用した。
　[6]－て（チャビン）…チャビン文明は前1000年頃にペルーに成立した文明。
　[7]－う（マヤ）…マヤ文明はユカタン半島に存在した文明で，象形文字であ
るマヤ文字や，二十進法やゼロが使用された。　[8]－く（テオティワカン）…
テオティワカン文明は前1世紀頃から後6世紀頃にメキシコ高原に存在した文明
で，太陽のピラミッドで知られる。　[9]－せ（テノチティトラン）…テノチティ
トランは，メキシコ高原の都市で，アステカ帝国の都となった。　[10]－の（ク
スコ）…クスコはアンデス高原の都市で，インカ帝国の都となった。

2 問1　3（ジョアン2世）…ポルトガルの王ジョアン2世は，バルトロメウ＝ディ
アスの航海を援助し，1488年にバルトロメウ＝ディアスがアフリカ南端に到
達すると，これを喜望峰と名付けた。また，彼の治世にスペインとの間にトルデ
シリャス条約が結ばれ，両国間で海外領土の境界が定められた。　問2　2（カ
リカット）…カリカットは，1498年にヴァスコ＝ダ＝ガマが到達したインド西
海岸の都市で，これによってインド航路が開拓された。　問3　2（トスカネリ）
…トスカネリはイタリアの天文学者・地理学者で，地球球体説を唱えた。この説
が，コロンブスの西回り航路に影響を与えた。　問4　2…コルテスは，1521年
にアステカ王国の都テノチティトランを占領した。1…アメリゴ＝ヴェスプッチ
は，ポルトガルではなくイタリアのフィレンツェ出身。3…ラス＝カサスは，ア
メリカ先住民の奴隷化を進めたのではなく，先住民の奴隷化に反対した。4…17
世紀からスペインの植民地で広まった大土地所有に基づく農園経営は，エンコミ
エンダ制ではなくアシエンダ制。エンコミエンダ制は，植民者にアメリカ先住民
にキリスト教を布教する代わりに彼らの統治を認める制度で，これによって先住

民は酷使された。この酷使や，ヨーロッパからの伝染病の流入によって先住民は激減し，その代替労働力としてアフリカ大陸から黒人が運ばれた。　**問5**　**3**…マゼランは，西回りでの世界周航に乗り出しフィリピン諸島に到着したが，同地で死亡した。しかし，彼の部下たちが帰国し，地球が球体であることが実証された。1…マゼランを後援したスペイン王は**フェリペ2世ではなくカルロス1世**。2…パナマ地峡を横断して太平洋に到達したのは，**カブラルではなくバルボア**。カブラルはポルトガルの航海者で，ブラジルに漂着し，これがポルトガルがブラジルを領有する契機となった。なお，太平洋の名はマゼランが命名した。4…マゼランは，**マダガスカルではなくフィリピンにおける現地人**との戦いで戦死した。

🖐 私大標準よく出るポイント① ▶▶ 大航海時代の影響

[ヨーロッパ]

- **商業革命**…商業中心地の移動（地中海→大西洋沿岸諸国へ）
  →**リスボン・アントワープ**繁栄，北イタリア諸都市衰退
- **価格革命**…銀（**ポトシ銀山**産など）の流入→物価高騰
  ・商工業活性化，固定地代に頼る中小領主没落
- **エルベ川**以東で農奴化が進展（再版農奴制）
  →**農場領主制（グーツヘルシャフト）**発展
  →エルベ川以東が西欧の穀物供給地に
- **生活革命**…アメリカ大陸の産物（**トウモロコシ**・じゃがいも・たばこ）などの流入→日常生活の変化

[アメリカ]

- 砂糖きびプランテーションなどの労働力としてアメリカに黒人奴隷が運ばれる→アフリカの人口減少・荒廃

🖐 私大標準よく出るポイント② ▶▶ アステカ王国とインカ帝国

- **アステカ王国**…メキシコ高原，都**テノチティトラン**
  →スペインの**コルテス**によって滅亡（1521）
- **インカ帝国**…ペルー，都**クスコ**，文字不在（**キープ**使用），
  マチュ＝ピチュの遺跡
  →スペインの**ピサロ**によって滅亡（1533）

---

15 | 南北アメリカ文明と大航海時代　31

16 ルネサンスと宗教改革

問題：本冊 p.52

1 問1 **フィレンツェ** 問2 **ボッカチオ** 問3 **遠近法**
　問4 エ **ファン＝アイク** オ **ブリューゲル** カ **エラスムス**
　問5 キ **随想録（エセー）** ク **ユートピア**
2 問1 **2** 問2 **4** 問3 **4** 問4 **2** 問5 **2** 問6 **1** 問7 **3**
　問8 **4**

解説

1 問1　**フィレンツェ**…フィレンツェは北イタリア内陸部の都市で，毛織物業や金融業で繁栄した。**メディチ家**はフィレンツェの大富豪で，文芸保護に力を注いだ。なお，教皇レオ10世はメディチ家出身である。問2　**ボッカチオ**…ボッカチオは14世紀のイタリアの作家で，『**デカメロン**』を著した。なお，イタリア＝ルネサンスの作家としては他に『神曲』をトスカナ語で著したダンテや，『叙情詩集』を著したペトラルカ，『君主論』で現実主義的政治論を説いたマキァヴェリがいる。問4　エ　**ファン＝アイク**…ファン＝アイク兄弟はフランドルの画家で，油絵技法を改良した。　カ　**エラスムス**…エラスムスは，『**愚神礼賛**』で教会の腐敗を風刺した。彼の思想は，ルターの宗教改革に影響を与えた。問5　ク　**ユートピア**…トマス＝モアは著書『**ユートピア**』の中で，第1次囲い込みで地主が農民から土地を奪い，牧羊業を行っている現状を「羊が人を食う」と表現して批判した。なおトマス＝モアは，イギリス王ヘンリ8世の離婚に反対し処刑された。

2 問1　**2（1517）**…ルターは1517年に『**九十五カ条の論題**』を著し，教会による**贖宥状（免罪符）**販売を批判した。その後彼は『キリスト者の自由』を著し信仰義認説を唱えた。　問2　**4（ザクセン選帝侯）**…神聖ローマ皇帝カール5世が召集した**ヴォルムス帝国議会**で，ルターは説の撤回を求められたがこれを拒否したため帝国追放処分を受けた。その後ルターはザクセン選帝侯フリードリヒの保護のもとで聖書のドイツ語訳を行った。　問3　**4**…ドイツ農民戦争の際，初期はルターは農民に同情的であったが，農民たちが急進化するとルターは諸侯に鎮圧を勧め，この反乱は鎮圧された。　問4　**2**…1555年の**アウクスブルクの宗教和議**の結果，**領邦ごとにカトリックかルター派かの信仰選択の自由**が認められた。1…アウクスブルクの宗教和議では，カルヴァン派は認められなかった。3…アウクスブルクの宗教和議では，個人の信仰の自由は認められなかった。　問7　**3**…カルヴァン派は，営利蓄財を肯定したため，ヨーロッパ各地の商工業者の間に広まった。　問8　**4（ユグノー）**…1のゴイセンはネーデルラント，2のピューリタンはイングランド，3のプレスビテリアンはスコットランドでの，それぞれのカルヴァン派の呼称である。

私大標準よく出るポイント① ルネサンスの三大巨匠

- レオナルド＝ダ＝ヴィンチ…「**最後の晩餐**」（ミラノ），「**モナ＝リザ**」
- ミケランジェロ…「**天地創造**」「**最後の審判**」（システィナ礼拝堂の天井画と壁画），「**ダヴィデ像**」（彫刻）
- ラファエロ…聖母子像，「アテネの学堂」

私大標準よく出るポイント② イギリスの宗教改革

- ヘンリ8世（位1509～47）
  - 王妃との離婚問題で教皇と対立→**国王至上法（首長法）**（1534）
    …**イギリス国教会**成立
  - 修道院解散…没収地を主に**ジェントリ**（地主）に売却→支持獲得・王権強化
- エドワード6世（位1547～53）…一般祈禱書発布…カルヴァン派の影響
- メアリ1世（位1553～58）…**カトリック復活**…国教徒・ピューリタン弾圧
- エリザベス1世（位1558～1603）…イギリス絶対主義の極盛期
  - **統一法**（1559）…**イギリス国教会**確立

私大標準よく出るポイント③ 対抗宗教改革（反宗教改革）

- トリエント公会議（1545～63）…教皇至上権・カトリック教義の再確認
  →教会粛正・宗教裁判強化
- イエズス会…イグナティウス＝ロヨラがパリで設立（1534）
  - 失地回復…南ドイツなど
  - 海外布教
    フランシスコ＝ザビエル（シャヴィエル）…日本で布教（1549）
    マテオ＝リッチ…明で布教

注意すべき正誤ポイント

- ×**ブラマンテ**は，サンタ＝マリア大聖堂の大円蓋を設計した→**ブルネレスキ**
  ※ブラマンテはサン＝ピエトロ大聖堂の設計を行った
- ツヴィングリは，スイスの×**ジュネーヴ**で宗教改革を行った→**チューリヒ**
  ※ジュネーヴで宗教改革を行ったのはカルヴァン

16 ｜ ルネサンスと宗教改革

17 主権国家の形成

問題：本冊 p.54

1 問1　[A]-**カルロス**　[B]-**フランソワ**　[C]-**フェリペ**
　　問2　**オラニエ公ウィレム**（オレンジ公ウィリアム）
2 問1　**c**　問2　**b**　問3　**c**　問4　**a**
　　問5　**b**　問6　**b**　問7　**d**　問8　**b**
3 A　[a]-**4**　[b]-**1**　[c]-**3**
　　B　ア **4** イ **2** ウ **2** エ **2** オ **3** カ **3** キ **4**
4 [1]-**ロマノフ**　[2]-**北方**　[3]-**ベーリング**
　　[4]-**アラスカ**　[5]-**ラクスマン**

解説

1 問1　[A]-**カルロス**…カルロス1世はスペイン＝ハプスブルク朝最
初の王で，1519年には皇帝選挙でフランス王フランソワ1世を破っ
て神聖ローマ皇帝カール5世として即位した。その後，**彼とフランソワ1世の
間でイタリア戦争が激化**した。　　[C]-**フェリペ**…スペイン王フェリペ2世は父
カルロス1世からスペイン・ネーデルラントを継承し，イタリア戦争の講和条約
である**カトー＝カンブレジ条約**ではミラノ・ナポリ・シチリアなどを手に入れた。
さらに**ポルトガルを併合**してポルトガルのアジアの拠点を手に入れたことから，
文字通りの「太陽の沈まぬ国」を実現した。また1571年のレパントの海戦では
オスマン帝国を破るなどしたが，ネーデルラントへの旧教強制などの圧政は**オラ
ンダ独立戦争**を招き，さらに**1588年にはイギリス支配をもくろみ無敵艦隊を派
遣したがエリザベス1世に敗れた。**

2 問1　**c（無敵艦隊敗北）**…a.のレパントの海戦は1571年，b.のポルトガル
併合は1580年，c.の無敵艦隊敗北は1588年，d.のカトー＝カンブレジ条約は
1559年である。　　問2　**b**…ホラント州はネーデルラント南部ではなく北部の中
心である。　　問3　**c**…インド西岸のボンベイは，オランダではなくイギリスが
拠点とした都市である。　　問4　**a**…ネーデルラント南部のアントウェルペン（ア
ントワープ）は国際貿易の中心として繁栄していたが，オランダ独立戦争中スペ
インに占領され荒廃した。このアントウェルペンの商工業者たちが移住した結果，
アムステルダムは繁栄した。またオランダ東インド会社はジャワ島のバタヴィア
を拠点にアジア貿易を行った。　　問5　**b**…ア.は1661年，イ.は1625年，ウ.は
1652年，エ.は1623年の出来事である。　　問6　**b**…スウェーデンは新教国であ
り，王グスタフ＝アドルフは三十年戦争の際に新教側にたって参戦した。なお
彼は，三十年戦争中のリュッツェンの戦いで傭兵隊長ヴァレンシュタインに勝利
したが，彼自身は戦死した。　　問7　**d**…イギリス王チャールズ1世は名誉革命
ではなくピューリタン革命の結果処刑された。　　問8　**b**…ルイ14世のもとで
重商主義を推し進めた財務総監はマザランではなくコルベールである。マザラ
ンは，ルイ14世幼少の頃の宰相である。

34

3 A ［b］-**1（フロンド）**…1648年に高等法院と貴族の反乱であるフロンドの乱が起こったが，ルイ14世の幼少期の宰相である**マザラン**によって1653年に鎮圧された。　［c］-**3（ユトレヒト）**…スペイン継承戦争の講和条約であるユトレヒト条約によって，ルイ14世の孫フェリペ5世のスペイン王即位が認められたが，フランスとスペインの合併は禁止された。　B　ア　**4**…イタリア戦争は1494年に勃発し，1559年のカトー＝カンブレジ条約で終結した。オランダ独立戦争は1568年に勃発しているので時期が合わない。　イ　**2**…1.ユグノーとは，フランスでのルター派ではなくカルヴァン派の呼称である。3.ユグノー戦争中に即位してブルボン朝を創始した**アンリ4世**は，カトリックに改宗したのちナントの**勅令（王令）**を破棄したのではなく発布し，ユグノーに個人の信仰の自由を認めた。これによって，ユグノー戦争は終結へと向かった。4.ユグノー戦争は1562〜98年に行われた。一方イギリス王ヘンリ8世の在位年は1509〜47年なので，彼がユグノー戦争に乗じてフランスに攻め込むことはない。キ　**4**…ダヴィドは18〜19世紀のフランスの古典主義の画家で，ナポレオン1世の宮廷画家をつとめた。

4 ［1］-**ロマノフ**…ロマノフ朝は，1613年に**ミハイル＝ロマノフ**によって創始された王朝で，1917年の三月革命でニコライ2世が退位して滅亡した。
　［2］-**北方**…ピョートル1世は北方戦争（1700〜21）でスウェーデンと戦い，はじめはスウェーデン王**カール12世**に苦しめられたものの最終的に勝利し，ニスタット条約を結んでバルト海方面に進出した。またこの戦争中新都ペテルブルクを建設し遷都した。　［3］-**ベーリング**…ベーリングはロシアの探検家で，ピョートル1世の命を受けてシベリア東海岸を探検し，**ベーリング海峡やアラスカに到達**した。

✋ 私大標準よく出るポイント ▶▶▶ ステュアート朝（1603〜49, 1660〜1714）

- **ジェームズ1世**（位1603〜25）…**王権神授説**信奉・国教会強制
　　→議会と対立
- **チャールズ1世**（位1625〜49）
　　・議会が**権利の請願**提出（**1628**）→議会解散→スコットランドの反乱
　　→議会召集・議会と対立→**ピューリタン革命**勃発→チャールズ1世処刑
- ※**共和政(コモンウェルス, 1649〜60)**…**クロムウェルの独裁(1653〜58)**
- **チャールズ2世**（位1660〜85）…旧教復活を企図
- **ジェームズ2世**（位1685〜88）…**名誉革命**（1688〜89）で亡命
- **メアリ2世**（位1689〜94）・**ウィリアム3世**（位1689〜1702）
　　・**権利の章典**（**1689**）…議会主権，イギリス立憲王政の確立
- **アン女王**（位1702〜14）…スコットランド併合（1707）→**大ブリテン王国**成立

17｜主権国家の形成　35

18 英仏植民地戦争と近世の文化

問題：本冊 p.58

1 問1 [1]-c [2]-h [3]-r [4]-g [5]-o
　　問2 (A)　ニューヨーク　(B)　ユトレヒト条約
　　　　(C) ①　七年戦争　②　フレンチ＝インディアン戦争
　　　　(D)　カーナティック戦争
2 問1 ②　問2 ④　問3 ②　問4 ③　問5 ④　問6 ②　問7 ②
　　問8 ⑤　問9 ④　問10 ②　問11 ①　問12 ④　問13 ④
　　問14 ①　問15 ③　問16 ④　問17 (1) ④　(2) ②　(3) ④

解説

1 問1　[1]-c（ヴァージニア）…ヴァージニアは 17 世紀初めに建設された**北米初のイギリス植民地**。　[2]-h（ケベック）…ケベックは 17 世紀初めにフランスによって建設された都市で，カナダの中心となった。　[3]-r（ルイジアナ）…ルイジアナは 17 世紀後半，ミシシッピ川流域にフランスが築いた植民地で，ルイ 14 世からこの名がつけられた。　問2　(B)　**ユトレヒト条約**・(C) ①　**七年戦争**・②　**フレンチ＝インディアン戦争**・(D)　**カーナティック戦争**…🎯**私大標準よく出るポイント**（ヨーロッパの戦争と英仏植民地戦争）を参照。

2 問2　④（パスカル）…パスカルはフランスの数学者で，彼の主著『**パンセ**』の中に「**人間は考える葦である**」という有名な言葉がある。　問3　②（オランダ）…オランダのグロティウスは，『**海洋自由論**』で海上貿易の自由を主張し，その後三十年戦争の惨禍を背景に書かれた『**戦争と平和の法**』では戦時中でも守るべき国際法規があることを主張した。　問4　③（『**リヴァイアサン**』）…『リヴァイアサン』はイギリスの**ホッブズ**の主著。彼は，国家や法律のない自然状態を「**万人の万人に対する闘争**」と表現し，これを克服するために人間は自然権を国家にゆだねるべきであると主張し，結果的に絶対主義を擁護した。　問7　②（**ルイ 13 世の即位**）…ルイ 13 世は 1610 年に即位したフランスのブルボン朝の王で，**三部会の召集を停止**し，旧教国でありながら三十年戦争に新教側で参戦した。また，彼を支えた**宰相**がリシュリューである。①百年戦争の終結は 1453 年，ユグノー戦争の勃発は 1562 年，フランソワ 1 世の即位は 1515 年である。　問8　⑤（『**戦争と平和の法**』）…**2** 問3の解説参照。　問9　④（**チャールズ 1 世の処刑**）…チャールズ 1 世は，ピューリタン革命の結果 1649 年に**処刑**された。①の名誉革命は 1688 〜 89 年，②の第 1 回選挙法改正は 1832 年，③のイングランド銀行の創設は 1694 年の出来事である。　問10　②（**ルソー**）…フランスのルソーは『**社会契約論**』で人民主権論を主張した。その他の著作には私有財産が人間の不平等を招いたとする『**人間不平等起源論**』や教育論の『**エミール**』がある。　問11　①（『**純粋理性批判**』）…ドイツの**カント**はイギリス経験論と大陸合理論を批判的に統合し，ドイツ観念論を創始した。主著は『**純粋理性批判**』や

36

『実践理性批判』など。　**問12**　④（**アダム＝スミス**）…イギリスの**アダム＝スミス**は古典派経済学の創始者で，「経済学の父」と呼ばれる。国家の経済への干渉を批判し，個人の経済活動の自由を重視する自由放任主義を唱えた。　**問17**（1）　④（**テルミドール9日のクーデタの勃発**）…1794年7月のテルミドール9日のクーデタで，ジャコバン派の**ロベスピエール**が失脚し処刑され，恐怖政治が終了した。①アミアンの和約は1802年，②ナポレオン1世の即位は1804年，ナポレオン法典の公布は1804年で，いずれも19世紀の出来事である。

（2）　②（**フリードリヒ＝ヴィルヘルム1世の即位**）…プロイセンのフリードリヒ＝ヴィルヘルム1世は1713年に即位し，軍国的絶対主義の形成につとめた。①のドイツ三月革命は1848年，③のドイツ関税同盟の発足は1834年，④のヴィルヘルム1世のプロイセン王即位は1861年で，いずれも19世紀の出来事である。　（3）　④（**ウォルポールの首相就任**）…ウォルポールはホイッグ党の政治家で，18世紀前半にイギリスの首相となり，**責任内閣制度を確立**した。①の審査法の廃止は1828年，②のカトリック教徒解放法は1829年，③航海法の廃止は1849年で，いずれも19世紀の出来事である。

🖐 私大標準よく出るポイント ▶ ヨーロッパの戦争と英仏植民地戦争

ヨーロッパの戦争	アメリカの戦争	インドの戦争
①ファルツ戦争 （1688～97）	ウィリアム王戦争 （1689～97）	
②スペイン継承戦争 （1701～13）	アン女王戦争 （1702～13）	
③オーストリア継承戦争 （1740～48）	ジョージ王戦争 （1744～48）	カーナティック戦争 （1744～63，南部）
④七年戦争 （1756～63）	フレンチ＝インディアン戦争 （1755～63）	プラッシーの戦い （1757，ベンガル地方）

※講和条約と領土移動
- ユトレヒト条約（1713）
  〈英←仏〉アカディア，ニューファンドランド，ハドソン湾地方
  〈英←西〉ジブラルタル，ミノルカ島
- パリ条約（1763）
  〈英←仏〉カナダ，セネガル，ミシシッピ川以東のルイジアナ
  〈英←西〉フロリダ
  〈西←仏〉ミシシッピ川以西のルイジアナ

18 ｜ 英仏植民地戦争と近世の文化

19 欧米の革命

問題：本冊 p.61

1 問1 ［あ］－産業革命 ［い］－ニューコメン ［う］－カートライト
　　　 ［え］－リヴァプール ［お］－マンチェスター
　　問2 ディケンズ 『オリヴァー＝トゥイスト』
　　問3 体力や技術が必要なくなり，低賃金労働者として好都合だったため。

2 問1 ［1］－フィラデルフィア ［2］－大陸会議 ［3］－レキシントン
　　　 ［4］－ワシントン ［5］－トマス＝ペイン ［6］－コモン＝センス
　　　 ［7］－ジェファソン ［8］－スペイン ［9］－オランダ
　　　 ［10］－コシューシコ ［11］－ラ＝ファイエット ［12］－ロシア
　　　 ［13］－武装中立同盟 ［14］－ヨークタウン ［15］－パリ

3 A ［a］－4 ［b］－4 ［c］－2 ［d］－1 ［e］－2
　　　 ［f］－3 ［g］－1 ［h］－3
　　B ア3 イ4 ウ2 エ4 オ2 カ3

解説

1 問1 ［え］－**リヴァプール**・［お］－**マンチェスター**…リヴァプールが黒人奴隷貿易であげた利益をマンチェスターの**木綿工業**に投資したことから，産業革命が発展した。1830年には，両都市間に初の営業鉄道が開通した。 問3…機械の発明によって体力や高度な技術が必要なくなったため，女性や子どもが労働力として使用されるようになった。一方，職を失う熟練労働者も多く出たため，1810年代には彼らによる**ラダイト運動**と呼ばれる機械打ちこわし運動も起こった。

2 問1 ［1］－**フィラデルフィア**・［2］－**大陸会議**…フィラデルフィアは**ペンシルヴェニア州**の都市で，大陸会議や憲法制定会議などが開催された。 ［4］－**ワシントン**…ワシントンはアメリカ独立戦争の総司令官で，独立後アメリカ合衆国初代大統領となった。 ［5］－**トマス＝ペイン**・［6］－**コモン＝センス**…トマス＝ペインは1776年に『コモン＝センス』を出版し，この中でイギリスからの独立を主張し，アメリカ独立の機運を高めた。 ［7］－**ジェファソン**…（トマス＝）ジェファソンは**1776年7月4日**に出された**アメリカ独立宣言**の起草者で，独立後は国務長官となった。また彼は各州の自治を尊重する**反連邦派**の中心となり，1801年には第3代大統領に就任した。 ［10］－**コシューシコ**…コシューシコはポーランドの愛国者で，アメリカ独立戦争に義勇兵として参戦した。その後**第2回ポーランド分割**に抵抗したが捕らえられた。 ［11］－**ラ＝ファイエット**…ラ＝ファイエットはフランスの自由主義貴族で，アメリカ独立戦争に義勇兵として参加した。その後フランス革命期には国民議会を主導した。 ［12］－**ロシア**・［13］－**武装中立同盟**…イギリスがアメリカ独立戦争中に中立国船の捕獲・臨検を宣言すると，ヨーロッパの国々はロシアのエカチェリーナ2世の提唱で武装中立同盟を結成しイギリスを牽制した。

38

3 **A** [b] - **4（所有権）**…フランス人権宣言には，所有権（財産権）の不可侵が規定されている。　[c] - **2（ジロンド）**…ジロンド派はフランス革命期の穏健共和派で，立法議会で内閣を形成するとオーストリア・プロイセンと開戦した。[d] - **1（プロイセン）**…1791年6月にルイ16世とその家族がオーストリアへの亡命を企てて失敗すると（**ヴァレンヌ逃亡事件**），フランス国民の国王に対する信頼が低下し共和派が台頭した。これに対し，オーストリアがプロイセンとともに**ピルニッツ宣言**を出し，各国の君主にフランスに対する共同抗議を呼びかけ，フランスの革命進行を牽制した。　[e] - **2（8月10日）**…1792年にパリの民衆と義勇兵がテュイルリー宮殿を襲撃し，国王とその家族を捕らえて幽閉した（**8月10日事件**）。これによって王権の停止が宣言された。　[f] - **3（テルミドールのクーデタ）**…ロベスピエールは国民公会でのジャコバン派独裁を確立し，恐怖政治を行ってジャコバン派のメンバーを粛清した。その後反ロベスピエール派がロベスピエールを逮捕・処刑し（**テルミドールのクーデタ**），これによって恐怖政治は終了した。　[h] - **3（ナポレオン）**…ナポレオンは1799年にブリュメール18日のクーデタを行って**総裁政府**を倒し，**統領政府**を樹立した。統領政府は3人の統領が指導したが，ナポレオンは第一統領に就任し実権を握った。　**B**　**ア3（モンテーニュ）**…モンテーニュは16世紀のフランスの人文主義者で，『**随想録（エセー）**』を著した。**ウ2（貴族）**…フランスのアンシャン＝レジーム（旧制度）では**第一身分が聖職者，第二身分が貴族，第三身分が平民**であった。**カ3（『第三身分とは何か』）**…シェイエスはフランスの聖職者で，1789年の三部会の直前に『**第三身分とは何か**』を著し，「第三身分とは全てである」と主張した。

☞ **私大標準よく出るポイント ▶▶** 木綿工業における発明

1733	ジョン＝ケイ	飛び梭
1764	ハーグリーヴズ	ジェニー（多軸）紡績機
1768	アークライト	水力紡績機
1779	クロンプトン	ミュール紡績機
1785	カートライト	力織機
1793	ホイットニー	綿繰り機

💡 **注意すべき正誤ポイント ▶▶**

1810年代，×**チャーティスト運動**と呼ばれる機械打ちこわし運動が起こった
→**ラダイト運動** ※チャーティスト運動は男性普通選挙制などを求めた運動

19 ｜ 欧米の革命　39

20	ナポレオン戦争とウィーン体制

問題：本冊 p.64

1 問1 ④ 問2 ③ 問3 ⑤ 問4 (1) ② (2) ④ 問5 ④
問6 ① 問7 ⑤ 問8 (1) ⑦ (2) ③
2 問1 [1]-な [2]-さ [3]-そ [4]-く [5]-の
[6]-は [7]-ぬ [8]-て [9]-こ [10]-か

解説

1 問1 ④（1805）・問2 ③（アウステルリッツ）・問3 ⑤（第3回対仏大同盟）
…1805年12月の**アウステルリッツの戦い**（三帝会戦）で，ナポレオンはオーストリア・ロシア連合軍を撃破した。この結果，**第3回対仏大同盟**が崩壊した。
問4 (1) ②（トラファルガーの海戦）・(2) ④（ネルソン）…1805年10月の**トラファルガーの海戦**で，フランス・スペイン連合軍はネルソン率いるイギリス軍に敗北し，この結果フランスはイギリス上陸を断念した。なお，この戦いでネルソンは戦死した。 問5 ④（1815）・問6 ①（ワーテルロー）・問7 ⑤（セントヘレナ）…1813年10月の**ライプツィヒの戦い**でプロイセン・オーストリア・ロシアの連合軍に敗れたナポレオンは，翌1814年に退位し**エルバ島**に流刑となった。その後，ブルボン朝が復活し**ルイ18世**が国王となったが，1815年ナポレオンはエルバ島を脱出して皇帝に復位した。しかし1815年6月の**ワーテルローの戦い**でイギリスのウェリントン率いるイギリス・オランダ・プロイセン軍に敗れ，**セントヘレナ島**に流刑となった。問8 (1) ⑦（アレクサンドル1世）…ウィーン会議に参加したロシア皇帝アレクサンドル1世は，キリスト教の友愛の精神に基づく**神聖同盟**を提唱した。(2) ③（タレーラン）…ウィーン会議に参加したフランスのタレーランは，フランス革命前の主権を正統とする**正統主義**を唱えた。

2 [4]-く（シャルル10世）…ルイ18世の弟であるシャルル10世は反動政治を強化し，国民の不満を外にそらすため**アルジェリア出兵**を行った。しかし1830年に七月勅令を発布して未召集議会の解散や制限選挙の強化を行おうとすると**七月革命**が勃発し，シャルル10世は亡命した。 [5]-の（ルイ=フィリップ）…七月革命後，オルレアン家のルイ=フィリップが国王に即位し，七月王政が開始された。しかし七月王政では制限選挙が行われたため中小資本家や労働者が選挙法改正運動を行い，各地で**改革宴会**が開かれた。これに対しギゾー内閣が改革宴会を禁止したため1848年に**二月革命**が勃発し，ルイ=フィリップが亡命して**第二共和政**が成立した。 [6]-は（ルイ=ブラン）…二月革命後の臨時政府は，ブルジョワ共和派の**ラマルティーヌ**が指導したが，社会主義者のルイ=ブランも入閣した。ルイ=ブランは**国立作業場**を設置して失業者の救済を行ったが，**四月普通選挙**での社会主義者の敗北後国立作業場は廃止された。そのため労働者による**六月蜂起**が起こったが鎮圧された。 [8]-て（メッテルニヒ）…1814～15年のウィーン会議を主催したメッテルニヒは，自由主義・ナショナリ

40

ズムの運動を弾圧したが，1848年の**ウィーン三月革命**で亡命しウィーン体制は崩壊した。　[9] - **こ（フランクフルト）**…1848年，各地の自由主義者たちがフランクフルトに集まり憲法制定とドイツ統一方式が討議された。このフランクフルト国民議会ではオーストリアを中心に全ドイツを統一する**大ドイツ主義**と，プロイセンを中心にオーストリアを除外してドイツを統一する**小ドイツ主義**が争った。最終的に小ドイツ主義が勝利したが，プロイセン王フリードリヒ＝ヴィルヘルム4世が帝冠を拒否したため統一は失敗した。

私大標準よく出るポイント①　　ウィーン議定書（ウィーン条約）

- フランス・スペイン・ナポリ（両シチリア）…**ブルボン朝**の復活
- ロシア…**ポーランド立憲王国**の王位を皇帝が兼任
　　　　　フィンランド（←スウェーデン）・ベッサラビア（←オスマン帝国）を獲得
- ドイツ…**ドイツ連邦**形成（35君主国と4自由市，オーストリアが盟主）
　　・プロイセン…**ラインラント**を獲得
　　・オーストリア…**ロンバルディア・ヴェネツィア**を獲得
- オランダ…**南ネーデルラント**（←オーストリア）を獲得→オランダ立憲王国となる
- イギリス…**ケープ植民地・セイロン島**（←オランダ）・**マルタ島**を獲得
- スイス…**永世中立国**に

私大標準よく出るポイント②　　1810～20年代の自由主義・ナショナリズム運動

- ドイツ　…**ブルシェンシャフト**（ドイツ学生同盟）の運動→大集会開催（1817）→**メッテルニヒ**が弾圧
- イタリア…**カルボナリ（炭焼党）**の反乱（ナポリ蜂起〔1820〕・ピエモンテ〔トリノ〕蜂起〔1821〕）→オーストリア軍が鎮圧
- スペイン…**スペイン立憲革命**（1820）…ブルボン朝の専制に反対（指導者リエゴ）→フランス軍により鎮圧
- ロシア　…**デカブリストの乱**（1825）…自由主義的な青年貴族将校の反乱→即位直後の**ニコライ1世**が鎮圧

20｜ナポレオン戦争とウィーン体制

| 21 | 19世紀のヨーロッパ | 問題：本冊 p.66 |

1 問1 ② 問2 ① 問3 ② 問4 ④ 問5 ③ 問6 ①
問7 ② 問8 ② 問9 ③ 問10 ①

2 問1 ア コシュート イ セヴァストーポリ ウ 農奴解放
問2 ウ 問3 （ア） アイグン（愛琿）条約 （イ） ムラヴィヨフ
問4 シベリア鉄道

解説

1 問1 ②…a イタリアの統一運動を進めたサルデーニャ王国の首相は**マッツィーニではなくカヴール**。マッツィーニは**青年イタリア**を結成し，1849年にローマ共和国を建てたが，フランスの介入によって挫折した。 問2 ①…b 1859年に開始されたイタリア統一戦争によって，サルデーニャ王国は**トリノではなくロンバルディア**を獲得した。トリノはサルデーニャ王国の都。 問3 ②…a サルデーニャ王国は**中部イタリアと同時にサヴォイア・ニースを獲得したのではなく，中部イタリア併合の代償にフランスのナポレオン3世にサヴォイア・ニースを割譲した**。 問4 ④…a 1861年に成立したイタリア王国の初代国王には，**フランス皇帝ナポレオン3世ではなくサルデーニャ王ヴィットーリオ＝エマヌエーレ2世**がついた。 b このような事実はない。イタリアは，普仏戦争に乗じてローマ教皇領を併合したが，その結果ローマ教皇との対立が生まれた。その後，ファシスト党のムッソリーニが1929年に教皇庁とラテラノ条約を結んで和解し，教皇を主権者とするヴァチカン市国が成立した。 問6 ①…b **大ドイツ主義はプロイセンではなくオーストリアを中心に全ドイツを統一する**という統一方式である。一方，小ドイツ主義はプロイセンを中心にオーストリアを除外してドイツを統一するという統一方式である。 問7 ②…a プロイセン首相となったビスマルクは，**自由主義・民主主義の拡大ではなく鉄血政策**によるドイツ統一を主張した。 問8 ②…a プロイセン＝オーストリア戦争に勝利したプロイセンは，**ドイツ連邦ではなく北ドイツ連邦**を結成した。ドイツ連邦はウィーン会議の結果成立した35君主国と4自由市による連合体で，北ドイツ連邦成立によって解体した。b プロイセン＝オーストリア戦争後，オーストリアとハンガリーの間に妥協（**アウスグライヒ**）が成立し，オーストリア皇帝がハンガリー王を兼任する同君連合体制をとり，ハンガリーに自治を認めるオーストリア＝ハンガリー（二重）帝国が成立した。 問10 ①…b ビスマルクは社会主義者鎮圧法を制定し，**ユンカーではなく社会主義者**の運動を弾圧し，ドイツ社会主義労働者党は非合法化された。

2 問1 イ **セヴァストーポリ**…1853年にロシアとオスマン帝国（トルコ）との間に**クリミア戦争**が勃発すると，イギリス・フランス・サルデーニャがオスマン帝国側につき，クリミア半島南端のセヴァストーポリ要塞では最大の激戦が

42

行われた。この戦争の結果パリ条約が結ばれ，黒海が中立化されてロシアの南下政策は後退した。また，のちにルーマニアとなるモルダヴィア・ワラキアが連合公国として事実上独立した。なお，このクリミア戦争ではイギリスの**ナイティンゲール**が看護師として活動したことでも知られる。 **ウ　農奴解放**…1861年に**アレクサンドル2世**が農奴解放令を出し，これによって農民の人格的自由が認められたが土地の分与は有償であるなど地主本位の内容であった。一方，この農奴解放令によって工場労働者が創出された。 **問2　ウ**…ア　イギリスのクロムウェルが終身の護国卿（ごこくきょう）となり，厳格な軍事的独裁体制をしいたのは1650年代のこと。イ　フランスでルイ14世がナントの王令（おうれい）を廃止したのは1685年で，これによって多くのユグノーがオランダやイギリスに亡命した。エ　大陸合理論を確立したフランスのデカルトが『方法叙説（ほうほうじょせつ）』を著したのは1637年のこと。 **問3**（ア）**アイグン（愛琿）条約**・（イ）**ムラヴィヨフ**…東シベリア総督のムラヴィヨフはアロー戦争に乗じて1858年に清とアイグン条約を結び，ロシアはアムール川（黒竜江（こくりゅうこう））以北を獲得し，ウスリー江以東の沿海州は清との共同管理地とした。その後，アロー戦争講和仲介の代償として1860年に清と**北京（ペキン）条約**を結んで沿海州を獲得し，**ウラジヴォストーク**の建設を開始した。

☝ 私大標準よく出るポイント ▷▷ ビスマルクの内政

- **文化闘争**…西南ドイツのカトリック教徒（**中央党**）との抗争
  → 社会主義勢力に対処するため妥協
- **社会主義者鎮圧法**（1878）…**ドイツ社会主義労働者党**を非合法化
- 社会政策…災害保険・疾病保険・養老保険（労働者の生活を保護）
- **保護関税法**（1879）
  ・「鉄と穀物の同盟」（資本家とユンカーの利益保護） …保護貿易

💡 注意すべき正誤ポイント ▷

- イタリアは，×**プロイセン＝フランス戦争**に参戦して1866年にヴェネツィアを獲得した→**プロイセン＝オーストリア戦争**
  ※イタリアがプロイセン＝フランス戦争に乗じて占領したのはローマ教皇領（1870）

21 ｜ 19世紀のヨーロッパ　　43

| | 22 | 19世紀のアメリカとヨーロッパ文化 | 問題：本冊 p.68 |

1 問1 ② 問2 (1) ③ (2) ④ 問3 ⑤ 問4 ① 問5 ③
問6 ② 問7 ③ 問8 ① 問9 ⑧ 問10 (1) ③ (2) ⑤
問11 (1) ④ (2) ① (3) ⑤

2 問1 [1]－トゥサン＝ルヴェルチュール [2]－ハイチ
[3]－シモン＝ボリバル [4]－クリオーリョ
[5]－サン＝マルティン [6]－イダルゴ [7]－ブラジル
問2 ナポレオン3世 問3 アシエンダ制

3 問1 2 問2 2 問3 1 問4 3 問5 2 問6 3 問7 1
問8 3 問9 3

解説

1 問2 (2) ④（トマス＝ジェファソン）…トマス＝ジェファソンはアメリカ
独立宣言の起草者で，アメリカ合衆国第3代大統領となった。**1803年**には**フ
ランスからミシシッピ川以西のルイジアナを買収**した。 問4 ①（コブデン）
…イギリスの政治家であるコブデンは，ブライトとともに**反穀物法同盟**を結成し，
1846年に穀物法廃止を実現した。 問5 ③（ミズーリ協定）…1820年のミズー
リ協定によって，北緯36度30分以北に奴隷制を認める奴隷州をつくらないこと
が定められた。しかし，1854年に成立した②の**カンザス・ネブラスカ法**によって，
住民投票で奴隷制を禁止する自由州か奴隷州かが決定されることとなったためミ
ズーリ協定は破られ，南北対立が激化した。 問6 ②（1863）・問7 ③（ゲティ
スバーグ）…1863年のゲティスバーグの戦いはアメリカ南北戦争最大の激戦で，
北軍が南軍に勝利した。なお，この戦いの追悼演説でリンカンは「人民の，人民
による，人民のための政治」という言葉を残した。 問8 ①（共和党）・問9
⑧（ジェファソン＝デヴィス）…共和党は1854年に奴隷制に反対する政治家た
ちが中心になって結成した政党で，1860年の大統領選挙で共和党のリンカンが
当選した。翌1861年，南部11州がアメリカ合衆国を離脱し，ジェファソン＝
デヴィスを大統領とする**アメリカ連合国**を結成すると南北戦争が勃発した。 問
11 (2) ①（ノーベル）…ノーベルはスウェーデンの科学者で，ダイナマイト
を発明した。

2 問1 [1]－**トゥサン＝ルヴェルチュール**・[2]－**ハイチ**…トゥサン＝ルヴェ
ルチュールはハイチ独立運動を指導した黒人指導者で，「黒いジャコバン」と
呼ばれた。彼はフランス軍に捕らえられ1803年に獄死したが，翌**1804年にハ
イチは独立**し世界初の黒人共和国が成立した。 [3]－**シモン＝ボリバル**・[4]－**ク
リオーリョ**…シモン＝ボリバルはラテンアメリカの独立運動を指導したクリオー
リョ（現地生まれの白人）で，1819年にはコロンビア・ベネズエラによる**大コ
ロンビア共和国**を樹立し，のちエクアドルもこれに加わった。また，1825年に

44

はボリビアの独立も実現した。しかし大コロンビア共和国は 1830 年に解体した。　［5］- **サン＝マルティン**…サン＝マルティンはラテンアメリカの独立運動の指導者で，**アルゼンチン・チリ・ペルーを解放**した。　［6］- **イダルゴ**…イダルゴはメキシコの独立運動を指導した神父で，彼自身は処刑されたがメキシコは 1821 年にスペインからの独立を実現した。　［7］- **ブラジル**…ポルトガルの植民地であったブラジルは，**ポルトガルの王子が皇帝となり 1822 年帝国として独立**した。その後 1889 年に共和国となった　**問2　ナポレオン3世**…ナポレオン3世は，1861 年に**メキシコ出兵**を行い，ハプスブルク家の**マクシミリアン**をメキシコ皇帝とした。しかしメキシコ側の抵抗やアメリカの反発を受けてフランス軍は撤退し，マクシミリアンは処刑された。

3　**問1　2（ゲーテ）**…ゲーテはドイツの古典主義の作家で『若きウェルテルの悩み』や『ファウスト』などの作品を残した。　**問2　2（「疾風怒濤」）**…「疾風怒濤」は 1770 ～ 80 年代のドイツ文学の革新的運動で，古典主義の作家であるゲーテやシラーによって推進された。　**問5　2**…1. 英仏間でアミアンの和約が結ばれたのは 1802 年のこと。3. フランスで二月革命が起こったのは 1848 年のこと。4. ブルボン朝が復活してルイ 18 世がフランス国王に即位したのは 1814 年のこと。　**問8　3（『資本論』）**…『資本論』の第 1 巻は 1867 年に刊行され，2 巻と 3 巻はマルクスの死後エンゲルスが編纂し刊行された。1 の**『共産党宣言』**はマルクスとエンゲルスが 1848 年に出版した。　**問9　3**…1. ウィーン議定書に基づいてドイツ連邦が成立したのは 1815 年のこと。2. ナポレオンによってライン同盟が結成されたのは 1806 年のこと。4. ベルリンを首都とするドイツ民主共和国が成立したのは，ベルリン封鎖が解除された 1949 年のこと。

👆 私大標準よく出るポイント ▶▶ アメリカ合衆国の拡大

- 独立時（1783）…13 州，ミシシッピ川以東のルイジアナ（**パリ条約**〔1783〕で獲得）

1803	**ミシシッピ川以西のルイジアナ**買収…フランスより
1819	**フロリダ買収**…スペインより
1845	**テキサス共和国**（旧メキシコ領）併合 →**アメリカ＝メキシコ戦争**（**米墨戦争**，1846 ～ 48）
1846	**オレゴン併合**…オレゴンを米英で分割
1848	**カリフォルニア獲得**…メキシコより 金鉱発見→**ゴールドラッシュ**
1867	**アラスカ**買収…ロシア（**アレクサンドル 2 世**）より

22 │ 19 世紀のアメリカとヨーロッパ文化　**45**

23 ▶ **ヨーロッパの進出とアジア**

問題：本冊 p.72

1 問1　①　問2　④　問3　⑥　問4　②　問5　⑨　問6　①　問7　⑤
　　問8　(1)　⑥　(2)　①　問9　④　問10　④　問11　②　問12　③
　　問13　①　問14　③
2 問1　[1]－こ　[2]－な　[3]－に　[4]－と　[5]－ね
　　　　　[6]－は　[7]－す　[8]－ち　[9]－え
　　問2　A　ザミンダーリー制　B　シパーヒー
3 問1　1842年　問2　林則徐
　　問3　広州での外国貿易を独占した特許商人組合（19字）
4 [1]－し　[2]－み　[3]－は　[4]－い　[5]－え
　　[6]－な　[7]－そ　[8]－ふ　[9]－て　[10]－と
　　[11]－せ　[12]－け　[13]－ま　[14]－の

解説

1 問1　①（カルロヴィッツ）・問2　④（ハンガリー）…1683年の第2次ウィーン包囲に失敗したオスマン帝国はオーストリアの反撃を受け，1699年のカルロヴィッツ条約でハンガリーなどをオーストリアに割譲した。　問3　⑥（ボスニア・ヘルツェゴヴィナ）・問7　⑤（ブルガリア）…ロシア＝トルコ戦争（露土戦争）の講和条約であるサン＝ステファノ条約でルーマニア・セルビア・モンテネグロのオスマン帝国からの独立が認められ，ブルガリアは事実上ロシアの保護国となった。これにイギリス・オーストリアが反発したためドイツのビスマルクは自らを「誠実な仲買人」としてベルリン会議を開催した。新たに結ばれたベルリン条約では，ルーマニアなどの独立が改めて認められたが，ブルガリアの領土は縮小されオスマン帝国領内の自治領となったためロシアの南下は阻まれた。また，オーストリアはボスニア・ヘルツェゴヴィナの，イギリスはキプロス島の行政権を得た。　問6　①（クリム＝ハン国）…クリム＝ハン国はクリミア半島を中心とした国家で，18世紀後半にロシアに滅ぼされた。　問8　(1)⑥（ミドハト＝パシャ）・(2)　①（ロシア＝トルコ戦争）…オスマン帝国のミドハト＝パシャは，責任内閣制や二院制議会などを定めたミドハト憲法を制定したが，ロシア＝トルコ戦争が勃発するとアブデュルハミト2世はミドハト憲法を停止し，専制政治を復活させた。　問9　④（ワッハーブ）・問14　③（サウード家）…イスラーム復古主義を唱えるワッハーブ派は，サウード家と結んでワッハーブ王国を成立させた。　問13　①（アフガーニー）…アフガーニーはイスラーム勢力の団結を唱えるパン＝イスラーム主義を主張し，エジプトのウラービー＝パシャの乱やイランのタバコ＝ボイコット運動に影響を与えた。

2 問1　[9]－え（ヴィクトリア）…1877年，ディズレーリ保守党内閣は，イギリスのヴィクトリア女王を皇帝とするインド帝国を成立させた。　問2　A

46

ザミンダーリー制…地主に土地所有権を認めて徴税するザミンダーリー制に対し，農民に土地所有権を認めて徴税するのが**ライヤットワーリー制**である。
B　**シパーヒー**…シパーヒーは**東インド会社のインド人傭兵**で，1857年にイギリス支配に対し反乱を起こした（シパーヒーの反乱〔インド大反乱〕，1857～59）。反乱軍はムガル帝国の皇帝を推戴したが敗れ，**1858年にムガル帝国は滅亡し東インド会社は解散**した。

3　問1　**1842年**・問2　**林則徐**・問3…林則徐は**道光帝**によって欽差大臣に任じられて広州に赴き，イギリスの持ち込んだアヘンを没収・廃棄しアヘンの密貿易を取り締まった。その結果1840年にアヘン戦争が勃発し，清は敗れて1842年に**南京条約**を結んだ。この条約で清は**広州・厦門・福州・寧波・上海**の5港を開港し，広州で外国貿易を独占した特許商人組合である**公行を廃止**し，**香港（島）をイギリスに割譲**した。

4　[6]－**な（同治）**・[8]－**ふ（洋務）**・[9]－**て（中体西用）**…同治帝の時代に，太平天国の乱鎮圧に功績のあった**曾国藩・李鴻章**ら漢人官僚らによる富国強兵策である**洋務運動**が行われた。しかしこの洋務運動は「**中体西用**」を基本方針とし，儒学を中心とする伝統的な学問・制度を主体とし，西洋の技術を利用するというものであったため，清仏戦争や日清戦争に敗北するなど限界を露呈した。[11]－**せ（清仏）**…1883，84年の**ユエ条約**で清がベトナム（阮朝）を保護国化すると，宗主権を主張する清との間で**清仏戦争**が起こった。清は敗北して**天津条約**を結び，ベトナムの宗主権を放棄した。[12]－**け（光緒）**・[13]－**ま（梁啓超）**・[14]－**の（戊戌）**…1898年，光緒帝は公羊学派の**康有為**や**梁啓超**を用いて日本の明治維新を模範とした立憲君主政をめざす変法運動を断行した。当時の干支から，この運動のことを**戊戌の変法**と呼ぶ。しかし西太后ら保守派の反発を受け失敗し，光緒帝は幽閉され康有為と梁啓超は日本に亡命した。

👆 私大標準よく出るポイント ▶▶ 中国同盟会結成～辛亥革命・清朝滅亡

1905	**中国同盟会**結成…**孫文**が**東京**で結成．機関紙『**民報**』 ・**興中会**（1894，孫文が**ハワイ**で結成）・華興会などが統合 ・**三民主義**…民族の独立・民権の伸張・民生の安定
1911.9 ～10	**四川暴動**←清朝の**幹線鉄道国有化** **武昌蜂起**…**辛亥革命**（1911～12）の開始→多くの省が独立を宣言
1912.1 ～2	**中華民国建国**…孫文が臨時大総統に就任　首都**南京** →**袁世凱**，革命派と密約→**宣統帝**退位・清朝滅亡（1912.2）

23 ｜ ヨーロッパの進出とアジア　47

4章 地球世界の形成と混迷

24 **帝国主義**

問題：本冊 p.76

1 問1　[1]－フェビアン　[2]－労働党　[3]－自由
　　　　[4]－ロイド＝ジョージ　[5]－保守　[6]－国民保険
　　　　[7]－総力戦　[8]－ジョゼフ＝チェンバレン
　　　　[9]－南アフリカ（南ア・ブール）
　　　　[10]－第2インターナショナル　問2　保護関税政策
2 問1　[a]－フランス　　　[b]－アルザス・ロレーヌ
　　　　[c]－オーストリア　[d]－イギリス
　　問2　(1)　(ロ)　(2)　(ニ)　(3)　第2次産業革命

解説

1 問1　[1]－**フェビアン**…ウェッブ夫妻とバーナード＝ショーらによって1884年に結成されたフェビアン協会は，穏健な社会改革をめざしたイギリスの社会主義団体。　[2]－**労働党**…1900年，フェビアン協会と独立労働党，社会民主連盟などの社会主義団体は労働代表委員会を結成した。労働代表委員会は1906年に労働党と改称した。　[4]－**ロイド＝ジョージ**…ロイド＝ジョージは自由党の政治家で，第一次世界大戦中には挙国一致内閣を組織し，**第一次大戦後のパリ講和会議にも参加**した。　[3]－**自由**・[5]－**保守**…難しい問題であるが，[4]の解答がロイド＝ジョージであるとわかれば，文脈から判断して[3]には彼の所属政党である自由党，[5]にはその敵対政党である保守党が入ることが想像できる。
　[6]－**国民保険**…イギリスの**アスキス自由党内閣**の時代の1911年に**議会法・国民保険法**，1914年には**アイルランド自治法**が成立した。　[8]－**ジョゼフ＝チェンバレン**・[9]－**南アフリカ（南ア・ブール）**…🖐私大標準よく出るポイント（英仏のアフリカ進出と独立を維持した国家）を参照。　[10]－**第2インターナショナル**…第2インターナショナルは1889年にパリで結成された社会主義者の国際的組織。第一次世界大戦が勃発すると各国の社会主義政党が自国の戦争を支持したため実質的に崩壊した。

2 問1　[a]－**フランス**・[b]－**アルザス・ロレーヌ**・問2　(1)　(ロ)　(**普仏戦争**）…フランスは1870〜71年の**普仏戦争**（プロイセン＝フランス戦争）に敗北しアルザス・ロレーヌをドイツに割譲し賠償金を課せられたため，反独感情が高まっていた。そのためビスマルクは，フランスを孤立させる外交を展開した。　[c]－**オーストリア**…「未回収のイタリア」とはイタリア統一以降もオーストリアに残ったイタリア人居住地である南チロル・トリエステなどのことであり，1882年にドイツ・オーストリア・イタリアによる**三国同盟**結成後も，オーストリア・イタリアの関係を悪化させた。　[d]－**イギリス**…イギリスは1904年にフランスと英仏協商を結び，**エジプトにおけるイギリスの，モロッコにおけるフランスの優越権を相互承認**した。また，イギリスは1907年にロシアと英露協

商を結び，イラン北部をロシアの，イラン南東部とアフガニスタンをイギリスの**勢力範囲**とすることが定められた。　**問2（2）（ニ）（マーシャル諸島）**…マーシャル諸島は16世紀にスペインが到達し，1885年にドイツ領となった。ヴィルヘルム2世は1888年にドイツ皇帝に即位しているので，彼の海外進出路線には直接該当しない。

👆 **私大標準よく出るポイント** ▶▶ 英仏のアフリカ進出と独立を維持した国家

- **イギリス…アフリカ縦断政策**（エジプトと**ケープ植民地**を結ぶ）
  ①北アフリカ

1875	**スエズ運河会社株買収**…〈保〉**ディズレーリ**内閣
1881〜	**オラービー＝パシャの乱**（〜82）…鎮圧→**エジプトを事実上保護国化**
1881〜	**マフディーの乱**（〜98）…スーダン　〈英〉**ゴードン**戦死→鎮圧
1898	**ファショダ事件**…スーダンでフランスと衝突→フランスの譲歩

  ②南アフリカ

1815	**ケープ植民地獲得**…オランダから獲得（**ウィーン議定書**）
1890	**セシル＝ローズ**が**ケープ植民地**首相に就任→ローデシア建国（1895）
1899〜	**南アフリカ（南ア，ブール）戦争**（〜1902） ・〈英〉植民相**ジョゼフ＝チェンバレン**指導…ブール人（オランダ系移民の子孫）国家の**トランスヴァール共和国・オレンジ自由国**併合
1910	**南アフリカ連邦**成立…**ケープ植民地**など4州で構成

- **フランス…アフリカ横断政策**（**サハラ**と**ジブチ・マダガスカル**を結ぶ）
  ①北アフリカ

1830	**アルジェリア出兵**（シャルル10世治世）
1869	**スエズ運河開通**…〈仏〉**レセップス**の開削
1881	**チュニジア保護国化**
1898	**ファショダ事件**…イギリスに譲歩
1904	**英仏協商**…イギリスの**エジプト**，フランスの**モロッコ**における優越権相互承認
1912	**モロッコ保護国化**…〈独〉**ヴィルヘルム2世**と2度の対立後

  ②東アフリカ…**ジブチ**港の建設（仏領**ソマリランド**），**マダガスカル**領有
  ③西アフリカ…**ギニア**占領

- **独立を維持した国家**…**エチオピア・リベリア**

4章

地球世界の形成と混迷

24 ｜ 帝国主義　49

25	第一次世界大戦とロシア革命	問題：本冊 p.78

1 問1 ⑤ 問2 ⑤ 問3 ② 問4 ① 問5 ④ 問6 ① 問7 ②
問8 ④ 問9 ① 問10 ④ 問11 ②
2 問1 1 問2 1 問3 3 問4 2 問5 4

解説

1 **問1** **⑤（ブルガリア）**…第一次世界大戦の同盟国側は，ドイツ・オーストリア・ブルガリア・オスマン帝国（トルコ）の４カ国である。 **問4** **①（ソンムの戦い）**…第一次世界大戦は，機関銃と塹壕戦によって戦線が膠着した。戦車は塹壕を突破するために開発された第一次世界大戦における新兵器で，1916年のソンムの戦いでイギリスが初めて実戦投入した。 **問6** **①**…1917年2月にドイツが宣言した無制限潜水艦作戦は，ドイツがイギリスを海上封鎖するためのもので，交戦国・中立国の区別なく無差別・無警告に撃沈するとした。これに反発したアメリカは，1917年4月に連合国（協商国）側で第一次世界大戦に参加した。 **問7** **②（キール）**…第一次世界大戦末期の1918年11月にキール軍港の水兵反乱が起こり，ドイツ皇帝ヴィルヘルム2世が亡命してドイツ帝国は滅亡した。ドイツには社会民主党のエーベルトを首相とする臨時政府が成立し，連合国側と休戦協定を結んで第一次世界大戦が終了した。 **問8** **④（パリ）・問9** **①（敗戦国に対する賠償要求）**…1919年に開催された第一次世界大戦の講和会議であるパリ講和会議には，アメリカのウィルソン，イギリスのロイド＝ジョージ，フランスのクレマンソーが参加した。この会議では1918年にウィルソンが出した十四カ条の平和原則が講和原則とされたが，英仏の抵抗で形骸化し，ドイツに過酷な賠償金を要求するなど敗戦国を極端に圧迫する内容となった。
問10 **④**…①ドイツは徴兵制・潜水艦・空軍が禁止され，陸海軍が制限されるなど軍備が制限されたが，戦力の不保持が義務付けられたのではない。②ドイツはカメルーンとトーゴ以外の海外植民地を失ったのではなく，全ての海外植民地を失った。③ラインラントを流れるライン川の東西両岸に沿って約2キロメートルの非武装地帯が設定されたのではなく，ライン川東岸の幅50キロメートルが非武装地帯となり，西岸は連合軍が15年間占領した。 **問11** **②**…国際連盟の最高議決機関は理事会ではなく総会である。また，国際連盟設立当初日本はイギリス・フランス・イタリアとともに理事会の常任理事国であったが，1933年に国際連盟を脱退している。

2 **問1** **1（ペトログラード）・問2** **1（ニコライ2世）**…ロマノフ朝の首都ペテルブルクは，第一次世界大戦でロシアと戦ったドイツ語の読みであったため開戦後ロシア語読みであるペトログラードと改称された。大戦中の1917年3月にペトログラードで民衆のストライキが起こるとこれに兵士が同調して三月革命が勃発し，皇帝ニコライ2世が退位してロマノフ朝は滅亡した。 **問3** **3（立**

50

憲民主党）…立憲民主党は1905年にブルジョワや地主が中心となってロシアで結成された自由主義政党で，**三月革命後の臨時政府の中心となり戦争を継続した。**

問4　**2**…1. **ヴィッテ（ウィッテ）**がボリシェヴィキに所属していたことはない。ヴィッテはロマノフ朝の政治家で，第1次ロシア革命の際に出された**十月宣言（十月勅令）**を起草し，その後首相となった。3. ロシア社会民主労働者党が，ボリシェヴィキとメンシェヴィキに分裂したので無関係ではない。　問5　**4（ブレスト＝リトフスク）**…ブレスト＝リトフスク条約は1918年3月にソヴィエト政権とドイツおよびその同盟国が結んだ第一次世界大戦の単独講和条約で，ソヴィエト政権は多くの領土を放棄した。この条約を結んだことで東部戦線が消滅したため，ドイツは戦力を西部戦線に投入し大攻勢をかけたが失敗した。

私大標準よく出るポイント　　第一次世界大戦の講和条約

- **ヴェルサイユ条約**（1919.6.28）…対ドイツ
  - 領土変更…**アルザス・ロレーヌ（→フランス）**，**ポーランド回廊（→ポーランド）**
  - 国際連盟の管理…**ザール地方**（15年後住民投票で帰属決定），**ダンツィヒ**
  - オーストリアとの合併禁止
  - **全海外植民地の放棄**…連盟管理下の委任統治領に
  - **軍備制限**…徴兵制廃止，空軍・潜水艦禁止，陸海軍の制限
  - **ラインラント**…〈東〉非武装地帯　〈西〉連合国が15年間保障占領
  - 賠償金…**1320億金マルク**（金額は1921年に決定）
  - **国際連盟**の設立
- **サン＝ジェルマン条約**（1919）…対オーストリア
  - **オーストリア＝ハンガリー（二重）帝国**解体
  - 南チロルとトリエステをイタリアに割譲　ドイツとの合併禁止
- **セーヴル条約**（1920）…対オスマン帝国（トルコ）
- **トリアノン条約**（1920）…対ハンガリー
- **ヌイイ条約**（1919）…対ブルガリア

注意すべき正誤ポイント

- ソヴィエト政権は，**ラパロ条約**を結んで第一次世界大戦から離脱した
  →ブレスト＝リトフスク条約
  ※ラパロ条約は1922年にソヴィエト政権とドイツが結んだ条約
- 十四カ条の民族自決の原則は，**全世界**に適応された**→東欧のみ**
- 国際連盟の総会決議は，**多数決**が原則であった**→全会一致**
- アメリカ合衆国は国際連盟に，**設立当初から参加した**
  →最後まで参加しなかった

25 ｜ 第一次世界大戦とロシア革命　　51

26 戦間期の欧米

問題：本冊 p.81

1 問1 [1]－a [2]－j [3]－c
　　問2 (A) 九カ国条約 (B) 戦時共産主義 (C) トロツキー
2 A [a]－4 [b]－1 [c]－1 [d]－4 [e]－2 [f]－3
　　B ア 2 イ 3
3 問1 [1]－r [2]－q [3]－d [4]－c [5]－f [6]－k [7]－i
　　問2 (A) レンテンマルク (B) ドーズ案 (C) 全権委任法
　　　　(D) エチオピア

解説

1 問1 [3]－c（ケロッグ）…アメリカの国務長官ケロッグは，フランスの外相ブリアンとともに世界各国に呼びかけて 1928 年に 15 カ国で**不戦条約（ケロッグ・ブリアン条約）**を成立させた。この条約にはのち 63 カ国が参加した。
(B) **戦時共産主義**…ソヴィエト政権は内戦と対ソ干渉戦争に対処するため，すべての私企業を禁止し，穀物の強制徴発を行う戦時共産主義を 1918 年から実施した。しかし労働意欲の低下から農業・工業の生産が極度に低下したため，1921 年からネップ（新経済政策）を実施し，余剰作物の販売を許可し中小企業の私営を許可した。その結果，生産は回復し 1920 年代後半には第一次世界大戦前の生活水準に戻った。そして **1928 年からは重工業に重点を置いた第 1 次五カ年計画を実施し**，農業の集団化も行われ集団農場のコルホーズや国営農場のソフホーズが導入された。 (C) **トロツキー**…レーニン死後，世界革命を主張するトロツキーと一国社会主義論を主張するスターリンが対立し，敗れたトロツキーは共産党除名ののち国外に追放され，メキシコで暗殺された。

2 A [a]－4（25）…1929 年 10 月 24 日のニューヨーク株式取引所（ウォール街）の株価大暴落（「暗黒の木曜日」）から世界恐慌が発生し，アメリカの失業率は約 25％に達した。 [b]－1（フーヴァー）…世界恐慌発生時のアメリカ合衆国大統領であったフーヴァーは，**スムート＝ホーリー関税法**を発して関税を引き上げたが，他国も関税を引き上げたため世界貿易は縮小し，恐慌は悪化した。また，ドイツの賠償金支払いと英仏の戦債支払いを 1 年間猶予する**フーヴァー＝モラトリアム**を発したが成功しなかった。 [c]－1（ワグナー）・
B ア 2（ニューディール）・イ 3（NIRA）…⚲**私大標準よく出るポイント**（ニューディール）を参照。 [e]－2（マクドナルド）・[f]－3（オタワ）…イギリスのマクドナルドは世界恐慌の波及に際し**失業保険費の削減**を行おうとしたため労働党を除名された。その後保守党・自由党の協力によってマクドナルド挙国一致内閣が成立した。マクドナルド挙国一致内閣は 1931 年に**金本位制を停止し**，同年**ウェストミンスター憲章**でイギリス連邦を成立させ本国と自治領を対等とした。そして 1932 年の**オタワ連邦会議**でブロック経済を採用し，**スターリング（ポ**

52

ンド）＝ブロックを形成した。

3 問1　[1]-**r（ローザ＝ルクセンブルク）**…ローザ＝ルクセンブルクはポーランド出身のドイツの女性革命家で，**カール＝リープクネヒト**とともにスパルタクス団を組織して1919年に蜂起したが失敗し虐殺された。　[5]-**f（シュトレーゼマン）**・問2（A）**レンテンマルク**……フランス・ベルギーの**ルール占領**後発生したドイツの大インフレーションに際し，**シュトレーゼマン内閣**は新紙幣のレンテンマルクを発行して大インフレーションを**収束**させた。また，フランスの外相ブリアンと協調外交を行い，1925年に**ロカルノ条約**を結んでラインラント非武装を再確認し，翌年ドイツは国際連盟に**加盟**した。　[6]-**k（ヒンデンブルク）**…ヒンデンブルクはドイツの軍人・政治家で，第一次世界大戦の**タンネンベルクの戦い**ではロシア軍を撃破した。その後ヴァイマル共和国第2代大統領となったが，世界恐慌に際して**大統領緊急令**を乱発して国民の議会政治への不信を高めた。その後ヒトラーを首相に任命した。　[7]-**i（ネヴィル＝チェンバレン）**…イギリス首相ネヴィル＝チェンバレンはヒトラーがチェコスロヴァキアに**ズデーテン地方**の割譲を要求すると，ヒトラー，フランスのダラディエ，イタリアのムッソリーニが参加した**ミュンヘン会談**でドイツのズデーテン地方併合を承認した。これはヒトラーに対する**宥和政策**の典型例とされる。　問2（C）**全権委任法**…1933年に成立したヒトラー内閣は，この年に**国会議事堂放火事件**で共産党を非合法化し，さらに全権委任法によって**内閣に立法権**を認めた。これによってヴァイマル憲法は事実上無効となった。　（D）　**エチオピア**…イタリアのムッソリーニ政権は1935年にエチオピアに侵攻し，翌年併合した。**国際連盟はイタリアに対し経済制裁を発した**が効果は薄かった。また国際的に孤立したイタリアはドイツに接近した。

👆 私大標準よく出るポイント ▶▶ ニューディール

- **農業調整法（AAA，1933）**…農業生産制限　※違憲判決
- **全国産業復興法（NIRA，1933）**…工業生産制限，労働者の団結権・団体交渉権を認める　※違憲判決
- **テネシー川流域開発公社（TVA，1933）**…公共事業による失業者救済
- 金本位制停止（1934）
- **ワグナー法（1935）**…労働者の団結権・団体交渉権を承認
  → **産業別組織会議（CIO）**がアメリカ労働総同盟（AFL）から分離（1938）

4章
地球世界の形成と混迷

26 ｜ 戦間期の欧米　　53

27 戦間期のアジア

問題：本冊 p.84

1 A　[a]－イギリス　[b]－ギリシア　[c]－セーヴル　[d]－アンカラ
　　　　[e]－ローザンヌ　[f]－カリフ　[g]－女性
　　B　ア　アタテュルク　イ　アラビア文字

2 問1　[1]－（オ）　[2]－（ヌ）　[3]－（ト）　[4]－（エ）
　　　　　[5]－（キ）　[6]－（セ）　[7]－（シ）　[8]－（ア）
　　問2　A　①　バルフォア宣言　②　シオニズム（運動）
　　　　　B　①　サイクス・ピコ協定　②　1916年

3 問1　[ア]－ローラット法　[イ]－アムリットサ（ー）ル
　　　　　[ウ]－ガンディー　[エ]－塩　[オ]－パキスタン
　　問2　（ネルソン＝）マンデラ

4 問1　ハンガリー〔チェコスロヴァキア・ユーゴスラヴィア・フィンラン
　　　　　ド・ポーランド・エストニア・ラトヴィア・リトアニア〕
　　問2　独立万歳を叫ぶデモ　問3　五・四運動
　　問4　サレカット＝イスラーム　問5　ホー＝チ＝ミン

5 [1]－て　[2]－の　[3]－ひ　[4]－お　[5]－け
　　[6]－ふ　[7]－た　[8]－す　[9]－は　[10]－ね
　　[11]－へ　[12]－せ　[13]－な　[14]－ぬ　[15]－い

6 [a]－2　[b]－2　[c]－3　[d]－2　[e]－2　[f]－3

解説

1 A　[c]－セーヴル・[d]－アンカラ・[e]－ローザンヌ・B　ア　アタテュルク
…オスマン帝国（トルコ）と連合国の間で結ばれた第一次世界大戦の講和条約
であるセーヴル条約は、オスマン帝国の領土を大幅に削減し、領事裁判権を認
め関税自主権を喪失するといった内容であった。アンカラに臨時政府を樹立した
**ムスタファ＝ケマル（ケマル＝パシャ）は1922年にスルタン制を廃止してオ
スマン帝国を滅ぼした**。その後連合国との間でローザンヌ条約を結び、完全な主
権を回復した。そしてムスタファ＝ケマルは1923年に**トルコ共和国の初代大統
領**となったのち、議会から「**アタテュルク**」（「トルコの父」の意）の称号を与え
られた。　[f]－**カリフ**・B　イ　**アラビア文字**…ムスタファ＝ケマルは1924年
にカリフ制を廃止して政教分離を実現し、アラビア文字を廃止してローマ字を導
入する**文字改革**を行った。また、イスラーム暦を廃止して太陽暦を導入した。
[g]－**女性**…ムスタファ＝ケマルは女性解放を実施し、**チャドルを廃止し、女性
参政権や一夫一婦制を導入**した。

2 問1　[2]－（ヌ）（ハーシム）・[7]－（シ）（イブン＝サウード）・[8]－（ア）（サ
ウジアラビア）…ハーシム家の**フセイン**は、イギリスとフセイン・マクマホン
協定を結び、ヒジャーズ王国を建設した。しかし1924年にネジド王イブン＝サ

54

ウードはヒジャーズ王国を倒してヒジャーズ＝ネジド王国を成立させ，1932年にサウジアラビア王国と改称した。なお，サウジアラビア王国は**ワッハーブ派を国教**とした。　**問2**　A①　バルフォア宣言・B①　サイクス・ピコ協定・B②　1916年…🉑**私大標準よく出るポイント**（第一次大戦中のイギリスの秘密外交〔西アジア〕）を参照。　A②　シオニズム（運動）…シオニズムとは，パレスチナにユダヤ人国家を建設しようとする運動で，**ドレフュス事件**後，ユダヤ人ジャーナリストの**ヘルツル**が開始した。

3　**問1**　［ア］-ローラット法・［イ］-アムリットサ（ー）ル…イギリスはインドに対し，第一次世界大戦への協力を条件に戦後自治を認める約束をしたが，1919年には**令状なしの逮捕・裁判なしの投獄を認める**ローラット法を制定し，民族運動を弾圧しようとした。インド側がローラット法に反発してアムリットサ（ー）ルで抗議集会を開くと，イギリス軍はこれに発砲し，多くの死傷者が出た（アムリットサル事件）。　［オ］-パキスタン…全インド＝ムスリム連盟のジンナーは，インドからの分離独立をめざし，1947年のインド独立法によって**インドはヒンドゥー教徒が多数のインド連邦とイスラーム教徒が多数のパキスタンに分離独立**した。なお，ジンナーはパキスタンの初代総督に就任した。

4　**問1**　ハンガリー〔チェコスロヴァキア・ユーゴスラヴィア・フィンランド・ポーランド・エストニア・ラトヴィア・リトアニア〕…ウィルソンの十四カ条でうたわれた民族自決権は東欧8カ国に適用された。　**問2**　独立万歳を叫ぶデモ…問題文にある，「日本統治下のソウルではじまった朝鮮の独立運動」とは**三・一独立運動**のことであり，朝鮮各地で独立万歳を叫ぶデモが行われた。　**問3**　五・四運動…中国はパリ講和会議に参加し，二十一カ条の要求の廃棄を主張したが認められなかったため，**北京大学の学生を中心にデモが起こった。これに労働者や市民も合流して全国的な反帝国主義の大衆運動へと発展**したため，北京政府はヴェルサイユ条約の調印を拒否した（五・四運動）。　**問4**　サレカット＝イスラーム（イスラーム同盟）…サレカット＝イスラームは当初ムスリム商人が華僑に対抗するために結成した団体だったが，しだいに政治色を強め，民族主義運動を行った。一方，インドネシアの知識人中心の民族主義団体は**ブディ＝ウトモ**である　**問5**　ホー＝チ＝ミン…ホー＝チ＝ミンはベトナムの政治家で，1925年にベトナム青年革命同志会を，1930年には**インドシナ共産党**を結成した。日本が仏領インドシナ連邦に進駐すると**ベトナム独立同盟（ベトミン）**を結成して抵抗し，日本敗戦後は**ベトナム民主共和国**の初代大統領となった。

5　［2］-の（陳独秀）…陳独秀は中国の思想家・政治家で，1915年に雑誌『新青年』を発行した。また，**中国共産党の初代委員長**となった。　［7］-た（浙江）・［8］-す（上海）・［9］-は（南京）…北伐の総司令であった国民党の**蔣介石**は，浙江財閥や英米の支持を受けて1927年に**上海クーデタ**を起こし，多数の共産党

27　｜　戦間期のアジア　　55

員を殺害した。これによって**第1次国共合作は崩壊した**。 ［10］-ね（**張作霖**）・
［11］-へ（**奉天**）…北京政府の実権を握っていた奉天軍閥の張作霖は，北伐を受けて本拠地の奉天に戻る際，日本の関東軍によって奉天で列車ごと爆殺された（**張作霖爆殺事件〔奉天事件〕**）。その後張作霖の子である **張学良** は蔣介石に帰順し，**中国は統一された**。 ［12］-せ（**瑞金**）・［13］-な（**中華ソヴィエト**）・［14］-ぬ（**長征**）・［15］-い（**延安**）…国共分裂後，共産党の毛沢東は瑞金に中華ソヴィエト共和国臨時政府を樹立したが，国民党の蔣介石の攻撃を受けた。そのため共産党は 1934 年から 36 年にかけて**江西省の瑞金から陝西省の延安まで移動した**。この移動のことを**長征**という。

6 ［a］-2（**奉天**）・［c］-3（**執政**）…1931 年 9 月，関東軍は奉天郊外の 柳 条湖で南満州鉄道を爆破し，これを張学良の仕業として軍事行動を開始した（**柳条湖事件**）。ここから**満州事変**が勃発し，日本は 1932 年 3 月に清朝最後の皇帝であった **溥儀（宣統帝）** を執政とする満州国を建てた。 ［d］-2（**盧溝橋**）…1936 年12 月，張学良が蔣介石を監禁し，国共内戦停止と抗日を要求した。共産党の 周恩来の仲介を受けて事件は平和的に解決し蔣介石は釈放された（**西安事件**）。1937 年 7 月，北京郊外で日中両軍が衝突する盧溝橋事件が起こると，ここから日中戦争が開始された。その後同年 9 月に**第 2 次国共合作**が成立した。

👆 **私大標準よく出るポイント** ▶ 第一次大戦中のイギリスの秘密外交（西アジア）

- **フセイン・マクマホン協定（1915）**
  - アラブ人指導者フセインに，戦後アラブ人のオスマン帝国（トルコ）からの独立を約束
- **サイクス・ピコ協定（1916）**
  - 英・仏・露でオスマン帝国（トルコ）領分割（パレスチナは国際管理）
  ※ソヴィエト政権が暴露
- **バルフォア宣言（1917）**
  - ユダヤ財閥に対し，パレスチナにおけるユダヤ人の建国支持

💡 **注意すべき正誤ポイント** ▶

- インド国民会議の✗**カルカッタ大会**でプールナ＝スワラージ（完全独立）が決議された→**ラホール大会**
  ※カルカッタ大会では英貨排斥・スワデーシ（国産品愛用）・スワラージ（自治獲得）・民族教育のカルカッタ大会 4 綱領が採択された。

28　第二次世界大戦後の欧米

> 問題：本冊 p.88

1 A　[a] - 2　[b] - 1　[c] - 3　[d] - 1　[e] - 3　[f] - 1
　　B　ア 3　イ 2　ウ 1
2 問1　[A] - フルシチョフ　[B] - ワレサ　[C] - チャウシェスク
　　　　　[D] - ホネカー　[E] - エリツィン　問2　ナジ＝イムレ
　　問3　ペレストロイカ　問4　エストニア・ラトヴィア・リトアニア
3 問1　【1】 6　【2】 2　【3】 3　【4】 1　問2　【5】 2　【6】 2
4 [ア] - ヨーロッパ石炭鉄鋼共同体（ECSC）
　　[イ] - ヨーロッパ経済共同体（EEC）　　[ウ] - ヨーロッパ共同体（EC）
　　[エ] - イギリス　[オ] - マーストリヒト　[カ] - ユーロ

解説

1　A　[c] - 3（ブレトン＝ウッズ）…1944年に開催されたブレトン＝ウッズ会議で，**米ドルを基軸通貨とする固定相場制であるブレトン＝ウッズ体制**が成立した。ブレトン＝ウッズ体制は国際収支難に陥った国に短期資金を融資する**国際通貨基金（IMF）**と開発途上国に長期資金を融資する**国際復興開発銀行（世界銀行，IBRD）**を中心機構とした。　[d] - 1（トルーマン＝ドクトリン）…アメリカ合衆国大統領トルーマンは，1947年3月に**トルコ・ギリシアへの援助**を宣言した。これがトルーマン＝ドクトリンで，対ソ「**封じ込め政策**」の開始ならびに冷戦の宣戦布告としてとらえられた。　[e] - 3（コミンフォルム）…1947年9月にソ連・東欧とフランス・イタリアの共産党はコミンフォルム（共産党情報局）を結成した。本部はユーゴスラヴィアのベオグラードに置かれたが，ユーゴスラヴィアは指導者ティトーがコミンフォルムの統制に反発したため，1948年に除名された。　[f] - 1（フィリピン）…1950年に朝鮮戦争が勃発すると，アメリカは1951年にオーストリア・ニュージーランドと**太平洋安全保障条約（ANZUS）**を，フィリピンと**米比相互防衛条約**を結んだ。また同年日本は**サンフランシスコ平和条約**によって主権を回復するとともに**日米安全保障条約**を結び，アメリカ軍の日本駐留が定められた。　B　ア　3…1963年に地下以外の核実験を禁止する部分的核実験禁止条約に調印したのは，**62カ国ではなく米英ソの3カ国**である。　イ　2（マーシャル）…1947年6月にアメリカ国務長官マーシャルは，**ヨーロッパ経済復興援助計画（マーシャル＝プラン）**を発表した。ウ　1…朝鮮の独立が承認されていたのは**テヘラン会談ではなく1943年のカイロ会談**である。テヘラン会談は1943年に開催され，第二戦線の形成などを決定した。

2　問1　[A] - **フルシチョフ**…フルシチョフはスターリンの死後ソ連の指導者となり，1956年のソ連共産党第20回大会では資本主義諸国との**平和共存**を打ち出すとともに，**スターリン批判**を行った。その後，1959年にアメリカのアイ

ゼンハワー大統領と**キャンプ＝デーヴィッド会談**を行った。1962 年にはキューバにミサイル基地を建設しようとしたことからアメリカのケネディ大統領と対立したが，アメリカがキューバ不侵攻を約束したためミサイルを撤去し，**核戦争の危機は回避された（キューバ危機）**。翌 1963 年には米英とともに**部分的核実験禁止条約**を結んだ。　[B] - **ワレサ**・[C] - **チャウシェスク**・[D] - **ホネカー**・**問 2 ナジ＝イムレ**…◉**私大標準よく出るポイント**(戦後ヨーロッパの指導者)を参照。

[E] - **エリツィン**…エリツィンはソ連を構成していた共和国の一つであるロシア共和国の大統領で，1991 年に共産党保守派による反ゴルバチョフ＝クーデタが起こると，これを収拾した。そして同年 12 月には，ロシアを中心にソ連を構成していた 11 共和国で **CIS（独立国家共同体）**を結成し，この結果ソ連は解体された。　**問 3　ペレストロイカ**…1985 年にソ連の書記長に就任したゴルバチョフは，ペレストロイカと呼ばれるソ連の全般的な改革を行った。また，**チェルノブイリ原子力発電所事故**を契機にグラスノスチと呼ばれる情報公開を進めた。さらに**「新思考外交」**と呼ばれる緊張緩和外交を進め，1987 年にはアメリカのレーガン大統領と**中距離核戦力（INF）全廃条約**を結び，1988 年にはアフガニスタンからの撤退を開始，1989 年には**中ソ関係を正常化**させた。そして 1989 年 12 月にはアメリカのブッシュ大統領と**マルタ会談**を行い，冷戦の終結を宣言した。

3　**問 1　【1】6**…a の北爆（北ヴェトナムへの爆撃）開始は 1965 年，b 公民権法成立は 1964 年，c ケネディ大統領就任は 1961 年のこと。　**【2】2（ニクソン）**…ニクソン大統領は 1973 年に**パリ和平協定**を結んでベトナム戦争から離脱した。**【4】1**…②「偉大な社会」をスローガンとして掲げたのは，**ケネディ**ではなくジョンソンである。ケネディは「ニューフロンティア」をスローガンとして掲げた。　**問 2　【5】2**…a ドル＝ショックは 1971 年，b アメリカ合衆国の「双子の赤字」（財政と貿易の赤字）の深刻化は 1980 年代のレーガン大統領の時代，c 第 1 次石油危機（オイルショック）は 1973 年のこと。　**【6】2**…ドル＝ショックは，ドルと金の交換を可能としたことで引き起こされたのではなく，ドルと金の交換を停止したことによって引き起こされたものである。

4　[エ] - **イギリス**…イギリスは 1960 年にポルトガル・デンマーク・オーストリアなどとともに**ヨーロッパ自由貿易連合（ＥＦＴＡ）**を結成したが，**1973 年**にイギリスはデンマーク・アイルランドとともに **EC に加盟**した。そして 1981 年にギリシアが，1986 年にスペイン・ポルトガルが EC に加盟した。　[オ] - **マーストリヒト**…1992 年にオランダのマーストリヒトで条約が結ばれ（マーストリヒト条約），翌 1993 年に EC を基盤に共通の外交や安全保障政策をめざすヨーロッパ連合（EU）が EC 構成国 12 カ国で発足し，ヨーロッパの統合はさらに深化した。加盟国は 1995 年にオーストリア・スウェーデン・フィンランドが加盟して 15 カ国に，**2004 年**に中欧・バルト 3 国などが加盟して 25 カ国に，**2007 年**にルーマニア・ブルガリアが加盟して 27 カ国に，**2013 年**にクロアティアが加盟して

58

28 カ国となったが，**2016 年，国民投票によってイギリスの離脱が決定**した。

👆 私大標準よく出るポイント ≫ 戦後ヨーロッパの指導者

[**イギリス**]
- **アトリー**…労働党，重要産業国有化，社会保障の拡充「ゆりかごから墓場まで」
- **サッチャー**…保守党，国営企業民営化，福祉縮小
  フォークランド戦争（1982）でアルゼンチン軍に勝利

[**フランス**]
- **ド゠ゴール**…核実験（1960），エヴィアン協定（1962）…アルジェリア独立承認，NATO の軍事機構から脱退

[**西ドイツ（統一ドイツ）**]
- **アデナウアー**…キリスト教民主同盟，経済復興に成功
- **ブラント**…社会民主党，**東方外交**…ソ連・ポーランドと関係改善，**東西ドイツ基本条約**（1972）→翌年東西ドイツが国連に加盟
- **コール**…キリスト教民主同盟，**ベルリンの壁崩壊**（1989）→翌年**東西ドイツ統一**

[**東ドイツ**]
- **ホネカー**…東欧革命（1989）で退陣

[**ユーゴスラヴィア**]
- **ティトー**…第二次大戦中**パルチザン**指導，**非同盟諸国首脳会議**を開催（1961）

[**ポーランド**]
- **ゴムウカ**…**ポーランド反政府・反ソ暴動（ポズナニ暴動）**（1956）を収拾
- **ワレサ**…自主管理労組**「連帯」**の議長に（1980），大統領に就任（1990）

[**ハンガリー**]
- **ナジ゠イムレ**…**ハンガリー反ソ暴動**（1956）の際，複数政党制・ワルシャワ条約機構からの脱退を表明→ソ連軍介入・処刑される

[**チェコスロヴァキア**]
- **ドプチェク**…民主化運動（**「プラハの春」**，1968）→ソ連軍介入・失脚

[**ルーマニア**]
- **チャウシェスク**…自主独立路線（1960 年代～）→東欧革命で逮捕・処刑

---

28 ｜ 第二次世界大戦後の欧米　59

29	第二次世界大戦後のアジア

問題：本冊 p.92

1 問1 [1]-d [2]-n [3]-s [4]-w [5]-v
[6]-e [7]-q [8]-k [9]-a
問2 （A） スカルノ・ネルー・ナセル（から2人） （B） ティトー
（C） 中国・インド （D） 1956年
2 問1 a 問2 c 問3 b 問4 a 問5 c 問6 c

解説

1 問1 [2]-n（朝鮮）…1950年に北朝鮮が突如韓国を攻撃し，朝鮮戦争が勃発した。韓国側をアメリカ軍中心の国連軍が，北朝鮮側を中国義勇兵が支援し，1953年に板門店で休戦協定が結ばれた。 [3]-s（バンドン）・問2（A） スカルノ・ネルー・ナセル（から2人）…1955年インドネシアのバンドンで，インドネシアのスカルノ，インドのネルーらの呼びかけによってアジア・アフリカ会議が開催された。この会議では反植民地主義・平和共存の理念が打ち出され，平和十原則が発表された。[4]-w（ユーゴスラビア）・[5]-v（ベオグラード）・問2（B） ティトー…1961年，ユーゴスラヴィアのティトーは非同盟諸国首脳会議を首都ベオグラードで開催し，米ソの共存などを呼びかけた。 [6]-e（エジプト）・[7]-q（ナセル）・[8]-k（スエズ）・[9]-a（アイゼンハワー）・問2（D） 1956年…エジプト大統領ナセルは，米英がアスワン＝ハイダム建設資金の援助を停止すると，スエズ運河国有化を宣言した。そのため英・仏とイスラエルがエジプトに侵攻し第2次中東戦争が勃発したが，国連総会の即時停戦決議やソ連の警告を受け，さらにアメリカ大統領アイゼンハワーの政治的圧力もあり英仏・イスラエル軍は撤退した。（C） 中国・インド…1959年にチベット反乱が起こると，中国人民解放軍がこれを鎮圧し，ダライ＝ラマ14世はインドに亡命した。ここから中印間の緊張が高まり，1962年に中印国境紛争が起こった。

2 問1 a（周恩来）…周恩来は中華人民共和国の初代首相となり，1954年のネルー＝周恩来会談や1970年代の米中・日中友好に成功するなど優れた外交手腕を発揮した。 問2 c…a. 1947年に中国共産党によって公布された中国土地法大綱は，地主の土地所有を認めたものではなく地主の土地所有を一掃し，地主の土地を耕作者に無償で分配するという内容であった。b. 蔣介石は台湾に逃れて中華民国政府を維持し，1971年まで国連の安保理常任理事国の地位を保った。d. 建国後の社会主義化の中で，銀行と工場の国有化も進められた。 問4 a…鄧小平は劉少奇とともに第2次五カ年計画後の調整政策を行った人物で，毛沢東とともに第2次五カ年計画を推進したのではない。 問5 c（劉少奇）…劉少奇は鄧小平とともに第2次五カ年計画後に調整政策を行い経済回復に努めたが，毛沢東による（プロレタリア）文化大革命によって失脚した。 問6 c …1971年にキッシンジャー大統領補佐官が訪中し，同年中華人民共和国は国連

60

代表権を得た。この結果中華民国（台湾）は国連から追放された。a. 1972年に訪中したアメリカ大統領は，ジョンソンではなくニクソンである。b. 1972年2月にニクソンが訪中すると，同年9月に田中角栄首相が訪中し，日中共同声明が出されて日中国交正常化が実現した。また福田赳夫首相は1978年に日中平和友好条約を結んだ。d. 米中国交正常化が実現したのは1972年ではなくカーター大統領時代の1979年である。

👆 私大標準よく出るポイント ▶ 戦後アジア・アフリカ・ラテンアメリカの指導者

［西アジア］
- **ナギブ**…エジプト大統領
- **ナセル**…エジプト大統領，**スエズ運河国有化宣言→第2次中東戦争**（1956）
- **サダト**…エジプト大統領
  第4次中東戦争（1973）→**キャンプ＝デーヴィッド合意**（1978，〈米〉カーター〈イスラエル〉ベギン）→**エジプト＝イスラエル平和条約**（1979）→暗殺される（1981）
- **ラビン**…イスラエル首相，**アラファト（PLO）とパレスチナ暫定自治協定**（1993，**オスロ合意**に基づく）→暗殺される（1995）
- **モサデグ**…イラン，石油国有化

［南アジア］
- **ネルー**…インド首相，**ネルー・周恩来会談**（1954），**アジア＝アフリカ会議**の中心
- **ジンナー**…パキスタン初代総督

［東南アジア］→**63ページ参照**

［東アジア］
- **毛沢東**…中華人民共和国を建国・国家主席に，**第2次五カ年計画**失敗後，劉少奇が国家主席に→**文化大革命**で復権，劉少奇と鄧小平が失脚
- **鄧小平**…文化大革命後事実上の最高指導者に「**四つの現代化**」（農業・工業・国防・科学技術）
- **李登輝**…台湾（中華民国）総統，国民党

［アフリカ］
- **エンクルマ**…ガーナ首相・大統領
- **セク＝トゥーレ**…ギニア大統領
- **デクラーク**…南アフリカ共和国大統領，**アパルトヘイト諸法**の廃止
- **（ネルソン＝）マンデラ**…南アフリカ共和国，黒人初の大統領

［ラテンアメリカ］
- **ペロン**…アルゼンチン大統領
- **アジェンデ**…チリ大統領，史上初の選挙による社会主義政権

29 ｜ 第二次世界大戦後のアジア 　61

30 ベトナムと朝鮮の近現代史

問題：本冊 p.94

1 A [a] - ドンズー（東遊） [b] - ホー＝チ＝ミン
[c] - ディエンビエンフー [d] - 東南アジア条約機構（SEATO）
[e] - 1965 [f] - 社会主義
B ア カンボジア イ ファン＝ボイ＝チャウ ウ ピニョー
エ サイゴン

2 問1 金玉均 問2 全琫準 問3 李承晩 問4 朴正熙 問5 金泳三
問6 三・一 問7 1919年 問8 (a) 武断 (b) 文化 問9 上海

解説

1 A [a] - **ドンズー（東遊）**・B イ **ファン＝ボイ＝チャウ**…1905年に**維新会**を結成したベトナムの運動家ファン＝ボイ＝チャウは，日露戦争での日本の勝利に刺激を受け，ベトナムの青年を日本に留学させるドンズー（東遊）運動を推進した。 [b] - **ホー＝チ＝ミン**・[c] - **ディエンビエンフー**…第二次大戦後ベトナム独立同盟（ベトミン）の指導者ホー＝チ＝ミンを大統領とする**ベトナム民主共和国**が成立したが，フランスがベトナム再植民地化を企図して1946年に**インドシナ戦争**が始まった。フランスはベトナム南部に阮朝最後の皇帝バオ＝ダイを主席とする傀儡国家のベトナム国を成立させたが，ディエンビエンフーの戦いに敗北し，ジュネーヴ休戦協定が結ばれてフランス軍は撤退した。
[e] - **1965**…1964年，アメリカの駆逐艦が北ベトナムの魚雷攻撃を受けたとする**トンキン湾事件**（のち，アメリカの謀略であることが判明）を口実に，翌1965年アメリカのジョンソン大統領は**北ベトナム爆撃（北爆）**を開始し，ベトナム戦争が本格化した。 [f] - **社会主義**・B エ **サイゴン**…1975年，南ベトナム（ベトナム共和国）のサイゴンが陥落してベトナム戦争が終結し，南北が統一されて翌1976年にベトナム社会主義共和国が成立した。

2 問1 **金玉均**…金玉均は朝鮮の開化派（独立党）の指導者で，親日の政治家。1884年に閔氏を中心とする**事大党**に対してクーデタを起こしたが失敗した（**甲申政変**）。 問2 **全琫準**…全琫準は1894年に起こった**甲午農民戦争（東学の乱）**を起こしたが，これをきっかけに日清両軍が出兵し，**日清戦争**が起こった。問3 **李承晩**・問9 **上海**…大韓民国臨時政府は，1919年の**三・一独立運動**を担った各地の組織が統合して上海に成立した機関で，李承晩を大統領とした。第二次世界大戦で日本が敗れると，朝鮮半島北部はソ連が，南部はアメリカが占領し，1948年に北には**金日成**を首相とする朝鮮民主主義人民共和国（北朝鮮）が，南には李承晩を大統領とする大韓民国（韓国）が成立した。李承晩は1960年の四月革命（学生革命）で失脚した。 問4 **朴正熙**…朴正熙は1965年に**日韓基本条約**を結んで国交回復を実現させたが，1979年に暗殺された。 問5 **金泳三**…金泳三は李承晩以来約30年ぶりの文民大統領であった。 問6 **三・一**・

62

問7 1919年・**問8** (a) 武断 (b) 文化…1919年3月1日，ソウルで仏教やキリスト教などの代表が独立宣言を発表し，その後朝鮮各地に独立万歳を叫ぶデモが起こった（三・一運動）。それまで日本は朝鮮の言論・集会などの自由を奪う武断政治を行っていたが，運動の鎮圧後それらを緩和する「文化政治」に転換した。

私大標準よく出るポイント① ▶ 戦後ベトナム史（南北統一まで）

●**ベトナム民主共和国**（1945～76）…大統領**ホー＝チ＝ミン**，首都ハノイ

1946 **インドシナ戦争開始**（～54）…フランスがベトナムの再植民地化を企図

1949 フランスが南部に**ベトナム国**樹立…主席**バオ＝ダイ**

1954 **ディエンビエンフーの戦い**…フランス軍敗北

→**ジュネーヴ休戦協定**…北緯17度線で南北分割，2年後統一選挙実施

1955 南部に**ベトナム共和国**成立

・大統領**ゴ＝ディン＝ジエム**（アメリカの援助）→**南ベトナム解放民族戦線**結成（1960，**ゴ＝ディン＝ジエム**政権打倒を目的）→南ベトナム内戦勃発

1965 **北爆**開始（←**トンキン湾事件**）…〈米〉ジョンソン→**ベトナム戦争**本格化

1973 **ベトナム（パリ）和平協定**…アメリカ軍のベトナムからの撤退（〈米〉**ニクソン**）

※南ベトナム政府と北ベトナム・解放民族戦線との戦争は継続

1975 **サイゴン陥落**…南ベトナム政府壊滅・戦争終結

●**ベトナム社会主義共和国**成立（1976～）…サイゴンをホー＝チ＝ミンと改称

私大標準よく出るポイント② ▶ 戦後東南アジアの指導者

・**ホー＝チ＝ミン**…ベトナム民主共和国大統領
・**スカルノ**…インドネシア大統領，**アジア＝アフリカ会議（バンドン会議）**開催
・**スハルト**…**九・三〇事件**後，インドネシアの指導者に　アジア通貨危機で失脚
・**アウン＝サン**…ビルマの**タキン党**書記長，死後ビルマがイギリスから独立
・**リー＝クアンユー**…シンガポール首相

30 ｜ ベトナムと朝鮮の近現代史　63

4章

地球世界の形成と混迷

私大標準よく出るポイント 　　日本の朝鮮進出と日清戦争

●朝鮮王朝（李朝）
  ・高宗（李太王，位 1863～1907）
    ※摂政 大院君（高宗の父）…鎖国政策
    1873　閔氏（閔妃の一族）の政権成立
    1876　日朝修好条規（←江華島事件）
        ・朝鮮の自主独立（清の宗主権否定），釜山開港
          日本の領事裁判権を承認，関税権を剥奪
    1882　壬午軍乱…大院君派の軍隊が反乱→大院君復権→日清両軍介入
                →清によって閔氏政権が復権
    1884　甲申政変…開化派（〈金玉均中心〉，親日）の事大党（〈閔氏中心〉，
                親清）に対するクーデタ（日本の支援）→清軍の介
                入で失敗
    1885　天津条約…日清間で朝鮮撤兵と出兵の事前通告を確認
    1894　甲午農民戦争（東学の乱）…全琫準指導の農民反乱→日清出兵
                        →日清戦争（1894～95）
    1895　下関条約（1895）…〈日〉伊藤博文 〈清〉李鴻章 が全権
        ・朝鮮独立承認　遼東半島・台湾・澎湖諸島を日本に割譲

 注意すべき正誤ポイント

韓国併合後ソウルに設置された朝鮮総督府の初代総督に，×伊藤博文が就任した
→寺内正毅　※伊藤博文は1905年に設置された統監府の初代統監